Jörg Rüpke

Die Religion der Römer

Jörg Rüpke

Die Religion der Römer

Eine Einführung

C.H.Beck

Mit 23 Abbildungen im Text

1. Auflage. 2001
2., überarbeitete Auflage. 2006

Für Ulrike

3. Auflage. 2019
Unveränderter Nachdruck

Wilhelmstraße 9, 80801 München, info@beck.de

www.chbeck.de
Satz: Janß GmbH, Pfungstadt
Druck und Bindung: Druckerei C.H.Beck, Nördlingen
Umschlagabbildung: Mithras tötet den Urstier,
Relief, Museo Nazionale Romano delle Terme, Rom.

Gedruckt auf säurefreiem und alterungsbeständigem Papier
Printed in Germany
ISBN 978 3 406 73774 9

verantwortungsbewusst produziert
www.chbeck.de/nachhaltig
produktsicherheit.beck.de

Danksagung

Die Neuauflage fünf Jahre nach dem ersten Erscheinen gab Gelegenheit, einige Fehler zu korrigieren und einige Überlegungen zur religiösen Entwicklung in der Kaiserzeit anzufügen. Das Literaturvereichnis wurde aktualisiert und verknappt; im übrigen wurde die Struktur nicht angetastet. Für Gespräche und die gute Zusammenarbeit in verschiedenen Forschungsprojekten in den vergangenen Jahren, die in den Korrekturen wie im Schlusskapitel Niederschlag gefunden haben, möchte ich Christoph Auffarth (Bremen), Nicole Belayche (Paris), Andreas Bendlin (Toronto), Hubert Cancik (Berlin), Ulrike Egelhaaf-Gaiser (Gießen), Rudolf Haensch (München), Annette Hupfloher (Leipzig), Hans Kippenberg (Erfurt), Alfred Schäfer (Rom), John Scheid (Paris), Günther Schörner (Jena), Wolfgang Spikkermann, Christopher Steimle, Charalampos Tsochos und Katharina Waldner (alle Erfurt) danken. Für wichtige Hinweise zur Bildinterpretation danke ich Richard Gordon (Ilmünster). Frau Diana Püschel hat sich weiterhin um die Arbeitsvoraussetzungen bemüht. Für das Register ist erneut Franca Fabricius – mit Dank – zu nennen.

Dank gilt erneut dem Lektor des Beck-Verlages, Herrn Stefan von der Lahr, für die Betreuung auch der zweiten Auflage.

Das Buch ist unverändert meiner Frau Ulrike gewidmet. Ihr sei an dieser Stelle für vielfältige Hilfe und Liebe gedankt. Die Widmung sei auch eine Bitte um Verzeihung für die vielen Stunden, in der ich das Arbeitszimmer Ihr und unserer Tochter Irene vorzog.

Erfurt, im März 2006

Inhalt

1 Religion in der Antike

Ein Beispiel

O Venus regina Cnidi Paphique,
sperne dilectam Cypron et vocantis
ture te multo Glycerae decoram
transfer in aedem,

fervidus tecum puer et solutis
Gratiae zonis; properentque Nymphae
et parum comis sine te Iuventas
Mercuriusque.

Oh, Venus, Königin von Knidos und Paphos,
verschmähe das geliebte Zypern und siedle über in den geschmückten Tempel
der Dich mit Weihrauchschwaden rufenden Glycera,

der feurige Knabe mit Dir, sowie mit gelösten
Gürteln, die Grazien; und beeilen mögen sich die Nymphen
sowie – zuwenig freundlich ohne Dich – Juventas
und Merkur.

Horaz, *Ode* 1,30

Was für ein Text hier vorliegt, bedarf kaum der Erläuterung. Es handelt sich um ein Gebet, genauer: um ein gesungenes Gebet, einen *Hymnus.* Angerufen wird die Göttin Venus, sie möge kommen. Man bezeichnet Texte dieser Art als *Epiklese*, als Herbei- oder Herabrufung einer Gottheit. Die sakrale Atmosphäre dieses Textes ist deutlich. Es ist von Tempeln die Rede, Weihrauch wabert durch den Raum. Aber – und das wird spätestens beim zweiten Lesen klar – es handelt sich hier kaum um einen Hymnus, der in einem öffentlichen Ritual gesungen wurde. Venus, bekannt als Göttin der Liebe, wird angesprochen als Königin von Knidos und Paphos, zweier zyprischer Städte – Städte jener Insel, auf der die ‹schaumgeborene› Aphrodite (die Identifizierung mit dieser griechischen Göttin wird also vorausgesetzt) an Land gestiegen ist. ‹Verschmähe das geliebte Zypern› heißt, daß sich diese Göttin auf Zypern befindet; von hier soll sie in den ‹Tempel der Dich mit Weihrauchschwaden rufenden Glycera› übersiedeln. Nun wissen wir, daß der Text von dem Liebeslyriker Horaz stammt, wissen aus vorangehenden Gedichten der Oden-Sammlung, daß Glycera keine Göttin ist, die etwa einen Tempel in Rom besäße, sondern daß diese Glycera als eine Freundin des Dichters, als seine Geliebte vorgestellt wird. Der geschmückte Tempel der Glycera ist demnach kein sakrales Gebäude, sondern lediglich das Haus, der Raum, in dem sich Glycera aufhält.

Das folgende paßt dazu. Als Begleiter der Venus soll Amor, ‹der feurige Knabe›, kommen, dazu die Grazien, also jene besonders anmutigen drei Gottheiten, deren Reize noch dadurch unterstrichen werden, daß sie – ohnehin leicht bekleidet – auch den Gürtel bereits gelöst haben. Die Nymphen sind Gottheiten, die üblicherweise tanzend dargestellt werden, gänzlich nackt im Unterschied zu den Grazien. Sodann Juventas, eine Gottheit, die die griechische Hebe vertreten soll, die Schankwirtin der olympischen Götter, zuständig also für den Wein. In der abschließenden Nennung des Merkur liegt sicher der Witz dieses Gedichtes, ein Witz allerdings, den wir nicht so richtig verstehen. Verstehen wir Merkur als die Gottheit des Verdienstes, des kommerziellen Gewinns (so wird er oft in Rom angesprochen), könnte in der Nennung der Hinweis liegen, daß es sich bei Glycera um eine Prostituierte handelt, die offensichtliche Liebestollheit also gegen allen Anschein nicht (nur) erotisch motiviert ist. Vielleicht ist Merkur (und so wird er überwiegend in den übrigen Gedichten des Horaz angesprochen) aber als der Gott der gepflegten Sprache zu verstehen. Dann läge die Pointe darin, daß der Sprecher, der mit dem Gebet der Glycera eine ganze Situation zeichnet, erklärt: ‹Deine (mir geltende) Brunst in allen Ehren, aber Zeit für Gespräch und Gesang muß auch sein.›

Ein solcher Text führt in aller Drastik die Probleme vor, etwas über antike Religion, über die Religion der Römer zu erfahren und zu schreiben. Wir rekonstruieren Bedeutungen aus Texten in einer Sprache, die uns manchmal unverständlich oder wenigstens doppeldeutig (das mag schon für die Zeitgenossen zugetroffen haben) erscheint. Wir rekonstruieren die Kultur einer Epoche aus Äußerungen einzelner, werten auf oft abenteuerlichen Wegen zu uns gekommene Stimmen, die nicht uns Wasser, sondern Zeitgenossen in ganz bestimmten Situationen einen fein gewürzten Wein liefern wollten, als ‹Quellen›. Das muß man bedenken, aber auch schätzen: Am Anfang des einundzwanzigsten Jahrhunderts läßt sich Kultur ohnehin nicht mehr als jene bürgerliche Norm verstehen, die die Gesellschaft zusammenhält, sondern als ein chaotisches System, dessen Strukturen nur situationsbezogene Fragmente (freilich oft von erstaunlicher Wirkung) sind, ein System, in dem individuelle Übertreibungen, Alternativen und Mißverständnisse eher die Regel als die Ausnahme darstellen, ein System schließlich, dessen Funktionen nur jenen Krisendiagnostikern klar sind, die gerade den je gegenwärtigen Ausfall dieser Funktionen beklagen.

Auch wenn der Hymnus des Horaz kein offizieller liturgischer Text ist, kann man demnach guten Gewissens eine Annäherung an antike Religion mit einem solchen privaten, wenn auch publizierten Text beginnen. Er ist kein parodistischer Text. Es gibt nicht den geringsten Hinweis darauf, daß sich irgendjemand von Horazens Zuhörerinnen, Zuhörern, Lesern an diesem Text gestoßen hätte, ihn irgendwie in religiöser Hinsicht als anstößig empfunden hätte. So eignet sich dieser individuelle Text durchaus dazu, einige Beobachtungen an römischer Religion und ihren Differenzen zum heutigen Alltagsverständnis von Religion herauszuarbeiten.

Das Beispiel besticht durch die Vielzahl der auf und in engem Raum auftretenden Götter. Es erscheint frappierend, daß hier religiöse Symbole für eine nichtsakrale Handlung benutzt werden. Ortsgebundenheit der Götter ist bedeutsam; nicht Universalisierung, sondern Konkretisierung wird angestrebt. Der Kult, um den es hier geht, ist ebenfalls sehr konkret gedacht, die ‹Herbeirufung› arbeitet mit ästhetischen, ja materiellen Anreizen, der Raum ist geschmückt, der Weihrauch wird, wie der lateinische Ausdruck anklingen läßt, in Unmengen eingesetzt. Und schließlich das Auffälligste: Hier werden in ganz spezifischer Weise verschiedene Gottheiten miteinander verknüpft, teils in traditionellen Verbindungen (etwa Venus und Amor), teils aber auch in ganz innovativen, sonst nicht vorkommenden Konstellationen (Iuventas, Merkur). Hier hat die Betende beziehungsweise der Dichter offensichtlich eine Kompetenz. Er weiß oder er maßt sich an, Gottheiten in bestimmter Weise, für bestimmte Zwecke zu verknüpfen, um sie auf eine ganz bestimmte Situation hin zu beziehen.

Selbstverständlichkeit von Religion

Ist das Religion? Mißbrauch von Religion? Beide Fragen setzen ein Wissen über das voraus, was Religion oder gar ‹wahre› Religion sei. Das aber sind theologische Urteile. Religion als handelndes Antworten des Menschen auf den Anruf des ‹Heiligen›, als Erfahrung von ‹Numinosem›, ‹Macht› oder dergleichen zu beschreiben, ist geschichtlich gesehen lediglich der Versuch, in der Definition *Gott*, das Ziel christlicher Verehrung, durch einen weniger spezifisch christlichen Begriff zu ersetzen. Es gehört zu den spannenden Ereignissen europäischer Religionsgeschichte, daß christliche Theologie nach einem Begriff wie ‹Religion› gesucht hat, mit dem sich das Christentum selbst als Spezialfall von etwas Allgemeinerem beschreiben kann. Aber als eine Disziplin, die sich der Völkerkunde und Altertumswissenschaft nicht weniger verdankt als der Theologie, muß die Religionswissenschaft auch diese Prägung ihrer Begriffe bedenken. ‹Religion› ist nicht etwas empirisch Feststellbares, sondern ein Begriff, dessen Verwendung selbst Teil der Religionsgeschichte ist. Das zwingt den Religionswissenschaftler nicht, sich auf das zu beschränken, was sich selbst als religiös bezeichnet: Da bliebe wenig Nichtchristliches übrig, von der ‹Religion der Römer› ganz zu schweigen. Es ist legitim zu fragen, ob es in anderen Gesellschaften etwas gibt, was der christlich geprägten, unserer Vorstellung von ‹Religion› entspricht, vergleichbare Formen oder Funktionen aufweist. Ob dieses Vergleichbare jedoch eine Einheit bildet, ob es selbst andere Grenzen, weitere oder weniger Funktionen aufweist, ist Gegenstand der historischen Forschung und ihrer Begriffsbildung: Die Frage nach der Legitimität eines bestimmten Typs von Religion tritt nur als Urteil von Zeitgenossen in die historische Forschung – der theologischen Forschung kann sie natürlich nicht verwehrt werden.

Antike Religion kennt durchaus das, was auch heute Religionen im Alltagsverständnis ausmacht, sie kennt Götter und Tempel (‹Gotteshäuser›), sie kennt Festtage und Priester. Aber in den antiken Gesellschaften läßt sich Religion nicht leicht auf Orte, Zeiten und Personen festlegen. Damit meine ich nicht in erster Linie die alltägliche und verbreitete Ausübung von Religion im Hauskult, das Opfer bei der Mahlzeit, indem ein Salzkorn, ein kleiner Speiserest, ein Schluck Wein in das Herdfeuer gegeben wird, oder die kleinen Hausaltäre, vor denen bei bestimmten Gelegenheiten, Geburtstagen etwa, ebenfalls kleine Opfer dargebracht werden, ein Schluck Flüssigkeit in eine Schale gegossen, eine kleine Menge Weihrauch verbrannt wird: Das unterscheidet sich höchstens in einzelnen Formen von christlicher Frömmigkeit, über die tatsächliche Häufigkeit wissen wir zudem nichts. Ich meine eher die Präsenz von Religionsartigem in Bereichen, die heute mehrheitlich programmatisch von Religion ausgeschlossen werden, so wie die wenigsten auch Frauentausch und Brautpreise als legitime Formen des Wirtschaftens beurteilen dürften.

Religion war insbesondere präsent im politischen Bereich. Der Senat tagte immer in einem sakral definierten Raum, einem *templum*, Senatssitzungen wurden durch die Weihrauchopfer der eintretenden Senatoren und ein kleines Weinopfer (unter Heranziehung eines Flötenspielers) eröffnet – eine Selbstverständlichkeit, die erst nach einem langen Christianisierungsprozeß der römischen Oberschicht, und dann durch einen Spezialisten von außen, den Bischof Ambrosius von Mailand, im berühmten Streit um den Victoriaaltar in Frage gestellt wurde. Die hohen Magistrate in Rom, die Verwaltungsspitzen in den Provinzen, die Feldherrn im Krieg führten ständig Opfer durch. Jede größere Aktivität wurde durch Opfer sowie Anfragen an die Götter (Auspizien in Form der Vogelschau) eingeleitet und im folgenden abgesichert. Vor wichtigeren Angelegenheiten, Auszug in einen Krieg, Beginn einer Schlacht, wurde selbstverständlich geopfert und der Wille der Götter erfragt.

Götter wurden auf Reisen mitgeführt, unter Umständen hatte ein antiker Mensch eine kleine Statue seines Lieblingsgottes oder Lieblingsgöttin dabei, die dann unterwegs verehrt werden konnte. Besonders gefahrenvoll war das Reisen auf dem Meer. Schiffe hatten daher ihre Schutzgötter. Ein Schiff erhielt nicht einfach irgendeinen Namen, sondern es trug den Namen der Gottheit, unter deren Schutz *(tutela)* es fuhr. Ein Bild der Gottheit zierte das zu behütende Schiff; im Laufe der Zeit entwickelte sich daraus die weniger religionsbehaftete Bugfigur.

Typisch (das gilt aber vielfach bis in die frühe Neuzeit hinein) ist ebenfalls die Selbstcharakterisierung der verschiedenen Vereinigungen einer Stadt als Kultvereine. So konstituierte sich etwa ein Verein aller Bäcker oder Lederarbeiter, um den Kult einer bestimmten Gottheit – im ersten Fall etwa Vesta – zu pflegen, deren Festtag dann gemeinsam begangen wurde. Auch Vereine, die mehr der Geselligkeit dienten oder dazu, sich gegen das Risiko abzusichern, unbestattet zu bleiben (indem regelmäßig Beiträge erhoben wurden, um damit den Totenkult zu finanzieren), waren als Kultvereine konstituiert. In die heutige Welt übertragen hieße das, daß auch Gewerkschaften und Versicherungen religiöse Organisationen wären.

Dieses Eingebettetsein von Religion in viele gesellschaftliche Lebensvollzüge bedeutet nicht, daß schlechthin alles religiös war. Es gab – das läßt sich archäologisch zeigen – Häuser ohne Hausaltar, es gab

Mietskasernen, die keine archäologischen Spuren von solchen Kultstätten aufweisen; wir sind auch nicht berechtigt anzunehmen, daß jeder Mieter einen kleinen Hausaltar, einen kleinen Tragaltar mit hineingebracht und bei der nächsten Kündigung wieder mitgenommen hätte. Es gab in den antiken Städten im Normalfall keine Teilnahmepflicht bei öffentlichen Ritualen. Schon die Räumlichkeiten, in denen auch große öffentliche Feste stattfanden, machen klar, daß gar nicht die gesamte Einwohnerschaft teilgenommen haben kann. Eine Teilnahmepflicht, die über jeden Zweifel erhaben ist, wirklich durchgesetzt und sanktioniert wurde, erscheint in der Antike zum ersten Mal in den Opferedikten des Decius, 249 n. Chr., also zu Beginn der organisierten Christenverfolgung im Römischen Reich. Vorher gab es weder Teilnahme- noch Opferzwang. Und ein letztes: Es sind durchaus Beispiele für bewußt zynisches Verhalten gegenüber den Göttern, den Religionen überliefert, es begegnen uns in den Quellen überzeugte Atheisten und Vertreter von Philosophien, die die Existenz der Götter leugnen oder zumindest ihre Wirksamkeit infrage stellen.

Daß nicht einfach alles religiös ist, zeigt auch die Sprache. Es gibt den Begriff des *sacer*, des ‹Heiligen›. *Sacer* entstammt der Sprache des Eigentums: ‹Heilig› ist, was Eigentum eines Gottes, einer Göttin ist. Zumeist handelt es sich um irgendein Grundstück, auf dem ein Tempel errichtet werden sollte, auf dem dann auch bestimmte Gegenstände, Weihegaben vor allem, Statuen ‹kon-sekriert›, somit in das Eigentum einer Gottheit überführt wurden. Selbstverständlich sind die Götter selbst nicht heilig, sie sind nicht *sacer*, sie sind ja nicht Besitzer ihrer selbst – zumindest ist das kein Gedanke, den man sinnvoll äußern würde. Der Gegenbegriff heißt *profanus.* Darin stekken zwei Wörter: *pro*, ‹vor, für›, und *fanum*, das Heiligtum: *Profanus* ist das, was vor, was außerhalb des Heiligtums, des heiligen Bezirkes steht.

Ein weiterer Begriff, der hier zu nennen ist, lautet *sanctus*, ein Adjektiv wie die anderen Begriffe auch. Sankt Nimmerleinstag, Sankt Florian: Wieder liegt die Übersetzung mit ‹heilig› nahe. Aber *sanctus* bezeichnet eine bestimmte Qualität von Orten, auch von beweglichen Objekten. Wörtlich ‹umhegt› sind in Rom etwa Mauern; gesteigert als *sacrosanctus* kann das Wort auf den Volkstribun bezogen werden. Es handelt sich also um Orte, um Gegenstände, auch Personen, die einen besonderen, von der Gemeinschaft garantierten Schutz genießen, unverletzlich sind. Daß derjenige, der Mauern überspringt und nicht die Tore benutzt, getötet wird, macht schon eine Legende, die an den

Beginn der Stadt Rom gelegt wird, deutlich. Als Remus, der Bruder des Stadtgründers Romulus, dessen niedrige Stadtmauer überspringt, um sich darüber lustig zu machen, wird er von einem Tribun erschlagen. Als Beginn des Brudermords, als Beginn des Bürgerkriegs wird das später (mit ganz anderem Deutungsinteresse) ausgelegt. Aber der wichtige Punkt in dieser Legende ist zunächst einmal die Unverletzlichkeit der Mauern, egal wie hoch sie sind.

Ein letzter Begriff, auch der ganz geläufig – *religiosus.* Gerade ein solcher Begriff, der uns so nah zu sein scheint, zeigt die Schwierigkeiten, mit einer Kultur umzugehen, die man in vielerlei Hinsicht als direkten Vorläufer unserer Welt verstehen kann und die doch in ebensovielen Hinsichten verschieden und unverständlich ist: Nicht umsonst gehört römische Religion zu den Stiefkindern der Religionsgeschichtsschreibung. *Religiosus* ist nicht etwa religiös im Sinne von ‹fromm›. Zunächst gehört auch dieser Begriff dem Bodenrecht an, indem er eine ganz bestimmte Qualität von Orten beschreibt: Gräber vor allem, die den Verstorbenen zugewiesen sind, gelten als ‹religiöse› Orte, also Orte, die Ehrfurcht verdienen, die nicht ohne weiteres dem kommerziellen Zugriff geöffnet, die durch die Androhung von Sanktionen vor einer Umnutzung geschützt sind. Der Begriff bleibt auch in weiteren Verwendungen unscharf, der Entzug allgemeiner Verfügbarkeit bleibt das gemeinsame Merkmal.

Auch von einem Menschen kann als *religiosus* gesprochen werden. Das ist eine Person, die zahlreiche religiöse Bedenken, zahlreiche religiöse Pflichten hat, jemand, der – modern gesprochen – darauf achtet, daß er morgens mit dem rechten Fuß aufsteht, nicht unter einer Leiter durchgeht oder auch regelmäßig den Sonntagsgottesdienst besucht; einige Anhänger bestimmter Kulte bezeichnen sich als *religiosi.* Immer geht es um *religiones*, Verpflichtungsgefühle, die für ein Individuum zutreffen, die es selbst übernommen hat, die also nicht für die Allgemeinheit verpflichtend sind. Von daher kann *religiosus* sehr leicht einen negativen Klang bekommen, zuviel ist *superstitiosus*, ein Begriff, der gerne mit dem nicht minder polemischen ‹abergläubisch› übersetzt wird, aber eben nicht das Falsche (‹aber-›), sondern das Zuviel *(super-)* betont.

Um einen (ich gebe gerne zu, vielleicht etwas weit hergeholten) Vergleich zu bemühen, der die Selbstverständlichkeit, das Eingebettetsein von Religion verdeutlicht: Man muß sich Religion in der Antike vorstellen wie das Essen. Man ißt täglich, im Normalfall auch unreflektiert; erst wenn man einige Zeit nichts ißt, fällt es negativ auf.

Dennoch kann Essen fein, aufwendig, kompliziert sein. Essen folgt, zumal in größerer Gesellschaft, unter Umständen sehr präzisen Regeln, man denke nur an die Schwierigkeiten, eine Sitzordnung für eine Feier zu entwerfen, an die Frage der Abfolge der Gänge, der passenden Weine. Es gibt Kochbücher und Literatur zum Thema, aber es ist doch klar, daß wir beim Frühstück auch ohne solche Koch- und Regelbücher auskommen. Jeder antike Mensch würde freilich zustimmen, daß der kognitive Gehalt des Essens, also das, was an Nachdenken und Phantasien mit dem Essen verbunden ist, geringer sei als der kognitive Gehalt von Religion in der Antike (auch wenn es einzelne Menschen gibt, die, wie man sagt, aus dem Essen eine Philosophie machen). Religion ist ein selbstverständlicher und zugleich zentraler Bereich antiker Kultur gewesen: Die antiken Städte haben sich nicht durch Bibliotheken ausgezeichnet, sondern durch Tempel.

Das Verwobensein von Religion mit anderen gesellschaftlichen Bereichen, das eher diffuse, denn organisierte Auftreten von Religion auf der Ebene des Handelns verbindet sich mit dem Fehlen von ‹Lehre›, mit dem Fehlen eines als verpflichtend erklärten Gedankengebäudes. Natürlich verbinden sich mit religiösem Handeln Vorstellungen, Fragen und Erklärungen, es gab in der Antike selbst schriftlich niedergelegtes Nachdenken über Religion, aber kein ‹Lehramt› als Kontrollinstanz. Im Moment interessiert nur eine Konsequenz dieses Sachverhalts: Es hat keinen Religionsunterricht gegeben.

Antike Menschen haben Religion durch Teilnahme gelernt. Kinder waren bei religiösen Vollzügen im Hauskult, auch in der Öffentlichkeit (zumindest bei manchen öffentlichen Ereignissen) dabei, lernten typische Gebetshaltungen, Lieder, Zeichen und Handlungssequenzen. Üblicherweise begleitete und kopierte dann die Tochter die Rolle der Mutter, während die Söhne von den Vätern mitgenommen wurden. Es gab Jugendvereine. In diesen Organisationen wurden religiöse Inhalte vermittelt, genauer: einfach erlernt, indem man Gesänge und Tänze einübte, die im Rahmen von öffentlichen Festen vorgeführt wurden. Aber diese Institutionen dienten nicht explizit dazu, religiöse Inhalte zu vermitteln, es waren keine Institutionen, die flächendekkend die Jugendlichen einer Stadtgemeinde erfaßten. Es waren kleine, teils kleinste Zirkel, die sich aus Angehörigen der Oberschicht rekrutierten. Es gab auch keinen Schulunterricht mit dem Gegenstand Religion. Schulen verbreiteten sich in der lateinischsprachigen Mittelmeerwelt erst in der späten Republik; zumindest eine Art Elementarunterricht wurde in der Kaiserzeit vielerorts angeboten. Indes hat man sich nicht einmal im Sinne von Übungsmaterialien mit Religion beschäftigt, etwa daß man im Schreibunterricht Listen von Göttern erstellt oder Gebete abgeschrieben hätte. Auch, das muß man betonen, bei den Christen blieb dies in der Antike unbekannt, auch hier waren Religion und Schule voneinander getrennt. Wohl aber gab es Unterweisung, theologisches Studium für Ältere, für Erwachsene – vor und nach der Taufe, das sogenannte Katechumenat und die postbaptismale Unterweisung (wie sie in Ambrosius' Traktat *Über die Mysterien* erhalten ist), schließlich Lehre im Sinne philosophischer Schulen und Akademien. Ähnliches gab es nur in Mysterienkulten, die Initiationen kannten, sonst nicht einmal für religiöse Spezialisten.

Wir haben aus der römischen Antike ein einziges Zeugnis für eine Art Religionsunterricht für die öffentlichen Kulte, und zwar in einem Gedicht des Dichters Statius, das Ende des ersten Jahrhunderts n. Chr. geschrieben wurde (*Silven* 5, 3). Statius berichtet, daß sein Vater Senatorensöhnen Religionsunterricht erteilt habe. Nur hatte dieser Unterricht nicht in Rom, sondern in Neapel stattgefunden. Es hatte sich um Personen gehandelt, die in Neapel aufwuchsen, die vorbereitet werden mußten für politische und damit auch religiöse Rollen (insbesondere als Angehörige der großen Priesterkollegien), die sie in Rom ausüben sollten. Da sie in der *Magna Graecia*, dem griechisch geprägten Süden Italiens, nicht durch Teilnahme an den stadtrömischen Ritualen, durch einfaches Mitmachen die nötigen Kompetenzen erwerben konnten, scheint hier – aber es ist das einzige Zeugnis! – so etwas wie Religionsunterricht (aber natürlich durch einen Rhetor, einen Redelehrer) erteilt worden zu sein. Vergleichbar ist, wenn der ältere Cato seinem in der Stadt lebenden Sohn Gebete und Rituale für den Betrieb eines Landgutes mitteilt – je nach Anwendungsbereich über das Lehrbuch *Über die Landwirtschaft* verstreut.

Aus der Tatsache, daß es keinen Religionsunterricht gegeben hat, ist nicht zu entnehmen, daß antike Religion einfach gewesen wäre. Gleiches gilt für mündlich überliefertes Brauchtum insgesamt, das oft durch komplizierte Regeln etwa für Hochzeiten, Bestattungen oder Feste gekennzeichnet ist. Auch das Allgegenwärtige muß nicht unbedingt einfach sein, und deswegen müssen wir immer wieder nachfragen: Wer weiß etwas über Religion? Wer weiß in der Antike, wie etwas funktioniert hat? Wußte es jeder, der dabeistand? Oder sind es bestimmte Spezialisten, die ein solches Wissen innehatten? Bestimmte Rollenträger, möglicherweise mit Geschlechtsdifferenzen – nur die alten Frauen, nur die Familienoberhäupter, nur die dauernd präsenten

Sklaven einer religiösen Gruppe? Zugriff auf dieses Wissen, Antworten auf diese Fragen finden wir nur indirekt. Maßstab können nicht die spekulativen religiösen Entwürfe einzelner sein. Es ist verführerisch, vor allem auf Texte über Religion zurückzugreifen, wenn man selbst einen Text über Religion verfassen will. Aber diese ausformulierten Gedankengebäude sind allenfalls Gegenstand elitärer Kommunikation in kleinstem Kreise gewesen. Zur Rekonstruktion der vielleicht explizit gewußten Regeln und der Strategien des religiösen Alltagshandelns – und auch hier wird uns die Quellenlage weitgehend auf die Oberschicht beschränken – können sie nur mit äußerster Vorsicht herangezogen werden.

Religiöses Wissen ist (nicht nur in Rom) traditionell, aber der traditionelle Charakter eines gesellschaftlichen Wissensvorrates heißt nicht, daß dieser Wissensvorrat extrem stabil wäre. Im Gegenteil – durch die ständige mündliche Übertragung kann er auch ständig gefährdet sein: Eltern sterben früh (wofür bestimmte Verwandte einspringen müssen); Kinder sterben früh; Familien haben keine Kinder. Es kann leicht zu Brüchen kommen. Traditionelles, mündlich tradiertes Wissen ist zugleich ein Wissen, das sehr schnell Neuigkeiten aufnehmen und verarbeiten kann, das flexibel und anpassungsfähig ist, da es nur durch die Wiederaufführung, die Wiedererzählung in je neuen gegenwärtigen Situationen am Leben gehalten wird. Solche Änderungen werden zumeist nicht thematisiert, oft auch nicht bemerkt, aber können nicht minder wirkungsvoll sein; auch mündliche, orale Gesellschaften können ‹heiße› Gesellschaften, Gesellschaften in schnellem Wandel, sein. Und schließlich, gerade mündliches ‹Wissen›, das sich durch sein behauptetes Alter rechtfertigt, lebt vom Ansehen seiner Träger: Es wird geformt und deformiert von ihren Interessen und den Widerständen. Immer sind mehrere Versionen im Umlauf, Konflikt ist ein Dauerzustand. Der stete Zwang zum Handeln hält den Streit in Grenzen. Wo aber Lehre als solche zentral wird, bedarf es der Texte und verbindlicher Auslegungen. Die frühe Geschichte des Christentums ist in hohem Maße eine Interpretationsgeschichte, die Konfliktlösung durch Ausgrenzung betreibt: Der jeweils Unterlegene ist Häretiker, ein Abspalter, der einer eigenen Lehrmeinung ‹anhängt›.

Kollektiver Charakter von Religion

Versteht man Religion als ein System von Zeichen oder Symbolen, die Wirklichkeit deuten, ja konstruieren helfen und Orientierung in dieser Wirklichkeit vermitteln, so ist Religion (wie andere kulturelle ‹Systeme› auch) eine kollektive Angelegenheit, etwas, das von mehreren geteilt wird. Auf einzelne beschränkte religiöse Vorstellungen oder Praktiken sind damit nicht ausgeschlossen, für die Frage nach ‹Religion› aber nur insoweit von Interesse, als sie repräsentativ sind oder gerade die begrenzte Reichweite allgemeiner Normen (ob in der Gottesvorstellung oder Sexualmoral) aufweisen. Für die Antike gilt der kollektive Charakter in besonderer Weise: Religion ist, wie wir sehen werden, im Normalfall rituelles Handeln, das in Gruppen stattfindet. Diese Gruppen können der eigene Haushalt (*familia*), die Familie (*gens*, ‹Sippe›) oder örtliche Gemeinschaften (die ganze Stadt, Stadtteile, Siedlungen, Grenznachbarn) sein, verbreitet seit hellenistischer Zeit, also seit dem späten vierten Jahrhundert v. Chr., auch Vereine.

Das Vorherrschen von Ritualen und das Fehlen von autobiographischen Zeugnissen hat dazu geführt, das Kollektive für die Antike zu verabsolutieren: Raum für individuelle Religiosität habe es überhaupt nicht geben können, alles Handeln sei durch Traditionen gesteuert worden, die das Fortbestehen von Gemeinschaften sichern wollten, Fehlverhalten sei nicht als individuelle ‹Schuld› verstanden und gefürchtet worden, sondern als Blamage vor den anderen, als ‹Schande›. Das Individuum sei überhaupt erst allmählich, beginnend in der Kaiserzeit und vollendet in der Neuzeit, entdeckt worden.

Ein solches Bild ist als Kontrast zur europäischen Neuzeit und als Verständnishilfe verwendbar, aber das Bild ist überzeichnet. Bacchische Mysterien und die Orphik versprachen schon im archaischen Griechenland individuelles Heil über den Tod hinaus. So ist das Bild wenigstens in Einzelpunkten zu differenzieren.

– Unter den anekdotischen Zeugnissen individueller Religiosität ragt Scipio Africanus, der Eroberer Karthagos am Ende des Zweiten Punischen Krieges (218–201 v. Chr.), hervor. Er habe, wie der Historiker Livius (*Römische Geschichte* 26, 19, 5) und der Buntschriftsteller Gellius (*Attische Nächte* 6, 1, 6) berichten, seit er die Männertoga angelegt hatte, selbst nächtens stundenlang Zwiesprache und Gebete mit Iuppiter Optimus Maximus im Iuppiter-Tempel auf dem Kapitol gehalten, sitzend, nicht in einer typischen Gebetshaltung. Diese Notizen, deren Historizität nicht gesichert ist, wären nicht in Umlauf gekommen, wiesen sie nicht auf die politischen Ansprüche des Scipio (die bis zum geächteten Königtum gegangen sein sollen) hin. Aber sie zeigen immerhin das, was man sich am Ende der Republik (und vermutlich früher) vorstellen konnte – der Liebesdichter Properz kann für eine Geliebte Gleiches imaginieren (2, 28, 45 f.).

– Ein zweiter Bereich individuellen Verhaltens ist uns überhaupt nur durch archäologische und epigraphische Quellen erschlossen, der gesamte Bereich der Gelübde (*vota*) und der damit einhergehenden Votivopfer: In einer individuellen Notlage bittet der Betroffene eine Gottheit um Hilfe und stellt eine Gabe in Aussicht, wenn das Gebet erhört werden sollte. Aus Dankbarkeit wird nach dem Erfolg die versprochene Gabe der Gottheit übergeben, geweiht (die Votivgabe, das ‹Exvoto›), oft mit einer entsprechenden Inschrift verbunden, die uns die Identifizierung als Dankopfer ermöglicht. Neben Krankheiten aller Art und Kinderlosigkeit spielt beispielsweise auch Erfolg in der Viehzucht eine wichtige Rolle.

Dieses Ritual soll zu einem späteren Zeitpunkt einer eingehenden Analyse unterzogen werden. Für den Moment reicht es festzuhalten, daß es hier um individuelle, wenn auch durch die Massenproduktion der Votivgaben typisierte Anliegen geht, von denen wir auch annehmen dürfen, daß sie persönlich vorgetragen wurden. Auch wenn die Gottheiten und Heiligtümer, die dafür gewählt wurden, traditionell eine entsprechende Rolle besaßen, spezialisiert waren, verblieb doch eine Wahlfreiheit, die den Zeitpunkt und in Maßen auch die Form des Gelübdes und die Adressaten zum Gegenstand individueller Entscheidung machte. Solche Entscheidungen hoben natürlich die Mitgliedschaft des betreffenden Individuums in den gewohnten Gemeinschaften nicht auf. Es darf aber nicht vergessen werden, daß auch in der Antike ein Wechsel der ‹natürlichen› sozialen Gruppe erfolgen konnte, in Form von Adoptionen, also dem Wechsel der Familie, als Flucht oder Exilierung aus einer Stadt, als Migration, also Aus- wie Einwanderung aus wirtschaftlichen Motiven, als Versklavung – Formen, mit denen häufig der Verlust des Bürgerrechts, des Bürgerstatus verbunden war. Ausnahmen, sicher, aber Ausnahmen massenhafter Art.

– Auch in Rom hat Religion, drittens, mit individuellem Verhalten, mit Moral zu tun. Es ist richtig, daß die Kulte zumal der republikanischen Zeit keinen Sündenbegriff entwickelt haben, der es erlaubt, das gesamte Sozialverhalten eines Menschen im Lichte seiner Beziehung zu Gott zu thematisieren (und damit der gesellschaftlichen Erörterung und Bestrafung zugänglich zu machen – oder gerade zu entziehen). Als Institution gar, als ‹Beichte› oder autobiographische Selbstreflexion wie in Augustins *Bekenntnissen* wird dergleichen erst in der Spätantike, und hier allein im Christentum entwickelt. Moral, ‹richtiges Verhalten›, wird in der Regel traditionell, mit dem Verweis auf die Vorfahren oder berühmte Vorbilder, *exempla*, begründet: Handle wie Regulus, wie Claudia oder wie Deine Ahnen!

Aber auch die Götter interessieren sich für das moralische Handeln des einzelnen, zumal, wenn es ihre eigene Achtung und ihr Eigentum, also Gotteslästerung und Tempelraub, wenn es Eide und Verträge, wenn es jenes lateinische Zauberwort *fides* betrifft, das für viele förmliche Beziehungen den Schutzanspruch und den Vertrauensvorschuß der unterlegenen Partei beschreibt, ohne die Willkür des Mächtigeren prinzipiell abzuschaffen. Aber auch darüber hinaus findet rechte Gesinnung und ‹frommes› Handeln (das weit über rituelle Korrektheit hinausgeht) der Götter Anerkennung und Belohnung durch vorrangige Erhörung, und werden umgekehrt Strafgelder zum Bau von Tempeln verwendet. Gedanklich präsent in der Gesamtheit der Götter oder konkret präsent als Eigentümer eines Kultortes oder Adressaten eines Rituals erinnern die Gottheiten oder ihre berufenen Vertreter an die Notwendigkeit ‹guten› Verhaltens für den Fortbestand der politischen Gemeinschaft.

Läßt sich der kollektive Charakter antiker Religion nicht gegen Spielräume individueller Religiosität ausspielen, so darf er auch nicht verdecken, daß eine vielfache Arbeitsteilung existierte. Das Opfer im Hauskult wird geleitet durch das Familienoberhaupt, das ist in dem hier betrachteten Zeitraum zumeist das älteste lebende männliche Mitglied der Familie, genauer gesagt, der agnatischen Reihe, also der Vater oder der lebende Großvater, der an diesem Ort präsent ist. Daneben kommen aber auch den Kindern, etwa beim Singen oder Assistieren, oder den Frauen Rollen zu. Für größere soziale Einheiten gibt es gewählte Repräsentanten, die Rituale leiten: die Magistrate als politische Führung und Spitze der kaum existenten Verwaltung, in ihrem jeweiligen Rahmen Vereinsvorstände – im Normalfall keine ‹Priester›. Religiöse Spezialisten waren eher als begleitende oder vorbereitende Experten gefragt, gerade in Rom in einer Fülle offizieller Priesterkollegien mitsamt ihrer freien oder versklavten Gehilfen, als Tempelwächter sowie als freie Anbieter religiöser Leistungen. Und schließlich ist an die prinzipielle Arbeitsteilung im Polytheismus zu erinnern.

Polytheismus

Im Gegensatz zu den dominierenden religiösen Traditionen des mittelalterlichen und modernen Europas – Christentum, Judentum, Islam – wurde in den antiken Städten eine Vielzahl von Göttern verehrt: Polytheismus im Unterschied zu Monotheismus. Antiker Polytheismus, vor allem in der ausgebildeten Form, die wir im klassischen Griechenland greifen können, bestand aber nicht nur einfach darin, die Existenz einer Vielzahl von Göttern anzunehmen. Die Anzahl der wirklich mächtigen Götter blieb stets überschaubar, seit hellenistischer Zeit wurde eine Zwölfzahl der olympischen Götter (freilich mit schwankenden Zuordnungen) geradezu kanonisch. Diese ‹großen Götter› hatten eine klare interne Ordnung und gingen miteinander in relativ festgelegter Weise um. Das Mittel, mit dem dieses System verbreitet, in immer neue städtische Gemeinschaften übertragen wurde, waren in Griechenland die archaischen Dichtungen, zumal die Epen Homers (*Ilias* und *Odyssee* sowie die ‹Homerischen Hymnen›) und Hesiods.

In dieses System großer Götter ließen sich ohne weiteres bedeutsame lokale Gottheiten integrieren, sei es durch Identifikation mit und Modifikation von zentralen Figuren, sei es durch Hinzufügung. Ein ‹Pantheon› repräsentierte also nicht einfach die Gesamtheit aller lokalen Götter, sondern das Pantheon war in diesem Typ von Polytheismus eine klar strukturierte Gruppe von Göttern. Bei aller Individualität, die diese Götter aufwiesen – durch Mythen, durch Darstellungen, durch Symbole –, waren diese Figuren dennoch nicht so scharf ausgeprägt, daß sie nicht vermocht hätten, eine Fülle verschiedener und untereinander auch sich überschneidender Funktionen wahrzunehmen. Keine besaß ein klares Monopol für eine bestimmte Funktion, noch waren die Funktionen als Schutzgottheit für oder Herrscherin über einen bestimmten Typ von Aktivität (sei es Geburt, sei es Kriegführung, sei es Ackerbau) so scharf definiert, daß dafür nur eine einzige Gottheit in Frage gekommen wäre.

Auch wenn die standardisierten Namensgleichungen der ‹Sagen des klassischen Altertums›, in denen Ares und Mars, Zeus und Iuppiter,

Aphrodite und Venus als Synonyme erscheinen, anderes suggerieren: Der römische Polytheismus unterscheidet sich deutlich vom griechischen. Die interne Strukturierung des Pantheons ist bei weitem nicht so scharf ausgeprägt gewesen wie in den griechischen Panthea, die Figuren stehen eher nebeneinander als in klaren Relationen zueinander. Die römischen Erzählungen von Göttern berichten eher von jeweils neuen Göttern als von den Variationen im Verhalten der alten untereinander. Die Gruppe der großen Götter ist so in Rom lange fließender gewesen, ihre ‹Persönlichkeiten› sind weniger anspruchsvoll als komplexe Handlungsmuster ausgebaut worden. Statt dessen traten immer wieder neue Götter, sei es durch Import, sei es durch eigene Neubildung, in das Pantheon ein.

Ohne Zweifel hat die Struktur des römischen Pantheons mit der besonderen Geschichte der Ausbildung des römischen Gemeinwesens zu tun. Die römische Stadtwerdung ist ein langer Verschmelzungs- und Neuordnungsprozeß verschiedener adliger und anderer sozialer Gruppen. Der römische Götterhimmel weist Parallelen zu einer Führungsschicht auf, die hohe Integrationskraft besitzt und lange Zeit erfolgreich übermäßige Profilierung einzelner Mitglieder bekämpft. Da auch die Formierung eines Pantheons auf den Aktivitäten einzelner Menschen, insbesondere ihren außerrömischen Kontakten, ihren Weihungen neuer Tempel für neue Gottheiten und ihren Erzählungen von Hilfeleistungen alter und neuer Götter beruht, ist es keine Überraschung, am Ende Strukturähnlichkeiten zu menschlicher Elitebildung zu sehen. Aber die Zufälligkeiten militärischer Expansion, die Zuwanderer und theologische Spekulation dürfen als Faktoren nicht übersehen werden.

Zudem bleiben die ‹großen Gottheiten› der Panthea nicht die einzigen übermenschlichen Gestalten. Eine Unzahl kleinster Funktionsgötter (seit Hermann Useners bahnbrechendem Werk über *Götternamen* oft als ‹Sondergötter› bezeichnet) bevölkert die Texte (und gelegentlich die Rituale), Orts- und Ahnengötter treten hinzu, daneben – wie in Griechenland die immer größere Schar von Heroen – vergöttlichte Menschen. Schließlich bleibt noch die große Gruppe von Zwischenwesen zwischen Menschen und Göttern, bleiben die Dämonen, die auch in der Vorstellungswelt der Anhänger der antiken ‹monotheistischen› Religionen präsent sind. Judentum und Christentum akzeptierten gleichermaßen die Existenz von Dämonen. Ein antiker Christ sagt nicht: Diese traditionellen Götter existieren gar nicht, sondern: Das sind keine Götter – es gibt nur einen Gott –, das sind bloß

‹Dämonen›. Fügt man noch das theologische Konzept der göttlichen Trinität hinzu (Gott als Vater, Sohn und Geist) wird schnell deutlich, wie stark das Begriffspaar Monotheismus–Polytheismus vereinfacht.

Stadt-Religion

Schaut man sich die Vielzahl der göttlichen Wesen und die (freilich geringere) Anzahl zugehöriger Kulte an, muß man sich die Frage stellen, welchen Sinn die Rede von ‹polytheistischer Religion› hat. Fallen diese unterschiedlichen Aktivitäten in verschiedensten Gruppen überhaupt zusammen? Bilden sie eine Religion oder mehrere Religionen? Eine Einteilung nach ‹Konfessionen›, die von einander ausschließenden religiösen Optionen ausgeht (man ist Katholik *oder* Protestant), ist schon heute problematisch – jedenfalls, wenn man nicht von der Norm, sondern von empirischem Verhalten ausgeht. Für antike Gesellschaften ist ein solcher Zugang völlig unbrauchbar.

Die Zugehörigkeit zu einzelnen Kulten richtete sich nach lokalen und sozialen Kriterien, Überschneidungen waren jederzeit möglich und programmatisch gerade nicht ausgeschlossen. Gehörte jemand einem bestimmten religiösen Verein an – und nur auf dieser Ebene gibt es feststellbare Mitgliedschaft –, partizipierte er dennoch neben dem Familienkult auch an öffentlichen Festen. In den meisten Kulten spielte Mitgliedschaft als Organisationsprinzip keine Rolle. Es gab einzelne Kulte, die sich dem näherten, aber auch hier blieben die Grenzen zu den bloßen Sympathisanten hin fließend. Obwohl das Führen von Personalverzeichnissen zur gängigen antiken Verwaltungspraxis zählte, waren Mitgliederlisten oder Ausweise für den religiösen Bereich unüblich – von den ‹Pässen› abgesehen, die in Form von Goldblättchen Orphikern mit ins Grab gegeben wurden. ‹Glaubensbekenntnisse› hatten hymnischen, preisenden Charakter – erst, wo sie mit Absagen und Ausschlüssen verbunden wurden, organisierten sie Religionen.

Auf der Suche nach der Ebene, die die stärkste Integrationskraft auf all diese Untergruppen ausübt, stößt man auf die Ebene der Stadtgemeinde, griechisch *polis.* Die Zugehörigkeit zu einer Polis ist für einen Menschen im antiken Mittelmeerraum, zumindest in den urbanisierten Gegenden, das stärkste Verortungskriterium, die stärkste politische Bindung, bildet die Zugehörigkeit, die am stärksten die Rechtsstellung, die Privilegien und damit die sozialen und wirtschaftlichen Chancen regelt. Kaum verwunderlich, daß jede einzelne Polis einen eigenen Kalender aufwies, also eine religiös thematisierte Ordnung der Zeit besaß. Ordnung im doppelten Sinne: Einerseits führte jede Stadt ihren eigenen Festkalender, der die jeweiligen Opfertage für die einzelnen Götter über das Jahr hinweg festschrieb, andererseits bediente sich jede Polis eines Kalenders auch im Sinne eines technischen Instruments, um die Monatsnamen und den Jahresbeginn anzugeben. Auf beiden Ebenen diente der Kalender der Integration und der zeitlichen Koordinierung unterschiedlicher Gruppenaktivitäten. Es hat allerdings in der Antike nie ein Kalenderexemplar gegeben, in dem alle religiösen Aktivitäten, die in einer Stadt stattfanden, eingetragen waren, einen Zentralkalender, der Vollständigkeit hätte beanspruchen können und eine definitive Auflistung aller einzelnen Feste von Ortschaften, Stadtteilen und Gruppen geboten hätte. Die Kalender, die wir kennen, stellen immer nur Ausschnitte dar, und zwar Ausschnitte, die die Aktivitäten auf der Ebene der Gesamtgemeinde in den Vordergrund stellen.

Die etwas ungewöhnliche Rede von der Polis hat deswegen ihre Berechtigung, weil sie hilft, den verbreiteten Begriff des antiken Stadt-Staates zu vermeiden. Der Begriff ‹Staat› suggeriert vieles, was in den Staatskonzepten des neunzehnten Jahrhunderts begründet ist, für die Antike aber nicht zutrifft und deswegen falsche Assoziationen wecken könnte. Die antiken Stadt-Staaten, die antiken Poleis, besaßen keinen ausgebildeten Verwaltungsstab, keinen großen Behörden- oder Polizeiapparat, sondern zumeist wenige gewählte Beamte, die einen ganz kleinen Stab eigener Mitarbeiter (oft Sklaven) mitbrachten. Sie hatten keine, jedenfalls keine geschriebenen Verfassungen in unserem Sinne, von einigen Ausnahmen abgesehen. Die Vollbürger einer solchen Polis entsprachen oft nur der dünnen Schicht vermögender, erwachsener Männer. Die Beteiligung an politischen Entscheidungen in diesen Gemeinden konnte sehr unterschiedlich sein, unter Umständen war sie nur sehr schwach ausgeprägt. Soziales und Politisches war in diesen Gemeinden oft nicht klar getrennt. Diejenigen, die alten adligen Familien angehörten, waren oft zugleich die politischen Führungskräfte. Wer mehr Geld besaß, verfügte auch über ein besseres, gewichtigeres Stimmrecht (*Timokratie*).

Wenn man von Polis-Religion spricht, vermeidet man die offensichtlich anachronistische Rede von der ‹Staatsreligion›, von der dann eine ‹Privatreligion› abzusetzen wäre. Auch im privaten Bereich steht Religion unter öffentlicher Kontrolle. Ich kann zum Beispiel nicht einfach das Grab meines Großvaters an einen anderen Platz verlegen, sondern brauche dazu die Genehmigung einer öffentlichen Priesterschaft. Auch kann ich nicht jede beliebige Kultform in jedem beliebigen öffentlichen Raum als Privatmann ausüben. Auch da gibt es, wie noch näher auszuführen sein wird, Beschränkungen, Kontrollen. Meine (sozusagen) private Teilnahme an den Lustbarkeiten des Saturnalienfestes oder mein ‹privater› Besuch der Zirkusspiele im Rahmen der Apollinischen Spiele ist auch eine Teilnahme an öffentlicher Religion. Es sind die Tempel der Polis, die von der politischen Führungsschicht gestifteten Tempel, vor denen ich meinen Kult vollziehe: In der Polis-Religion überlagert sich alles.

Aber dienen alle Netzwerke innerhalb der Polis ihrer politischen Integration? Sind alle Außenkontakte irrelevant? Konkurrierende Termine existieren selbst für römische Vollbürger und stellen sie vor die Wahl, zu einem öffentlichen Fest oder der Sitzung eines bestimmten Vereins zu gehen. Aus der Sicht des einzelnen trifft die Perspektive Polis-Religion nicht zu, zumal dann nicht, wenn es sich um Sklaven, um Fremde, um Nichtbürger handelt. Auch sie ‹haben› Religion. Die ‹Religion der Römer› ist damit als ‹Religion in Rom› zu verstehen, in einem lokalen, nicht in einem ethnischen, aber auch nicht (nur) in dem politischen Sinne, den der Ausdruck ‹die Religion Roms› so leicht nahelegt. Daß dabei die Stadt nicht ohne ihr näheres und weiteres Umland betrachtet werden darf, lokale Religionsgeschichte immer auch regionale Religionsgeschichte sein muß, wird die Betrachtung religiöser Weg- und Grenzmarkierungen schnell deutlich machen.

Will man die Funktion von Religion nicht auf Integration begrenzen – und diese Ausweitung ist ein wichtiges Ziel dieser Darstellung –, muß auch die gegenseitige Beeinflussung und Durchdringung der in ihrer geographischen und ethnischen Herkunft unterschiedlichen Religionen und Kulte in der Stadt Rom in den Blick genommen werden. So wichtig die additive Bestandsaufnahme der Kultanlagen, der Gruppen einer Stadt sein mag, so wichtig ist auch die Frage des Miteinanders, der Kombinierbarkeit von Kulten, etwa in einer Prozession oder in der situativ oder lebensgeschichtlich wechselnden Wahl eines einzelnen. Es geht aber nicht nur um die Wahl vorgegebener Alternativen. So wie das Pantheon ein lokales Phänomen ist, und die Göttin Fortuna vom Forum Boarium nicht mit der Fortuna von Praeneste identisch ist, so nehmen auch Religionen, die überregional Verbreitung finden, wie etwa das Judentum, wie das Christentum, wie der Mithraskult, deutliche lokale Merkmale an. Unter der Perspektive der

‹Lokalreligion› interessiert nicht, was das Christentum als dogmatisch konstruierte abstrakte Religion will, sondern wie das Christentum an einem konkreten Ort aussieht, auch wenn diese Lokalvariationen nur wenig Niederschlag in den (literarischen) Quellen finden: Ein Theologe wie Augustinus stellte nicht die Unterschiede zwischen dem Christentum in Karthago und dem Christentum in Rom heraus (höchstens in Ausnahmefällen), sondern er stellte dar, was *das* Christentum ist.

Wir wissen nur in Ausnahmefällen um solche lokalen Variationen. So fällt auf, daß viele Kulte, die wir auch in anderen Orten greifen können, in Rom binnen kurzer Zeit ihre Hierarchie in stark abgeflachter Form ausbildeten. Priester mit religiösem Spezialwissen wurden eher in ihrem Einfluß zurückgedrängt, statt dessen traten Vereinsstrukturen in den Vordergrund, die die Leitung einem auf fünf Jahre gewählten Exekutivausschuß anvertrauten. Auch Religionen, die aus ganz anderen Gebieten mit anderen Kalendern stammten, benutzten in Rom den stadtrömischen Kalender. Wir finden auf keinem jüdischen Grabstein in Rom ein jüdisches Datum, sondern nur, selten zwar, römische Daten, obwohl man denken sollte, daß die Juden, deren ganze Feste an einem Mondkalender, also einem ganz anderen Kalendersystem hingen, einen eigenen Kalender geführt haben müßten. Offensichtlich haben sie aber lediglich ihren wöchentlichen Rhythmus – der Sabbat ist schon im ausgehenden ersten Jahrhundert v. Chr. auch Nichtjuden geläufig – und gelegentliche Feste in den Rahmen des lokalen Kalenders eingepaßt.

Öffentliche Kulte

Dem Begriff der Polis-Religion entspricht ein lateinischer Begriff, die *sacra publica*, die ‹öffentlichen Kulte›. Genau wie der moderne Begriff der Polis-Religion konzentriert sich der antike Ausdruck auf die interne religiöse Struktur einer Stadt. *Sacra* sind die den Göttern geschuldeten Rituale. Das wichtigste Kriterium, um die *sacra publica* von anderen Kultakten abzugrenzen, besteht in der Finanzierung, in der Frage: Wer zahlt für diese Kulte? Die Kosten für die ‹öffentlichen Kulte› trägt die politische Gemeinschaft. Die wesentlichen Einkünfte ihrer Kasse setzen sich aus Steuern und Abgaben sowie aus Kriegsbeute zusammen. Liegen keine privaten Schenkungen vor, werden aus solchen Einkünften Grundstückskäufe und Baukosten bestritten.

Heiligtümer und Tempelanlagen für *sacra publica* werden auf öffentlichem Grund errichtet und dann durch einen Akt der Konsekration in einen *locus sacer* überführt, in ein Grundstück, das einer Gottheit als Eigentum gehört.

Kulte weisen aber auch laufende Kosten auf, die jährlich anfallenden Kosten für Opfertiere und andere Gaben, für Bühnenbau, Schauspieler und Renngespanne. Deren Finanzierung muß sichergestellt sein. Wie wichtig dieser ökonomische Aspekt ist, zeigt die römische mythisch-historische Überlieferung selbst. Der legendäre Religionsstifter Numa Pompilius, der zweite römische König, habe nicht nur etliche Kulte und Priesterschaften gegründet, sondern auch gleichzeitig mit diesem Akt deren Versorgung gesichert.

In jedem Fall wurde für die Unterhaltung eines Kultes ein Stück Boden bestimmt. Dieses Grundstück warf durch Verpachtung im Normalfall eine gewisse Rendite ab, die für die Finanzierung eines Kultes oder einer Priesterschaft, etwa der Vestalischen Jungfrauen, aufgewendet werden konnte. Die Nachricht über den Verkauf von Flächen mit sakralen Finanzierungsaufgaben durch Sulla, der Land im Wert von umgerechnet sechsunddreißig Millionen Sesterzen für die Finanzierung des Krieges gegen Mithridates veräußerte, weist auf den Umfang des Postens. Bei einem Bodenpreis von eintausend Sesterzen je *iugerum* dürfte die Summe zum Zeitpunkt des Verkaufes eine Fläche von deutlich über zwanzigtausend Hektar repräsentiert haben, ohne damit diese Art von Besitz bereits zu erschöpfen – die *sacra publica* liefen ja weiter.

Dieser Typ von Finanzierung – man würde heute sagen, Kapitalstockbildung in Form von Immobilien – ist bis in die Moderne hinein und weit über Europa hinaus die typische Weise, wie religiöse Kosten (aber auch sonstige laufende Staatsausgaben, welche auf Dauer gestellt sind) abgedeckt werden. Bis in die frühe Neuzeit hinein wurde etwa die Stiftung einer Kapelle von der Kirche nur akzeptiert, wenn auch gleichzeitig ein dazugehöriges Stück Land inbegriffen war, von dem die laufenden Unkosten, Finanzierung eines Priesters, Finanzierung von Reparaturkosten etc. getragen werden konnten.

In Anbetracht der auf Zufallsnachrichten beschränkten Quellenlage ist es problematisch, absolute Zahlen zu errechnen. Dennoch ist eine solche Modellrechnung nützlich, um wenigstens einen Eindruck der Größenordnung zu bekommen, von der hier gesprochen wird. Für das frühkaiserzeitliche Imperium Romanum kommt man dabei auf ein Bruttosozialprodukt von etwa zwanzig Milliarden Sesterzen – eine

Münzeinheit, die etwa der notwendigen Kaufkraft für den Lebensunterhalt einer Familie pro Tag entspricht. Den jährlichen ‹Staatshaushalt› belasteten Aufwendungen (zumal für das Militär) in Höhe von etwa einer dreiviertel bis einer Milliarde Sesterzen, kaum fünf Prozent des Bruttosozialproduktes. Wiederum kaum mehr als fünf Prozent dieses ‹Körbchens› (lateinisch *fiscus*), nämlich etwa zehn bis fünfzig Millionen Sesterzen, machten die laufenden Kosten für die stadtrömischen Spiele und Priesterschaften aus. Dem traten freilich private Aufwendungen an die Seite, die im Einzelfall die Größenordnung des öffentlichen Jahresetats erreichen konnten: Nach einer in Plinius' *Naturgeschichte* überlieferten Nachricht soll der Ädil Marcus Aemilius Scaurus im Jahr 58 v. Chr. allein für die szenischen Dekorationen dreißig Millionen Sesterzen aufgebracht haben – noch lange nicht der Rekord, wie Cicero ein Jahrzehnt später mit Blick auf Pompeius bemerkt. Ansonsten kann man für die großen, mehrtägigen Spiele bei durchschnittlicher Ausstattung ein bis drei Millionen veranschlagen, der Neubau größerer stadtrömischer Tempel dürfte im selben Bereich gelegen haben.

Die Gesamtheit der *sacra publica* kann man auffassen als die Pflichten der politischen Gemeinschaft gegenüber ihren Göttern. Die Götter, die dieses soziale Gebilde fördern sollen, haben einen Anspruch auf Verehrung. Diese wird durch die regelmäßige Inszenierung der *sacra publica* garantiert – also jener Pflichten, die die Gemeinde als Ganzes zu tragen hat. Weniger war nicht möglich. Das heißt aber auch, da diese Pflichten sich in einem langen Prozeß gebildet hatten: Im Normalfall war mehr nicht nötig. Im Einzelfall, wenn sich eine Gottheit durch Erdbeben, Hagel und dergleichen Unheilszeichen meldete, dachte die politische Führung, der Senat, wohl über eine Intensivierung der Kulthandlungen nach, ansonsten lebte die Stadt aber in der Gewißheit, die Ansprüche der Götter zu erfüllen. Es wäre als überflüssig empfunden worden, wenn etwa ein Magistrat sich als besonders fromm gebärdet und Iuppiter nicht nur zweimal im Monat, sondern jeden zweiten Tag ein Opfer dargebracht hätte, dem Grundsatz folgend: Viel hilft viel. Solches Handeln war nicht konsensfähig, jener Magistrat hätte dafür keine Gelder aus der Stadtkasse erhalten.

Neben dieser Ebene des öffentlichen Kultes, in der die Gemeinde durch ihre obersten Beamten repräsentiert wurde, während die Priesterschaften lediglich Spezialaufgaben ausführten, gab es noch eine zweite Ebene religiöser Institutionen. Sie betraf räumliche Untereinheiten der Stadt. Für Rom waren das die sieben Hügel (im Fest des

1. Ausschnitt aus dem Außenrelief der Ara Pacis Augustae

Das hier abgebildete Ritual führt ‹Priester› (*sacerdotes*), Magistrate, Frauen und Kinder zusammen, für letztere ein Ort, Religion zu ‹lernen›. Grundgewand der römischen Bürger ist – verstärkt nach Augusteischer Konzeption – die faltenreiche Toga, die für Kinder, Priester und Magistrate mit einem zusätzlichen Purpurstreifen (*toga praetexta*) versehen wird. Spezielle Funktionsträger heben sich hier kaum noch heraus: Allein die Flamines zeichnen ihre *apices* geheißenen Kopfbedeckungen aus (die Dreiergruppe links); die ihnen folgende Person, mit der *sacena*, dem Beil (ein *lictor* oder *camillus*), und Marcus Agrippa (der vierte Erwachsene von rechts) selbst tragen die Toga bereits über den Kopf gezogen, ‹mit bedecktem Haupt›. Die übrigen Teilnehmer sind mit Kränzen geschmückt.

Foto: Jörg Rüpke

Septimontium), die dreißig *Kurien* (eine alte politische Organisationsform, die noch in der Umzugsroute der Argeer-Prozession berücksichtigt wurde) und die *vici*, Stadtteile, die in augusteischer Zeit mit zweihundertfünfundsechzig Einheiten die Stadtfläche erschöpften und wiederum in vierzehn Regionen zusammengefaßt wurden. Dieses Schema ist keineswegs vollständig, es war dem steten Wachstum der Stadt unterworfen. Hier jedenfalls fanden eigene öffentliche Kulte statt, die aus der Stadtkasse zu finanzieren waren, da die Untereinheiten, soweit wir wissen, keine ‹geschäftsführenden› Körperschaften waren.

Zu diesem in zwei Ebenen aufgeteilten Bereich der *sacra publica* gesellen sich als Komplementärbegriff die *sacra privata* hinzu, die ‹privaten Kulte›. Diese umfaßten Kulte, zu denen sich einzelne Individuen verpflichtet fühlten, wie Haushaltskulte und Kulte der *gentes*, also der familiären Großverbände, die man insbesondere in der adligen Oberschicht findet.

Von der Terminologie her gesehen, ergibt sich damit ein klar strukturiertes Bild der städtischen Religion: an der Spitze die *sacra publica*, ergänzt durch die oben genannten *sacra pro montibus*, *pro curiis*, *pro vicis*, darunter der Bereich der *sacra privata*, aufgeteilt in Kulte für einzelne Hauskulte (*familiae*) und Gentes (siehe Festus, *Über die Bedeutung der Wörter* p. 284 Lindsay). Dieses von der sakralen Terminologie entworfene Raster der menschlichen Nutznießer und Verpflichteten verbirgt die Tatsache, daß es keineswegs mit den sozialen Gruppierungen, die die Kulte ausüben, übereinstimmt: Die Beteiligung in einem Berufskollegium ist mit der Einweihung in einen griechischen Mysterienkult kaum als ‹Individualkult› vergleichbar. Die soziale Stufenordnung vom Haushalt über die Familienverbände zum Gemeinwesen stellt ein harmonisches Ideal vor, nicht die Wirklichkeit der unterschiedlichen Interessen, sozialen Barrieren, räumlichen Mobilität und Vereinzelungen. Das zeigt schon ein zweiter Blick auf den Bereich der *sacra publica.*

Religion der Führungsschicht

Schaut man sich den Begriff der Öffentlichkeit näher an, wird man schnell feststellen, daß der Begriff von Öffentlichkeit, der im lateinischen *publicus* steckt, nicht der Begriff von Öffentlichkeit ist, den wir heute mit dem Wort assoziieren: eine Öffentlichkeit, an der wir uns alle – zumindest in eingeschränkter Weise, durch die Massenmedien etwa – beteiligt fühlen, eine öffentliche Meinung, die über die politischen Führungszirkel hinaus durch Institutionen wie Presse, politische Vereine und eben auch Äußerungsmöglichkeiten jedes einzelnen oder kleiner Interessengruppen bestimmt wird. Im Unterschied hierzu bezeichnet der römische Öffentlichkeitsbegriff im wesentlichen einen Kommunikationsraum innerhalb der Führungsschicht. Nur in ganz wenigen, stark ritualisierten Formen war es der Bevölkerung, oder besser gesagt, der Versammlung männlicher Vollbürger möglich, Einfluß auf die ‹öffentliche Meinung› zu nehmen. Das waren bis in die frühe Kaiserzeit hinein etwa Wahlakte. Seit der späten Republik und bis nach Byzanz waren es auch Theateraufführungen, in denen das Volk oder große Gruppen in diesem Volk bestimmte Magistrate, die eintraten und sich auf ihre Ehrenplätze begaben, mit Beifall oder mit Pfiffen empfingen oder aufgeführte Texte als politische Anspielungen interpretierten und lautstark kommentierten. Bei der Wahl wurde nach einem timokratischen Stimmrecht gewählt: Wie später im preußischen Dreiklassenwahlrecht galt die Stimme in den Zenturiatkomitien, einem besonders wichtigen Wahlgremium, um so mehr, je mehr einer besaß. Da die reichsten Klassen zuerst wählten und die Wahl in dem Moment, da eine Mehrheit erreicht war, abgebrochen wurde, kam die Mehrheit der Stimmberechtigten oft gar nicht mehr zum Wahlakt. Die Einflußmöglichkeiten der breiten Bevölkerung auf diesem Wege waren dadurch gering.

Die römische Führungsschicht bestand nicht aus zufällig gewählten Bürgern, sondern war personell relativ stabil. Die Konsuln, die Oberbeamten, waren vornehmlich Personen, deren Väter und Großväter schon ähnliche Positionen innegehabt hatten. Wurde jemand in ein kurulisches Amt gewählt, dessen Vorfahren nicht schon Ädil, Prätor oder Konsul gewesen waren, galt das als so auffällig, daß man von einem *homo novus*, von einem ‹neuen Mann›, einem Emporkömmling sprach. Diese Elite scheint aus einzelnen Familienverbänden, die lange sogar in militärischen Aktionen noch selbständig agierten, bis ans Ende des vierten Jahrhunderts v. Chr. zusammengewachsen zu sein. Die daraus resultierende Führungsschicht, die Nobilität, zeichnete sich dadurch aus, daß sie den für aristokratische Gesellschaften typischen Wettbewerb auf Gemeinsames hin kanalisierte, gemeinsame Interessen (vor allem politische Macht und Expansion) und gemeinsame Werte definierte. Dieses immer gefährdete, immer neu zu bestimmende Gemeingut, diese gemeinsame Sache, lateinisch *res publica*, ist das, was die Forschung des neunzehnten Jahrhunderts als ‹Staat› mißverstanden hat.

Die gemeinsamen Interessen und ein Regelwerk, das zu Konsens führen und den immer gefährdeten Konsens vor Exzessen des Wettstreits um Ansehen sichern sollte, machten den ‹Staat› aus, nicht eine Verfassung des Volkssouverän. Insofern waren die Formen des Umgangs in dieser Führungsschicht immer politisch, war ihre Kommunikation die entscheidende Öffentlichkeit Roms. Für die Religion hatte das zwei Auswirkungen, sozusagen die Kehrseiten einer Medaille: Die ‹öffentliche› Religion war in ihrer Struktur wesentlich durch die interne Struktur der Führungsschicht geprägt, und sie war von der ‹Privatreligion› dieser Gruppe kaum zu trennen.

Eine Folge dieser Gegebenheiten ist, daß wir über *sacra gentilicia*, Gentilkulte, kaum etwas wissen. Vielleicht weniger deshalb, weil es sie nicht gab, sondern eher, weil sie unter den neuen Rahmenbedingungen der Republik nicht mehr erwähnenswert waren. Die erste sichere Nachricht, die wir über die Existenz von Gentilkulten haben, stammt aus einem Konflikt am Ende des vierten Jahrhunderts v. Chr. Der von den Pinarii und Potitii ausgeübte Kult des Hercules wurde diesen Familien entzogen und in ein *sacrum publicum* überführt, das nun durch Stadtsklaven und auf Kosten der Stadtkasse durchgeführt wurde. Die Verantwortung dafür trug der Zensor Appius Claudius Caecus, der Inhaber eines Amtes, das die Aristokratie zur Überwachung des eigenen Verhaltenskodex geschaffen hatte.

Der Konflikt zwischen einem Gentilkult und öffentlichen Kulten ist angesichts der besonderen Struktur der römischen Oberschicht kein Konflikt zwischen staatlicher und privater Ebene, sondern ein interner Konflikt der Aristokratie. Wenn – verstärkt Anfang des zweiten Jahrhunderts v. Chr. – von Luxusgesetzen, vom Verbot des Grabluxus oder der Ausgabenbegrenzung bei Hochzeits- und anderen Banketten die Rede ist, geht es um einen Umgang mit privaten *Kulten*: Einschränkung oder Ver-Öffentlichung von privaten Kulten oder religiösen Funktionen als *sacra publica* oder *sacerdotes publici*, ‹Staatspriester›, bildeten die alternativen Strategien, den Vorrang der Gemeininteressen zu sichern – ein Charakteristikum römischer Religionsgeschichte.

Während sich für die Folgezeit der mittleren und späten Republik das Interesse offensichtlich auf die Gründung neuer öffentlicher Kulte konzentrierte, liegen Nachrichten über Gentilkulte wieder im Übergang zur Kaiserzeit vor. Bezeichnenderweise geht es um den Gentilkult jener Familie, die in Gestalt ihrer Mitglieder Gaius Iulius Caesar und dessen Adoptivsohn Gaius Iulius Divi filius Caesar, den wir Octavian oder Augustus nennen, den aristokratischen Rahmen endgültig sprengte und die Kaiser bis in Neronischer Zeit hinein stellte. Die Großfamilie der Iulii unterhielt einen Kult in dem kleinen latinischen Ort Bovillae. Es handelte sich um einen Kult des Gottes Veiovis, wie der Fund eines Altars lehrt. Der Kult scheint mit dem Totenkult der Familien, ihrer Ahnenverehrung verknüpft gewesen zu sein. Nach dem Muster dieses Familienkultes wurde in Rom der Kult des toten Augustus geschaffen und der neu gegründeten ‹Kameradschaft› der *Sodales Augustales* anvertraut. Gleichwohl galt dieser Kult nicht dem toten Kaiser, sondern dem vergöttlichten, dem divinisierten Kaiser, dem Divus Augustus. Insofern war der Kult eine Angelegenheit des ‹Publikums›, der *res publica*, die Sodales wurden öffentlich bestellt.

Der Konfliktbereich zwischen partikularen religiösen Aktivitäten und Gemeininteressen ist zugleich ein Bereich der Innovation. Das beginnt bei der Umstrukturierung oder Zurückdrängung alter Traditionen und setzt sich mit der Einführung neuer Kulte fort. Natürlich konnte der Senat, das Repräsentativorgan der Aristokratie, die Einführung eines neuen Kultes beschließen, des Heilgottes Asklepios als Aesculapius im Jahr 293 etwa oder der Mater magna, der ‹Großen idäischen (vom kleinasiatischen Berg Ida stammenden) Mutter der Götter› im Jahr 205 v. Chr. Aber auch einzelne konnten die Initiative ergreifen, beispielsweise ein Feldherr, der einen Krieg gewonnen hatte. Er errichtet aus der Beute, die das von ihm geleitete Heer gemacht hatte, einen Tempel in Rom – das löste zugleich das Problem, die Beute prestigeträchtig und zugleich unanstößig zu investieren. Mit diesem Prestigeobjekt wurde der Stifter, wie die historische Überlieferung zeigt, noch lange in Verbindung gebracht. So baute er diesen Tempel für eine neue Gottheit, mit dessen Namen er sich so verband. Spiele *(ludi)* boten indes eine noch wirkungsvollere, zeitnähere und dem Sieger deutlicher zuzurechnende Alternative. Profanbauten aus Beute zeigen, daß dieses Prestigesystem Religion überschritt.

Ein Blick auf die Details des Bauprozesses zeigt, wie sehr diese religiöse Handlung in die Strukturen der Oberschicht eingebunden war: ein Prinzip, das sich in vielen anderen Bereichen gleichermaßen nachweisen läßt. Dem Gelübde in der Schlacht folgt nach der glücklichen Heimkehr in Rom der Beschluß über den Tempelbau, diesem der Bauauftrag. Die nächste Stufe bildet die sakrale Definition und Dedikation des Grundstücks, das – unter Vermeidung sakraler Konflikte – wohl vom Initiator ausgesucht wird. Die Dedikation vollzieht die bodenrechtliche Eigentumsübertragung an die Gottheit und schließt die Grundsteinlegung und Bauopfer ein. Im allgemeinen ist es aber nicht dieser Tag, sondern der Tag der Fertigstellung, der als *dies natalis templi*, als ‹Tempelgeburtstag› kultisches Gedächtnis genießt. Bei dieser Gelegenheit wird auch die *lex templi*, die Regelung der kultischen Benutzung, die den Kultkalender *(feriale)* des Tempels einschließen kann, formuliert.

Die auf Konsens zielende breite Machtlagerung zeigt sich in der Beteiligung verschiedener Personengruppen. Für die Definition des sakralen Raumes (lateinisch *templum*), auf dem der eigentliche Tempelbau (lateinisch *aedes*) errichtet wird, werden Auguren benötigt, die eine Befreiung von etwaigen anderweitigen religiösen Ansprüchen und eine sakralrechtlich eindeutige Definition des Raumes vornehmen. Bei der Dedikation, der Weihung, ist die Mitwirkung eines Pontifex vonnöten, der die Formeln vorspricht und den Zeige-Gestus der Berührung der Gebäudemarkierungen oder des schon erstellten Türpfostens durchführt. Der Weihende selbst benötigt, wenn er kein Amt mehr ausübt, seit dem Jahr 304 v. Chr. eine erneute Amtslegitimation durch die Wahl zur vorübergehenden Spezialmagistratur der ‹Zweimänner zur Tempelgründung›. Die Darstellung des Historikers Livius zeigt das Politikum dieses Zusammenspiels:

> *Er (Gnaeus Flavius, der Mitarbeiter des schon als Innovator vorgestellten Appius Claudius Caecus) weihte den Tempel der Concordia auf der Area Vulcani (auf dem Forum Romanum) unter dem stärkstem Neid der Aristokraten ein. Nur durch die einhellige Volksstimmung gezwungen, leitete der Pontifex maximus Cornelius Barbatus das Gebet, obwohl er bestritt, daß nach der Tradition irgendjemand, der nicht Konsul oder amtierender Feldherr sei, einen Tempel weihen könne. Daher ließ der Senat ein Volksgesetz verabschieden, das verbot, jemand könne einen Tempelbezirk oder einen Altar ohne Beschluß des Senats oder der Mehrzahl der Volkstribunen weihen.*
> Livius, *Römische Geschichte* 9,46,6–7

Falls der Initiator zu diesem Zeitpunkt nicht mehr lebt, wird vorzugsweise seinem Sohn dieses Amt eingeräumt. Eine Beteiligung weiterer Entscheidungsträger entfällt, solange zur Finanzierung keine vom Senat verwalteten Mittel benötigt werden. Religiöse Innovation, das wird hier deutlich, ist etwas, was den Zusammenhalt gefährden kann – religiöse Kontrolle gehört damit zu den Grundbestandteilen des Systems, eine Kontrolle, die zunächst im Senat zusammenläuft und die von allen verlangte Selbstkontrolle ergänzt. Das heißt aber auch, daß *sacra publica* nicht nur unter einer schon in der Antike verbreiteten Perspektive gesehen werden dürfen, als von der Führungsschicht initiierte religiöse Veranstaltung, um die unwissenden Massen an sich zu binden, ihre Loyalität durch die Angst vor den Göttern sicher zu stellen. ‹Öffentliche Kulte› sind zugleich ein wichtiger Teil der Religion, die die Angehörigen der Oberschicht ausübten, ein Zeichensystem, ein Medium ihrer internen Kommunikation. Und zugleich ein effizientes Mittel, die Ansprüche der Götter auf Anerkennung ihrer Leistungen – das ist die Perspektive der Beteiligten – zufriedenzustellen.

Sacra privata

Auch die *sacra privata* wurden als eine gemeinschaftliche Pflicht gegenüber den Göttern betrachtet. Dies ist zumindest die Position, die wir in Ciceros Werk *Über die Gesetze* finden, in dem der Autor am Ende der Republik eine Idealverfassung entwirft, die in großem Umfang – namentlich das zweite der drei Bücher ist diesem Bereich gewidmet – religiöse Sachverhalte thematisiert. Konkret fassen kann man dieses Interesse der Gemeinschaft an zwei Punkten, die beide mit dem Erbrecht zu tun haben.

Da ist zum einen die Kontrolle der Adoption. Adoptionen waren in Rom etwas ganz Übliches. Für den erfolgreichen, aber nicht mit einem Sohn gesegneten Konsul ist es geschickt, jemanden zu adoptieren, der intelligent, wendig und rednerisch begabt ist, aber bedauerlicherweise einen Vater hat, der es etwa über die Quästur (das Einstiegsamt der senatorischen Folge von ‹Ehrenämtern›) nie hinausgebracht hat. Das Alter des Kindes ist dabei unerheblich. Adoption heißt, die Familie komplett zu wechseln. Natürlich kann der Adoptierte seine leiblichen Eltern noch besuchen, aber er verliert selbst seinen Namen, übernimmt Vornamen und Familiennamen des neuen Vaters. Dieser völlige Wechsel von einer Familie in die andere hat aber zur Konsequenz, daß auch die Zuständigkeit der Familienkulte wechselt. Der Adoptierte hat nichts mehr mit den *sacra familiaria* seiner alten Familie zu tun, sondern kümmert sich nur noch um die Kulte seiner neuen Familie. So kann es zu dem Fall kommen, daß, wenn der letzte Sohn einer Familie auch noch ‹wegadoptiert› wird, dieser Familienkult mit dem Tod des Vaters, des Familienoberhauptes, zum Erliegen käme. Das sollte vermieden werden. Deswegen liefen die Adoptionen über einen vom Pontifex Maximus, einem Priester, der gerade im rechtlichen Bereich hohe Kompetenzen besaß, präsidierten alten Versammlungstyp (die *comitia curiata*) und mußten dort genehmigt werden. So wurde interfamiliäre Mobilität öffentlich und kontrolliert.

Der andere Fall betrifft das Erbrecht direkt. Mit dem Erbe, das jemand antritt, erbt er möglicherweise auch religiöse Verpflichtungen.

Neben die Einkünfte (oder gar an ihre Stelle) treten lästige Aufgaben, denen in Person zu obliegen ist; die Ausrichtung der Bestattung steht dabei an erster Stelle. Eine *hereditas sine sacris*, eine ‹Erbschaft ohne Kulte›, war dagegen ‹ein sorgenloses Erbe›, frei von Unannehmlichkeiten. Viele Erblasser umgingen die Unwilligkeit oder gar Vernachlässigung durch ihre Erben einfach, indem sie ihren Grabkult durch Stiftungen und Unterhaltszusagen an Dritte sicherten.

Tatsächlich stellte sich die Situation natürlich nicht so einfach dar, wie die rechtlichen Figuren zu suggerieren scheinen, als problemloses Miteinander von öffentlichen und privaten Kulten, wobei die öffentliche Seite für die Kontinuität der privaten Kulte sorgte. Vieles blieb ungesichert. Weder die Fortführung sich auflösender Vereine kümmerte die Pontifices noch die Sicherstellung der mitgebrachten religiösen Aktivitäten von Zuwanderern, Sklaven aus Asien, aus Germanien und Afrika, von Händlern, die ihre eigenen (vielleicht syrischen – die Syrer waren sehr aktive Händler im ganzen Mittelmeerraum) Kulte in Rom pflegten. Solange jene keine Konflikte im öffentlichen Raum auslösten, beachteten die Bewahrer der *sacra* sie nicht. Weder ein Verbraucherschutz noch eine Religionspolizei kümmerte sich um diese Ausweitung des römischen Polytheismus. Aber wenn Umsturz und Verschwörung drohten, waren die religiösen Verpflichtungsgefühle anderer wenig, manchmal gar nichts wert.

Expansion der Kontrollansprüche

Mit dem Wachstum des politischen Gebildes der Stadt Rom wuchs der Kontrollbedarf. Dabei lassen sich intensivierende und expandierende Elemente unterscheiden. Die Kontrolle im Zentrum wurde stärker, gleichzeitig wurde sie geographisch immer weiter über die Stadtgrenze ausgedehnt. Am Beginn verläßlicher historischer Überlieferung steht Appius Claudius Caecus um das Jahr 300 v. Chr. für eine Tendenz, religiöse Kontrolle in den zentralen Organen der Gemeinschaft, namentlich dem Senat, zu konzentrieren. Das war nur bedingt erfolgreich, aber die religiöse Autorität und Kontrolle bündelnde Rolle des Senates wurde in der Folgezeit gestärkt: Hier gaben Priesterschaften ihre Einschätzungen kund, hier wurden Verbote beschlossen und überprüft. Erst in der Kaiserzeit büßte der Senat diese Funktionen mehr und mehr an den Kaiser und sein (mit Senatoren besetztes) *consilium*, seinen Ratgeberkreis, ein.

Kontrolle expandierte aber auch räumlich. Die römischen Pontifices begannen namentlich im zweiten Jahrhundert v. Chr., ihre Sorge um Unheilsvorzeichen, *Prodigien*, auf Latium und umliegende etruskische Städte auszudehnen – auf Vorfälle mithin, die nach traditioneller Anschauung ohne Bedeutung waren, da sie nicht auf öffentlichem Gelände der römischen *civitas* stattfanden, sondern in politisch selbständigen Gebilden. Auch die Hüter der hochangesehenen Orakelsammlung der Sibyllinischen Bücher, die ‹Zehnmänner für die Kultdurchführung› (*Decemviri sacris faciundis*), analysierten Vorzeichen bis nach Sizilien: Die zunehmende Integration Italiens findet in solchen Praktiken einen religiösen Reflex.

Vergleichbares geschah, als in der Kaiserzeit stadtrömisches Bodenrecht analog auf provinziales Territorium angewandt wurde und der Senat und die Magistrate der Stadt Rom sowie deren Priesterschaften ihre einschlägigen Kompetenzen über die Stadtgrenzen hinaus ausdehnten. Man kann das in den spätantiken Rechtssammlungen deutlich greifen.

Wie Kontrolle konkret aussehen konnte, zeigt eines der bekanntesten religionsgeschichtlichen Ereignisse der Republik, die berühmte Bacchanalien-Verfolgung des Jahres 186 v. Chr. Große Verbreitung genoß in der Mittelmeerwelt der Gott Dionysos (lateinisch Bacchus oder Liber), ein Gott des Weines, dessen Kult sich mit Weinkonsum und orgiastischen Elementen, aber auch ausgeprägten soteriologischen Vorstellungen – Leben, Rettung nach dem Tode – verknüpfte. Die Einrichtungen, in denen gefeiert wurde, hießen lateinisch *Bacchanalia*. Diese Kulte waren im griechischen Bereich über Jahrhunderte problemlos geführt worden. Sie wurden auch in Großgriechenland, in Italien begangen (in Kampanien nachweislich schon im sechsten Jahrhundert) und offensichtlich seit dem späten dritten vorchristlichen Jahrhundert auch in Rom.

Die Art und Weise, wie dieser Kult zelebriert wurde, war der römischen Elite verdächtig: Mißfallen erregte, daß diese Kulte nachts stattfanden, darüber hinaus in Gemeinschaft von Männern und Frauen. Der Verdacht kam auf, daß Leute, die sich heimlich trafen, also die Öffentlichkeit scheuten, etwas gegen diese Öffentlichkeit im Schilde führten. Anhänger von Kulten mit Geheimnissen galten als ehrenwerte und zugleich fromme Leute in Griechenland; in Rom waren es potentielle Umstürzler. Im speziellen Fall kam in Rom der Eindruck auf, daß die Zahl der Beteiligten schon sehr groß wäre, die Verschwörung also Ausmaße angenommen hätte, die einen Umsturz als unmittelbar bevorstehend erscheinen ließen (Livius 39, 8–19). Allein siebentausend Anhänger sollen es in Rom gewesen sein. Das rief den römischen Senat auf den Plan. Es wurde ein Beschluß verabschiedet, der kurzfristig zur Zerschlagung der Gruppen, zu Verhaftungen sowie einzelnen Hinrichtungen führte und langfristig die kultischen Aktivitäten strikt regulierte. Die Größe der Versammlungen wurde auf maximal fünf Mann festgeschrieben, faktisch eine Art Versammlungsverbot. Frauen durften fortan keine führenden Rollen in diesen Vereinen einnehmen, ein frauenfeindlicher Punkt, der die dominierenden römischen Wertvorstellungen sehr deutlich zeigt. Ein römischer Bürger durfte keine Priesterrolle in diesem Kult einnehmen – eine Regelung, die wenig früher auch für die kastrierten Kultvorsteher der Mater magna in Anschlag gebracht worden war.

Senatsbeschluß über die Bacchanalia

> *Die Konsuln Quintus Marcius, Sohn des Lucius, und Spurius Postumius, Sohn des Lucius, berieten sich mit dem Senat an den Nonen (7.) des Oktober beim Tempel der Bellona.*
> *Für das Protokoll zeichnen verantwortlich Marcus Claudius, der Sohn des Marcus, Lucius Valerius, der Sohn des Publius, Quintus Minucius, der Sohn des Gaius.*
>
> *Sie beschlossen: Über die Bacchanalia sollen die Föderierten folgendes verlautbaren:*
>
> *Niemand von ihnen soll ein Bacchanal zu haben wünschen; wenn es Leute gibt, die meinen, es sei für sie nötig, ein Bacchanal zu haben, mögen sie zum Stadtprätor nach Rom gehen, und über diese Angelegenheiten möge, sobald ihre Aussage gehört worden ist, unser Senat entscheiden, vorausgesetzt bei der Beratung dieser Angelegenheit sind nicht weniger als einhundert Senatoren anwesend.*
>
> *Kein Mann wünsche an Bacchantinnen heranzutreten, weder römischer Bürger noch Latiner noch einer der Bundesgenossen, es sei denn, sie gingen den Stadtprätor an, und dieser geböte es auf Grundlage eines Senatsentscheids, wobei nicht weniger als einhundert Senatoren anwesend seien, wenn diese Angelegenheit beraten wird. Sie beschlossen.*
>
> *Priester sei kein Mann; Magister weder irgendein Mann noch irgendeine Frau. Und niemand von ihnen wünsche, eine gemein-*

same Kasse zu haben, und niemand wünsche, einen Mann oder eine Frau zum Magistrat oder Promagistrat (im Verein) zu machen. Und niemand wünsche hernach sich untereinander durch Eid, durch Gelübde, durch Gelöbnis, durch Versprechen zu verbinden, und niemand wünsche ein Treueversprechen untereinander zu geben. Niemand wünsche ein Ritual im Verborgenen zu vollziehen. Niemand wünsche öffentlich oder privat oder außerhalb der Stadt ein Ritual zu vollziehen, es sei denn, sie gingen den Stadtprätor an, und dieser geböte es auf Grundlage eines Senatsentscheids, wobei nicht weniger als einhundert Senatoren anwesend seien, wenn diese Angelegenheit beraten wird. Sie beschlossen.

Niemand wünsche, daß mehr als fünf Menschen, Männer und Frauen insgesamt, ein Ritual vollzögen, und wünsche nicht, daß darunter mehr als zwei Männer und mehr als drei Frauen anwesend seien, es sei denn auf Beschluß des Stadtprätors und Senates, wie oben geschrieben ist.

Es folgen Abschlußbestimmungen, die die umfassende Veröffentlichung und Verbreitung des Beschlusses sicherstellen sollen. *Corpus Inscriptionum Latinarum* 1², 581, 10 = *Inscriptiones Latinae Liberae Rei Publicae* 511

Dieser Text wurde nicht nur in Rom publiziert und zur Anwendung gebracht, sondern er wurde in ganz Italien oder zumindest einer größeren Reihe italischer Orte in Form von Bronzekopien, also haltbaren, nicht veränderbaren Kopien, verschickt. So wurde für die Durchsetzung dieses Beschlusses über das römische Stadtgebiet hinaus gesorgt. Das ist repressives Verhalten, das in die Ausübung und Ausgestaltung bestimmter Kulte sehr tiefgehend eingriff, wenn es sie (was spätere Zeugnisse unterstreichen) auch nicht verbot. Aber das Agieren der politischen Führung hatte zwei Aspekte: Ein Kult einer durchaus geachteten Gottheit scheint zum einen tatsächlich (nach eher diffusen Konflikten im Kriegsjahr 213, die zu einem Verbot fremder Rituale in der Öffentlichkeit geführt hatten) im Jahr 186 erstmals als tiefgreifende Gefährdung der Strukturen des Gemeinwesens wahrgenommen worden zu sein. Zum zweiten war das erstmalige direkte ‹polizeiliche› Eingreifen in eine religiöse Angelegenheit auch besonders aufwendig zu begründen. Im Vordergrund stand daher die Verschwörung, nicht jene voyeuristische Phantasien nächtlicher Orgien und die Antizipation ‹orientalischer› Kulte, die die Wirkungsgeschichte des Falles haben so reich werden lassen.

Der Umgang mit dem Bacchanalien-Kult wird sich im Laufe der römischen Geschichte wiederholen. Zwischen dem zweiten Jahrhundert v. Chr. und dem ersten Jahrhundert n. Chr. ereigneten sich periodische Vertreibungen von Astrologen, Philosophen, auch Rhetoren (die bis zur Wende des zweiten zum ersten Jahrhundert als ähnlich volksgefährdend eingestuft wurden) sowie von Juden und immer wieder, bis in die Claudische Zeit, von Anhängern des Isis-Kults. An diesen Sanktionen offenbaren sich die Grenzen ‹polizeilichen› Eingreifens im Rom der späten Republik, wenn, obgleich alle Anhänger vertrieben und ihre Tempel zerstört werden sollten, Beschluß und Zerstörung bereits zwei Jahre später wiederholt werden mußten. Der Wille zur Kontrolle lief seinen Möglichkeiten voraus.

Seit der Zeit Caesars existierten eine Reihe von Gesetzen, die das Kollegien- oder Vereinswesen regelten. Potentiell politisch gefährliche Vereine galt es zu verbieten (soweit sie nicht eigenen Interessen – die Elite entzweite sich zunehmend – zuarbeiteten), religiösen Vereinen, soweit sie nur religiös agierten, wurde ein relativ großer Spielraum eingeräumt, aber die Duldung eines Vereins war immer eine Duldung auf Widerruf. In dem Moment, da den Rechtsvertretern Bedenken kamen, daß etwas politisch oder moralisch unsauber sei, konnte ohne weitere rechtliche Schritte, ohne neue Gesetze oder Bestimmungen ein solcher Verein aufgelöst werden. In der Kaiserzeit schließlich kam es zu Verfolgungen, die unter Umständen auch mit Hinrichtungen endeten. Bei der Verfolgung der Druiden in Gallien waren die angeblichen Menschenopfer – ein beliebter Gemeinplatz von Ausgrenzungsdiskursen – der Stein des Anstoßes. Daneben die Christenverfolgungen, die allerdings sehr sporadisch vonstatten gingen und lokal begrenzt waren. Erst in der Mitte des dritten Jahrhunderts, in der Decischen Verfolgung, erleben wir zum ersten Mal das Phänomen, daß auf ausformulierter rechtlicher Grundlage, wenn auch nicht flächendeckend, so doch sehr weit gestreut, Verfolgungen der Anhänger einer bestimmten Religion im Römischen Reich umgesetzt wurden, unter Umständen bis zur Hinrichtung. Auch bei näherer Betrachtung der Christenverfolgungen bleibt die eigentliche Grundlage der Verfolgung allerdings im Dunkeln. Das hängt nicht nur mit dem Charakter des Christentums zusammen, sondern auch mit den unklaren Vorstellungen der Grenzen von erlaubter und nicht erlaubter Religion, die letztlich mehr von situativen Gefühlen des

Bedrohtseins und politischen Überlegungen als von religiösen Grundsätzen geleitet waren.

Die römischen Klassifikationen ‹anderer› Religionen waren nur schwach ausgebildet. In der römischen Sakralsprache finden sich zwar Unterscheidungen zwischen *ritus graecus* und *ritus romanus*, zwischen griechischem und traditionellem Ritus. Beim griechischen Ritus waren die Beteiligten bekränzt. Das war ein deutliches Zeichen, das scheinbar zwischen eigener und fremder Religion unterschied. In beiden Fällen handelte es sich aber um sehr traditionelle, um bodenständige Kulte. Hier wurden also zur Erzeugung von Komplexität und Exotik im eigenen Zeichensystem historisch nicht zu rechtfertigende Unterschiede im Kernbereich der eigenen *sacra publica* durchgeführt, mit einem Begriffspaar, das sich nicht dazu eignet, nach außen hin eine Abgrenzung vorzunehmen. Ähnlich verhält es sich mit dem Begriff der *sacra peregrina*, der Fremdkulte. Auch das waren nicht etwa jüdische oder christliche Kulte, sondern jene Kulte, die auf öffentlichen Auftrag hin in Rom eingeführt wurden, zum Beispiel der schon erwähnte Kult der Kybele, der Mater magna. Auch wenn im Kriege feindliche Götter ‹evoziert›, aus ihren Tempeln mit dem Versprechen eines neuen Tempels in Rom, falls sie die Feinde verließen und nicht mehr schützten, herausgerufen wurden, konnte man von *sacra peregrina* sprechen, wie italisch ein solcher Kult auch sein mochte. Erneut also ein Begriff, der primär räumliche Komplexität und historische Tiefenschärfe im eigenen Zeichensystem erzeugte.

Einen Begriff wie *religio licita*, erlaubter oder erlaubten Religionen, wie ihn der Christ Tertullian auf das Judentum im römischen Reich anwendet (*Apologeticum* 21, 1), hat es offiziell nicht gegeben. Nirgendwo gab es ein Vereinsregister, in dem die erlaubten und gegebenenfalls auch auf einer schwarzen oder roten Liste die unerlaubten religiösen Vereine geführt worden wären. Die Entscheidung, was fremd ist und gefährlich, wurde von Fall zu Fall, auf konkrete Veranlassung hin, unter konkreten Bedrohungsvorstellungen gefällt, und es ist klar, daß solche Bedrohungsvorstellungen oder Gefühle, Abgrenzung nach außen sei notwendig (aber auch gegenteilige Vorstellungen notwendiger Integration), sehr viel mit zeitlichen Umständen zu tun haben.

Die Erweiterung des Bürgerrechtes in der Kaiserzeit auch auf nicht Lateinisch sprechende Einwohner fällt unter diese Entwicklungen, ebenso im Jahr 212 n. Chr. die *constitutio Antoniniana*, die Verleihung des Bürgerrechts an praktisch alle freien Einwohner des römischen

Reiches. Nun funktionierte der Begriff des römischen Bürgers nicht mehr als Abgrenzungsbegriff, sondern formulierte eine universale Anspruchsebene. Gerade Religion war der Bereich, in dem Abgrenzung und der neue Anspruch, daß alle dem traditionellen Pantheon opfern müßten, praktikabel waren. Aus dieser Perspektive war es kein Zufall mehr, daß in den 240er Jahren zum ersten Mal systematische Christenverfolgungen auftraten.

Ebenso wie die importierten Religionen in Rom Veränderungen unterworfen waren und ihrerseits die vorgefundenen Religionen veränderten, führte die politische Expansion Roms zu Wirkungen auf Religionen außerhalb Roms in Italien und den Provinzen, ja zum Export von Religionen, die seit längerer oder kürzerer Zeit in Rom ansässig waren. Bei diesem ‹Export› handelt es sich zumeist nicht um einen bewußten Vorgang. Es handelt sich vielmehr um ein ganzes Bündel unterschiedlicher Entwicklungen und Maßnahmen, an deren Ende freilich die Frage nach der Existenz römischer Religion in allen Teilen des Reiches zu stellen ist.

Eine hervorstechende, wenn auch nicht unbedingt die wichtigste Rolle, spielen in diesem Prozeß die Kolonien römischer Bürger. Kolonien sind Gründungen der Mutterstadt, deren Verfassungen von Rom aus in einer Gründungscharta formuliert wurden. Weite Teile einer solchen Verfassung sind in der spanischen Kolonie und Gründung Caesars Urso, der *Colonia Iulia Genetiva Ursonensis* in der Hispania Baetica, gefunden worden. Der Text enthält auffällig wenige konkrete Bestimmungen, was die hier anzusiedelnden Götter betrifft; lediglich die Kapitolinische Trias und Venus als ortsspezifische Schutzgöttin waren einzuführen. Sehr detailliert wurden dagegen Verfahrensregeln übertragen, die die Gründung bestimmter Priesterschaften (Pontifices, Auguren) verlangten. Eingeschärft wurde auch das Prinzip der öffentlichen Finanzierung der *sacra publica:* Der Gründungsstadtrat stellt den Festkalender auf und sichert seine Finanzierung.

Auszüge aus der *Lex Ursonensis*

(64) *Die Duoviri, wer auch immer es nach der Ansiedlung der Kolonie sein wird, sollen in den ersten zehn Tagen nach Antritt ihres Amtes den Dekurionen vorschlagen, wenn nicht weniger als zwei Drittel (von ihnen) anwesend sind, welche und wieviele Tage Festtage* (dies festos) *sein sollen und welche Kultakte* (sacra)

öffentlich durchgeführt werden sollen und wer diese Kultakte durchführen soll. Was von diesen Dingen der größere Teil der Dekurionen, die zu diesem Zeitpunkt anwesend sein werden, beschließen und festsetzen wird, das soll geltendes Recht sein, und diese sollen die Kultakte und die Festtage in dieser Kolonie sein.

(69) *Die Duoviri, welche nach der Ansiedlung der Kolonie die ersten sein werden, diese sollen in ihrer Amtszeit, und wer auch immer (später) Duovir in der Kolonie Iulia sein wird, diese sollen in den ersten sechzig Tagen nach Antritt ihres Amtes den Dekurionen vorschlagen, wenn nicht weniger als zwanzig anwesend sind, daß dem Unternehmer oder den Unternehmern, die die Dinge, die für die Kultakte und die Gottesdienste* (res divinae) *nötig sein werden, geliefert haben werden, das Geld aufgrund des Liefervertrages zugeteilt und ausbezahlt werde. ...*

(70) *Die Duoviri, welche auch immer es sein werden, außer denen, die nach diesem Gesetz als erste eingesetzt sein werden, diese sollen in ihrer Amtszeit einen Gladiatorenkampf* (munus) *und die Theaterspiele für Iuppiter, Iuno, Minerva, Götter und Göttinnen vier Tage lang während des größten Teils des Tages, was von diesem wird ausgenützt werden können, nach der gutachterlichen Abschätzung der Dekurionen veranstalten; und für diese Spiele und diesen Gladiatorenkampf soll jeder von ihnen von seinem eigenen Geld nicht weniger als 2000 Sesterzen aufwenden, und es soll erlaubt sein, je Duovir an öffentlichem Geld genau 2000 Sesterzen zu verbrauchen und zu verwenden, und diese dürfen es, ohne dabei straffällig zu werden, durchführen, wenn nur niemand von dem Geld ausgibt oder zuteilt, welches Geld nach diesem Gesetz für die Kultakte, die in der Kolonie oder an anderem Ort öffentlich geschehen sollen, gegeben oder zugeteilt werden muß.*

Übersetzung nach Cecilia Ames, *Untersuchungen zu den Religionen in der Baetica in römischer Zeit*, Diss. Tübingen 1998

Der Prozeß der Auswanderung römischer Bürger beschränkte sich nicht auf Kolonien. Vielfach war es Handel, der einzelne Römer auch noch in die entferntesten Ecken des römischen Reiches trieb. Daß solche Leute ihr gesamtes heimatliches Pantheon mitführten, legen die Quellen nicht nahe – im Gegenteil, wir sehen Römer und Italiker in allen Teilen des Reiches bei der Teilnahme an lokalen Kulten. Dennoch brachten diese Leute zumindest gedankliche Alternativen zu den an ihrem neuen Wirkungsort tätigen Göttern mit, einzelne Kulte und Formen religiöser Aktivität, die sie ohne weiteres Nachdenken auf den neuen Kontext bezogen. Gelübde oder den Dank für erfüllte Gelübde in schriftlicher Form im Heiligtum zu plazieren, dürfte zu den wichtigsten ‹Exportartikeln› römischer religiöser Praxis gehört haben.

Neben diesen privaten Wanderern waren ständig größere und kleinere Gruppen von Römern im Dienste der Reichsverwaltung unterwegs. Römische Stadthalter vollzogen die Rituale, die sie in Rom eingeübt hatten, auch in der Provinz. Das römische Heer führte seinen Festkalender, der weitgehende Übereinstimmungen mit dem stadtrömischen aufwies, auch in Gegenden mit, in denen nicht einmal der römische Kalender Verwendung gefunden hätte. Diese Aktivitäten blieben oft isoliert auf das Lager beschränkt, aber sie wurden doch wahrgenommen. Veteranen – römische Bürger oder (im Falle von Hilfstruppen) mit ihrem Ausscheiden Neubürger – siedelten sich am Ende ihrer Dienstzeit in den Gebieten an, in denen sie ihren Dienst getan hatten und verlängerten so römischen Einfluß über die eigentlichen Institutionen hinaus.

Verbreitung römischer Religion fand aber auch dort statt, wo Römer selbst nicht im Vordergrund standen. Die Eliten in den Provinzen orientierten sich an römischen Mustern und Moden, um sich neue Formen der Abgrenzung und Legitimation zu verschaffen. Urbanisierung veränderte traditionelle Strukturen tiefgreifend, sie lieferte mit der neuen sozialen Organisation den römischen Typ und einen mit römischen Elementen versehenen Polytheismus gleich mit: Lokale und regionale, ja provinziale Religionssysteme entstanden, die weder sinnvoll als römische noch als autochthon (einheimisch) angesprochen werden können. Rom spielte hier eine Rolle: Bei der engen Einbettung von Religion in alle Lebensvollzüge muß sich auch politische Dominanz im religiösen Bereich widerspiegeln. Wieweit dieser Einfluß aber ging, ist eine der großen offenen Fragen der antiken Religionsgeschichte des Mittelmeerraums.

2 Von der Wölfin zu Caesar: Historische Grundlagen

Quellen

Jede Geschichte muß sich durch ihre Quellen rechtfertigen. Und damit stellt sich natürlich die Frage, welche Quellen uns überhaupt für die Geschichte zur Verfügung stehen. Wenn wir an literarische Quellen denken, die zeitgenössische Religionen schildern, also Beobachtungen von Zeitgenossen, nicht Rekonstruktionen oder Spekulationen späterer Schreiber, sind solche Zeugnisse erst seit der Mitte des zweiten Jahrhunderts v. Chr. erhalten. Zu dieser Zeit schrieb der Grieche Polybios in Rom seine Geschichte Roms und ging hierin ausführlich auf Fragen der Religion ein. Etwa aus demselben Zeitraum stammen die Texte von Cato dem Älteren, Konsul, Zensor und fundamentalistischer Traditionalist. Ich denke hier weniger an die Redefragmente, die auch religionsgeschichtlich interessantes Material bieten, sondern vor allem an das vollständig erhaltene Werk *Über die Landwirtschaft.* Dieses Werk beschreibt sehr anschaulich die Tätigkeiten und wirtschaftlichen Erwägungen eines Grundbesitzers, die für Cato auch korrektes rituelles Verhalten einschlossen, zur Reinigung der Felder wie zur Heilung von Krankheiten. Etwa aus derselben Zeit, genauer aus dem Jahr 186 v. Chr., stammt die schon vorgestellte Inschrift mit dem *Senatus consultum de Bacchanalibus*, das erste ausführlichere authentische Zeugnis über Religionspolitik. Doch bleibt es wie Textstellen von Polybios und Cato ein Einzeldokument. Im übrigen liefern uns die bekannten republikanischen Inschriften nur wenige Weihinschriften und Gesetzestexte; letztere betreffen zudem häufig Sachverhalte außerhalb Roms.

Eine detaillierte Quellenlage ergibt sich erst Mitte des ersten Jahrhunderts v. Chr. mit Marcus Tullius Cicero. Cicero, Redner, Politiker und Philosoph, verfaßte Texte, die Reflexionen über Religionen beinhalten. Direkt religionstheoretische Schriften, zumeist mit breitem doxographischen Überblick über die griechische Philosophie, bilden die Abhandlungen *Über das Wesen der Götter* und *Über die Wahrsagung.* Daneben besitzen wir Reden, die sehr häufig Religion als Argument heranziehen, als etwas, was er mit seinen Zuhörern teilt, was Übereinstimmung und Wohlwollen seiner Zuhörer mit ihm herstellt. Hinzu kommen Reden, die sich unmittelbar mit religiösen Fragen beschäftigen. Zu den beiden wichtigsten zählt die Rede *Über sein eigenes Haus* – das war in der Zeit seines Exils in einen Tempel verwandelt worden und Cicero verlangt nach seiner Rückkehr dessen Rückgabe. In der Rede *Über die Antwort der Haruspices*, im Folgejahr 56 v. Chr. gehalten, geht es um die Auslegung eines Spruchs dieser Priesterschaft, abermals im Zusammenhang seiner Haus-Affäre. Weiterhin bietet Cicero für die späten 60er bis hinab in die 40er Jahre mit seinem überlieferten Briefkorpus eine Einsicht in religionspolitische Tagesaktivitäten: Was gibt es an Prodigien? Welche Vorfälle melden die Auguren? Welche religiösen Einwendungen gegen bestimmte politischen Prozeduren gibt es?

Die Quellenlage für die zweite Hälfte des ersten Jahrhunderts v. Chr. ist schon durch das Werk Ciceros singulär, sie beschränkt sich aber nicht auf ihn. Es existieren Dichtungen, die Religion behandeln, das Lehrgedicht *Über die Natur der Dinge* des Epikureers Lukrez, dann die persönlichen Dichtungen eines Catull, Tibull, Properz und Horaz. Seit Augusteischer Zeit kommt es zu einer gewaltigen und zunehmenden Produktion von Inschriften, zumeist auf Stein, die in Form von Grab- und Ehreninschriften massenhaft Zeugnisse über individuelle Karrieren in der Oberschicht, in der Form von Weihinschriften über religiöse Handlungen liefern. Erst seit dem dritten Jahrhundert gehen die Zahlen zurück. Mit den Protokollen der Arvalbrüder, den *Acta Arvalia*, steht taggenau datiertes Material für die Aktivitäten einer Priesterschaft zur Verfügung – wenigstens punktuell Vergleichbares bieten im italischen Raum nur die aus Gubbio stammende Ritualbeschreibung der *Tabulae Iguvinae.* Protokollauszüge auf Stein sind auch für mehrere kaiserzeitliche ‹Jahrhundertfeiern› erhalten. Kalender und Kalenderkommentare, wenigstens einzelne antiquarische Schriften oder umfangreiche Zitate daraus, schließlich die Rechtsliteratur, Orakel, heilige Texte von Christen und Manichäern sowie die Predigten und Polemiken christlicher Schriftsteller, Romane und Satiren bilden die Grundlage unserer Kenntnis kaiserzeitlicher Religionsgeschichte.

Konzentrieren möchte ich mich hier aber auf die Geschichtsschreibung. So sehr gerade die moralisierende römische Geschichtsschreibung (ich schließe die biographische Literatur ein) Zeitzeugnis ist, lassen sich ihr doch auch – und das ist schließlich die Intention der Verfasser! – Informationen über frühere Epochen gewinnen. Für die

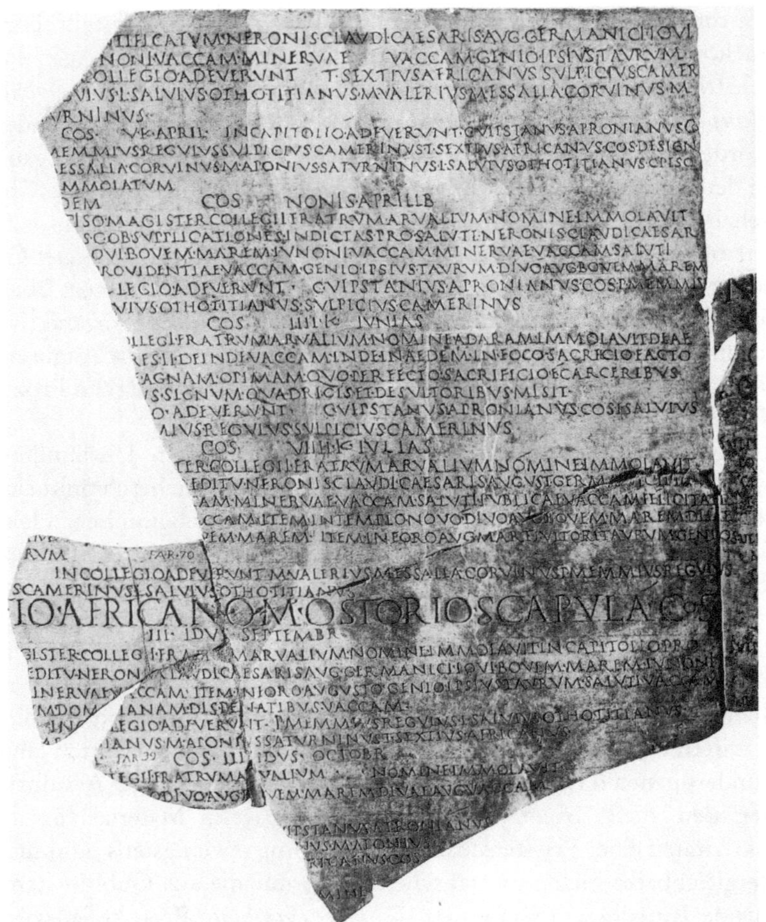

2. Fragment der Protokolle der Arvalbrüder von 59/60 n. Chr.

Die über zweihundert Jahre lange Reihe der Protokollumschriften auf Stein zeigt ganz unterschiedliche Qualitäten in Inhalt und Ausführung. Das hier abgebildete Fragment aus Neronischer Zeit zeigt die übersichtliche und auf chronologische Eindeutigkeit abzielende Anlage: Der Konsulwechsel, das heißt die Datierung des neuen Jahres ist (im unteren Viertel) besonders herausgehoben; die Datierungen im laufenden Jahr (die auf die Konsulnamen mit COS nur verweisen statt sie jedesmal neu zu nennen) untergliedern den Text durch ihre Zentrierung weiter. Der Text erwähnt eine Reihe von nicht als Routine anfallenden Opfern, doch nehmen die Anwesenheitslisten einen nicht geringen Raum ein. Das abgebildete Fragment stellt eine Marmortafel von einem Meter Höhe und 77 Zentimetern Breite dar.

Foto: Museo Nazionale Romano Nr. 253702/9 M.

Kaiserzeit ist aus der reichen Produktion wenigsten eine dünne Reihe von Schriften erhalten, die mit Tacitus, Sueton, Cassius Dio, Herodian, der pseudonymen *Historia Augusta*, Ammianus Marcellinus und der wieder reicher werdenden weiteren spätantiken Historiographie – wenn auch nicht immer in dichter Folge – die ganze Kaiserzeit abdeckt. Das bedeutendste und wirkungsgeschichtlich wichtigste Werk aber verfaßte der augusteische Geschichtsschreiber Titus Livius. Seine Darstellung setzt mit der Gründung Roms ein und führt in zehn Büchern bis ins Jahr 293 v. Chr. Danach ergibt sich eine Überlieferungslücke, die die Bücher 11 bis 20 umfaßt, während die Zeit von 218 bis 166 v. Chr. wiederum in 25 Büchern bezeugt ist. Livius gewann schnell eine solche Autorität, daß die übrigen lateinischen Geschichtswerke über die römische Republik schon in der Antike nicht mehr abgeschrieben wurden und so verloren gingen: Das moderne Bild der römischen Königszeit und Republik stammt weitgehend von ihm.

Für die Zeit vor 300 v. Chr. – das betrifft auch den griechischen Historiker Dionys von Halikarnass – ist kaum mit zuverlässigen Überlieferungen zu rechnen, die am Ende des ersten Jahrhunderts v. Chr. hätten verarbeitet werden können. Neben vereinzelten, aber jeweils herauszuarbeitenden Traditionen (etwa über Tempelgründungen), stehen uns im wesentlichen nur archäologische Quellen zur Verfügung. Inschriften und Archäologie sind aber Quellen eigenen Rechtes, die aus ganz eigenen Antrieben bzw. ganz unterschiedlichen Erhaltungsbedingungen überliefert sind. Es wäre ein methodischer Fehler, diese Quellen vorschnell in das Bild einzubauen, das die antike Historiographie – Livius – von der römischen Frühgeschichte gezeichnet hat. Was wir in den Texten, die die Gründung Roms, die Königszeit, die frühe Republik darstellen, fassen können, ist das Bild der eigenen Vorgeschichte, das sich die Römer in spätrepublikanischer und Augusteischer Zeit gemacht haben.

Jede Gesellschaft macht sich ein Bild von ihrer Geschichte. Dieses Bild beruht auf ganz bestimmten aktuellen Interessen und ist an diesen orientiert und nicht in erster Linie an dem, wie es wirklich gewesen ist. Auch dann, wenn man überhaupt nicht wissen kann, wie es eigentlich gewesen ist, möchte man als Gesellschaft doch gerne eine Vorgeschichte haben. Dieses Motiv begegnet uns in jüngerer Zeit bei den Germanen, die als die Vorväter des Deutschen Reiches mystifiziert worden sind, und zum Teil immer noch zur Legendenbildung beitragen, obwohl große Teile Deutschlands in historisch faßbarer

Zeit von Kelten besiedelt waren. Dieser Umstand wird in der konstruierten Vorgeschichte ebenso ausgeblendet wie die Tatsache, daß man von Germanen als ethnischer Gruppe überhaupt erst seit der Eisenzeit, von Germanien kaum vor Caesar sprechen kann. Aber historische Fakten sind natürlich für eine Gesellschaft, die eine möglichst lange und in sich schlüssige Vorgeschichte haben möchte, uninteressant. Das Bild der römischen Frühgeschichte bei Livius oder Dionys spiegelt die Interessen und Vorstellungen der ausgehenden Republik und der Augusteischen Zeit. Es ist nur in Details aufschlußreich für die Geschichte der Zeit, die sie angeblich behandelt.

Für den Religionshistoriker existiert jenseits der Quellenfrage eine weitere Schwierigkeit. Unter den Bedingungen der Antike hat Religion eigentlich keine eigene Geschichte. Religion ist, wie illustriert, ganz eng mit dem Alltagsleben, mit dem politischen Leben verbunden und insofern ein Epiphänomen von Sozial-, Wirtschafts- und Politikgeschichte. Trotzdem können Zeitverschiebungen auftreten. Bestimmte Entwicklungen können sich kulturell schon vorbereiten, bevor sie politisch brisant werden, andere Entwicklungen ereignen sich im politischen oder wirtschaftlichen Bereich, werden dann erst im kulturellen Bereich reflektiert. Solche Zeitverschiebungen lassen sich einfach illustrieren: In der Archäologie der Frühzeit spielen Grabfunde immer eine große Rolle. Eine Chronologie dieser Funde muß berücksichtigen, daß diese Grabbeigaben zuvor im Besitz des Verstorbenen waren, ihn unter Umständen fünfzig Jahre bis zu seiner Grablegung begleitet haben. Damit ergibt sich eine Kluft von einem halben Jahrhundert zwischen der sozialgeschichtlichen Entwicklung – der Akkumulation von Reichtümern, dem Import von Luxusgegenständen – und der durch den archäologischen Befund bezeugten religiösen Handlung.

Aus der Quellenlage, wie ich sie kurz skizziert habe, läßt sich keine auch heute interessante erzählende Geschichte der römischen Religion von ihren Anfängen bis in spätrepublikanische Zeit gewinnen. So soll allein versucht werden, wichtige nichtreligiöse Faktoren herauszuarbeiten, die die Entwicklung religiöser Institutionen vorangetrieben haben. Damit soll ein Kontext für die wenigen bekannten religiösen Daten geschaffen werden und zugleich ein Bewußtsein für die geschichtliche Bedingtheit und Wandelbarkeit der in den Folgekapiteln behandelten, nicht chronologisch angeordneten Themen. Eine Fortführung des historischen Überblicks bis in die Spätantike wird den Band abschließen.

Epochengliederung

Die hier vorgestellte Phasenbildung folgt nicht einem einheitlichen Kriterium, also etwa so, als betrachte man die politische Geschichte Roms als Verfassungsgeschichte und griffe dabei auf Begriffe wie Königszeit, Republik (509–27 v. Chr.), Prinzipat, Dominat (3./4. Jh. n. Chr.) zurück. Dieses Modell ließe eine Linearität und politische Abhängigkeit vermuten, die wesentlichen Merkmalen antiker Religionsgeschichte keine Rechnung trägt. Die folgende Epocheneinteilung soll wechselnde Prozesse zu fokussieren helfen:

1. Die *Vorgeschichte* von etwa 1000 v. Chr. bis 625 v. Chr., mit der Pflasterung des Forums als Einschnitt;
2. die *Urbanisierung* und Ausbildung der sozialen Struktur Roms, von 625 bis 300 v. Chr.; am Ende dieser Epoche steht die *Lex Ogulnia*;
3. die Phase der *Politisierung* seit 300 v. Chr.; als Epochenschnitt, um diese Phase vor der nächsten enden zu lassen, könnte man das Jahr 196 mit der Einrichtung der Priesterschaft der *Tresviri epulonum* wählen, die letzte Neugründung eines großen, sozial im Prestige ganz oben stehenden stadtrömischen und öffentlichen Priesterkollegiums vor der Spätantike.
4. Die Epoche der Hellenisierung von 186 bis 42 v. Chr., deren Grenzen das bereits erwähnte *Senatus Consultum de Bacchanalibus* und die offizielle Konsekration, die Divinisierung Caesars markieren.

Vorgeschichte

Die Rekonstruktion der Vorgeschichte beruht ganz auf archäologischen Quellen. Getreu meinem Vorsatz der Quellenkritik möchte ich auf die literarischen und historiographischen Traditionen nicht weiter eingehen. Nach den neuesten Grabungen gehen Siedlungsspuren auf dem Palatin bis ins Paläolithikum zurück. Ich möchte meinen Ansatzpunkt aber nicht in der (Alt-) Steinzeit suchen, sondern mit dem Zeitpunkt beginnen, in dem überhaupt erst von latinischer Kultur die Rede sein kann. Eine eigenständige latinische Kultur läßt sich erst mit Beginn des ersten Jahrtausends v. Chr. greifen. Erst in der ausgehenden Bronzezeit, eben zu Beginn des ersten Jahrtausends v. Chr., kam es zur Ethnogenese, zur ‹Volkwerdung› der Latiner. Italien besaß in der Bronzezeit eine auffällig einheitliche Kultur, erst mit der ausgehenden Bronzezeit und der frühen Eisenzeit setzte eine Entstehung von unterscheidbaren Völkern und Volksgruppen ein, die sich in regionalen Kulturen äußerte.

Ethnogenese ist ein sehr komplizierter Prozeß, der sich nicht allein durch Einwanderung und Unterdrückung von bereits in Italien seßhaften Völkern erklären läßt, sondern regional untersucht werden muß. Gruppen, die schon lange in einer Region wohnen, entwickeln eigene Traditionen, die sie von ihren Nachbarn ebenso unterscheiden wie von Zuwanderern aus verschiedenen Bereichen: über die Alpen, aber auch über die Adria, um die wichtigsten Einwanderungsrichtungen zu nennen. Wir kennen aus dieser Zeit, 1000 bis 900 v. Chr., auch die ersten weiteren, nun deutlichen Besiedlungsspuren auf dem Gebiet der späteren Stadt Rom. Das für den religiösen Bereich wichtigste Charakteristikum des kulturellen Raumes Latium ist die Bestattung in Form von Hüttenurnen, kleinen runden Urnen, die ein Dach und eine etwas plastisch herausmodellierte Tür aufweisen.

Die wissenschaftliche Chronologie der latinischen Kultur benennt folgende Abschnitte:
I – die erste Phase der latinischen Kultur 1000 bis 900 v. Chr., noch zur ausgehenden Bronzezeit zu rechnen,
IIa – 900 bis 830 v. Chr. die frühe Eisenzeit,
IIb – 830 bis 770 v. Chr., ebenso, mit proto-urbanen Entwicklungen
III – 770 bis 730/720 v. Chr., das Ende der frühen Eisenzeit. Dann folgen
IVa – 730/720 bis 640/630 v. Chr. die orientalisierende Phase und
IVb – 640/630 bis 580 v. Chr. die späte orientalisierende Phase.

Die wichtigsten Quellen bis zur Phase IVa sind Grabfunde. Bestattungen sind eine religionsgeschichtliche Quelle ersten Ranges, von der allerdings nur wenige Beispiele aus dieser frühen Zeit und den folgenden Jahrhunderten erhalten sind. Die Gräber wurden – das ist typisch für die latinische Kultur – sehr lange gepflegt. Archäologisch zeigt sich das daran, daß noch dreißig, vierzig Jahre nach einer Bestattung unmittelbar daneben die nächste Bestattung erfolgte. Man wußte demnach vierzig Jahre später noch ganz präzise, wo jemand bestattet worden war. Dieses Wissen kann man sich am leichtesten durch kontinuierlichen Grabkult erklären.

Interessant ist es religionsarchäologisch schon oberhalb der Gräber, wenn Grabkult, Speisung des Toten und Feiern an seinem Grab, stattgefunden haben. Was wurde beim Grabkult gegessen? Was wurde in die Erde hineingeschüttet? Aus Knochenpartikeln und Pollenstaub kann der Archäologe erkennen, ob die Anwesenden mehr Schwein oder mehr Rind gegessen haben, oder er kann den Anteil der verschiedenen Getreidesorten der dargebrachten Opfer ermitteln. Man kann feststellen, ob Öl auf das Grab gegossen wurde. Bodenanalysen ergeben eine Reihe von Befunden, die uns aus älteren archäologischen Ausgrabungen nicht erhalten sind, weil diese Techniken erst in den letzten Jahrzehnten entwickelt wurden. Das heißt, als Archäologe und auch als Religionsgeschichtler kann man über jedes Grab froh sein, das noch nicht gefunden worden ist, weil es Informationsquellen birgt, die längst zerstört wären, wenn es vor fünfzig oder hundert Jahren gefunden worden wäre.

Das Problem stellt sich gerade für die römische Frühgeschichte. Hier fanden die spekulärsten Ausgrabungen bereits Ende des neunzehnten Jahrhunderts statt, etwa die des Forums. Zwar wurden sie für die damalige Zeit mit viel Sachkenntnis durchgeführt, aber viele Fragestellungen, die in letzter Zeit aufkamen, wurden damals noch nicht berücksichtigt, und entsprechende Befunde sind daher unwissentlich zerstört worden. Jede Ausgrabung ist eine Zerstörung des Befundes. Dieser Mißstand läßt sich deutlich bei einem Besuch des Pergamonmuseums in Berlin feststellen. Unterhalb des Pergamon-Altars selbst wird dem Besucher die Geschichte der Grabung nähergebracht. Man erfährt, daß schon sechs Tage nach der Entdeckung des Areals die byzantinischen Überreste dessen, was über den Altar gebaut worden waren, vollständig abgetragen waren, weil kein Interesse an byzantinischer Geschichte bestand. Heute wäre man dankbar, wenn man die byzantinische Geschichte des Ortes rekonstruieren könnte.

Aussagekräftig ist die Form der Bestattung, ob Brandbestattung oder Körperbestattung – das Nebeneinander beider Formen ist für Rom charakteristisch. Wie sieht das Grab aus? Wurden die Toten in Hockerstellung hineingebracht? Wurden sie in sogenannten Bestattungsgräben, also längs ausgestreckt in lange Rechtecke beerdigt? Dergleichen Dinge geben gemeinsam mit Skelettanalysen Auskunft über die Zusammensetzung der Bevölkerung, soziale Position, Alter und die Todesursache. Die letztgenannten Fragen hat man sich sehr früh gestellt, vor allem aber galt die Aufmerksamkeit den Grabbeigaben. Doch gerade hier stellte sich für die Archäologie ein weiteres Problem. Grabräuberei ist ein Geschäft, das schon aus der Antike bekannt ist, in der bereits die ägyptischen Pyramiden ausgeräumt worden sind. Natürlich interessierte sich die Archäologie im neunzehnten Jahrhundert auch für die weniger wertvollen Grabbeigaben:

Keramik, kleine Gefäße – aber festzustellen, was für Lebensmittel mit ins Grab gegeben worden sind, vermochte man noch nicht.

Eine Frage, die man sich bis vor kurzem nicht gestellt hat, ist die Frage nach der Positionierung der Gräber, nach der Reihenfolge, in der die Toten bestattet wurden. Gerade für die latinische Frühgeschichte sind Entdeckungen wie die präzise Gruppierung der Gräber um ein Ahnenpaar in konzentrischen Kreisen und die Korrelation des Abstands zum Zentrum mit der Menge der Grabbeigaben als Indikator der gesellschaftlichen Stellung des Bestatteten äußerst relevant. Und selbst die Größe der Abstände, die sich in einem Gräberfeld aus den ungenutzten Flächen zwischen den Grabgruppen unterschiedlicher Familien ergeben, sind für das Wachstum eines Friedhofs und die soziale Struktur der zugehörigen Ortsgemeinschaft aufschlußreich.

Als Beispiel möchte ich die Befunde aus dem kleinen latinischen Ort Osteria dell'Osa vorstellen. Hier ist in den 1980er Jahren, durchgeführt von der italienischen Archäologin Anna Maria Bietti Sestieri, eine der interessantesten Grabungen eines italischen Bestattungsbereichs vorgenommen worden. Die Befunde, die sie dort an mehreren hundert Gräbern erhoben hat, decken sich mit dem, was wir aus anderen, vergleichbaren latinischen Befunden kennen, so daß die speziellen Befunde wohl als Modell für die Entwicklung in den vielen anderen früheisenzeitlichen latinischen Orten und damit auch für Rom herangezogen werden können.

Aus der Phase IIa ist in Osteria dell'Osa ein großes Gräberfeld erhalten, das mindestens die Bestattungen zweier größerer Familien dokumentiert. Die Gräber sind durchgängig mit Grabbeigaben ausgestattet, als Miniaturen fanden sich dort sowohl Metall- als auch Keramikobjekte. Neben Brandbestattungen stieß man auch auf Körperbestattungen. In den Brandgräbern sind vor allem Männer bestattet, die mit miniaturisierten Waffen ausgestattet sind. Auch in den Körpergräbern finden sich Grabbeigaben, aber es sind im Schnitt weniger, Waffen fehlen. Dieser Befund läßt sich so interpretieren, daß die Form der Verbrennung für die führenden Familienmitglieder, die auch als Krieger tätig waren, gedient hat, während alle übrigen erdbestattet worden sind. Es fanden sich natürlich auch Frauengräber, die unabhängig davon, ob reichere oder ärmere Grabbeigaben vorhanden sind, regelmäßig Spindeln aufweisen. Insgesamt handelt es sich hier um die Grabfelder kleinerer Dörfer, die ausgezeichnet sind durch eine sehr ausgeprägte Familiensolidarität. Jede Person scheint in die enge Solidarität einer Familie und darüber hinaus des gesamten Dorfes eingebettet gewesen zu sein. Die soziale Differenzierung war nur gering, Alter und Geschlecht waren entscheidend. Es gab allerdings auch einige wenige Spezialisten, vermutlich sogar einen religiösen Spezialisten – wenn dieser weitreichende Schluß aus Grabbeigaben legitim ist.

In der Folgezeit wuchs, wenn man die Chronologie der Gräber betrachtet, die Differenzierung. Es begann sich so etwas wie eine Oberschicht zu stabilisieren. Dafür spielten Außenkontakte eine wichtige Rolle, die sich in Funden von Importgegenständen niederschlagen. Die Betreffenden besaßen diese Luxusgegenstände, weil sie reich waren, aber sie waren reich, weil sie Außenkontakte hatten. Das Etablieren von Außenkontakten und die Akkumulation von Reichtum scheinen zwei Prozesse zu sein, die unmittelbar zusammenhängen.

In der Phase IIb erkennen wir das Zusammenwachsen kleinerer Siedlungen zu größeren Ansiedlungen, was man als protourbane Phase bezeichnen kann. Dieser Prozeß spielte sich im latinischen Flachland ab, nicht aber in den Albanerbergen, die Latium umgeben. In Rom sieht man ein solches Zusammenwachsen in der Existenz deutlicher Siedlungskerne, sowohl auf dem Palatin als auch auf dem Quirinal. Der Prozeß setzte sich fort. Es gibt keinen deutlichen Einschnitt von IIb zu III. Wir beobachten eine stetige Differenzierung. Die Oberschicht setzte sich immer mehr von den anderen sozialen Gruppierungen ab. Es bildeten sich *Gentes* heraus, das heißt, es gab nicht mehr kleine, gleichmäßige Familienkerne, sondern Strukturen von sehr starken, noch immer familiär konstruierten Verbänden, die aber nicht mehr alle Mitglieder gleichmäßig in die Familiensolidarität einbezogen, sondern so etwas wie eine Differenzierung zwischen Patron (samt Patronin!) und Klienten erkennen lassen: Abhängige, deutlich ärmere Mitglieder einer *gens* wurden in Osteria dell'Osa nicht mehr in unmittelbarer Nähe des Gentiloberhauptes bestattet.

Diese Phase endet in der frühen orientalisierenden Phase 730/20 bis 640/30. Sie mündet in Luxusbegräbnissen, die an verschiedenen Stellen in Latium entdeckt worden sind, Gräber, die üppigstes Goldgeschirr bargen, Importprodukte, etwa mit ägyptisierenden Motiven, Produkte eines Fernhandels, der den gesamten Mittelmeerraum umfaßte. Seit der Periode III, seit etwa 770 waren die Griechen fest in Italien präsent. Um diese Zeit erfolgte die Gründung einer griechischen Kolonie als Handelsplatz auf der Insel Pithekusa, dem heutigen Ischia. Diese Präsenz wirkte sich natürlich ganz entschieden auf die Art und Weise der Differenzierung der Oberschicht aus. Die Luxusprodukte, die wir in der Phase IVa in den Gräbern feststellen können, wurden durch griechische Händler über phönikische oder karthagische Zwischenhändler in den latinischen Raum hineingebracht. Die interne Differenzierung der Gesellschaften, die sich im religiösen Bereich unmittelbar niederschlug, ging mit zunehmenden Außenkontakten einher, die durch die dauerhafte Präsenz der Griechen in Italien intensiv befördert wurden. Süditalien wurde binnen kurzem zur *Magna Graecia*, zu ‹Großgriechenland›, was die Dichte dieser griechischen Präsenz in Italien verdeutlicht.

Urbanisierung

In der Phase III und IVa ergeben sich aus den Siedlungsspuren auf dem Quirinal, sowie den früheisenzeitlichen Grabstätten auf dem Palatin Anzeichen für die Herausbildung eines gemeinsamen Zentrums. Dieses Rom ist ein latinischer Ort; etruskischer Einfluß ist für die frühe latinische Kultur wichtig, aber kein erkennbarer Faktor für die Stadtwerdung. Archäologisch läßt sich die Herrschaft etruskischer Könige nicht beweisen. Die Phase der Urbanisierung begann in Rom mit der Zeit (um 650 v. Chr.), als auf dem Forum Romanum Hütten zerstört wurden, um einen gemeinsamen Platz zu schaffen. Daß dies die richtige Interpretation des Befundes ist, wird durch eine Erneuerung des Bodenbelages auf diesem Forum und der Ausdehnung dieser Fläche etwa um 625 (oder geringfügig früher) bestätigt. Etwa zu diesem Zeitpunkt beginnt also die Stadtwerdung Roms, auch mit dem Bau von Steinhäusern, im Unterschied zu dem vorigen, losen Zusammenwachsen einzelner, verstreuter Siedlungen im Rahmen eines schon mehr als ein Jahrhundert währenden Prozesses.

Die Stadt Rom entstand nach diesem archäologischen Befund über ein Jahrhundert später, als es das traditionelle Gründungsdatum von 753 vorgibt. Daran ändert auch der Fund von Mauerresten aus dem achten Jahrhundert auf dem Palatin nichts, die von Anhängern der mythologischen Schule als Mauern des Romulus gedeutet werden – diese Richtung fragt nicht, wie die späteren Erzähler von der Frühzeit überhaupt wissen konnten (historisch-kritische Methode), sondern benutzt die als historische Wahrheit vorausgesetzte Mythologie zur direkten Deutung vager archäologischer Daten.

Auf dem Forum sind die entscheidenden archäologischen Befunde die Pflasterung und sehr bald die Einbeziehung des späteren Comitiums, also eines Versammlungsplatzes, der dann eine runde Form annimmt, wie man sie auch aus dem griechischen Bereich als Platz der Volksversammlung kennt. Daran wurde sehr schnell angebaut. Um 600 herum entstand ein Steingebäude, das man als die erste Kurie interpretieren darf, das erste Versammlungshaus des Senates. Kurz danach erfolgte der Ausbau des Comitiums mit einem ersten steinernen Heiligtum, noch keinem Tempel. Das ist die Stelle, die noch heute und die ganze römische Geschichte hindurch sichtbar mit schwarzem Stein, mit *lapis niger*, gepflastert ist. Es handelt sich wohl um ein Heiligtum des Gottes Volcanus, ein Volcanal. Ein weiteres Gebäude markiert gleichzeitig die Grenze dieses Forumsbereiches, die Regia, ein ‹Königspalast›, später Kultzentrum für den Rex Sacrorum und den Pontifex Maximus.

Diese Phase der Urbanisierung läßt sich durch vier Entwicklungen charakterisieren: Erstens die Ausbildung eines gemeinsamen, eines öffentlichen Raumes; zweitens die Monumentalisierung, das Erstellen von Steingebäuden und Pflasterungen; drittens ein Rückgang der Grabbeigaben. Letzteres kann man in Rom schlecht beobachten, an anderen Stellen besser. In der frühen orientalisierenden Phase waren die Gräber exklusiver ausgestattet, nun konzentrierte man sich mehr auf Ausgaben für den öffentlichen Bereich. Und viertens: Schon in dieser Phase existieren Anzeichen für griechischen Einfluß; in einem Deposit unter dem Lapis Niger, also in einer Grube, in der Opfergaben deponiert worden sind, hat man ein schwarzfiguriges attisches Trinkgefäß gefunden. Diese griechische Vase zeigt den Gott Hephaistos, der auf einem Esel reitet. Das Gefäß ist zu datieren auf 570/550 und zeigt, daß schon in seiner frühesten Phase der in Rom verehrte (und für diese Stelle später gesicherte) Gott Volcanus mit dem griechischen Gott Hephaistos identifiziert worden ist; ein Schluß, der nur aufgrund der Lokaltradition des Volcanals legitim ist und nicht auf jeden anderen Keramikfund mit Darstellungen griechischer Götter übertragen werden darf.

Griechischer Einfluß ist auch in der Gesamtanlage der Stadt zu sehen. Eine Stadt durch die Ausweisung einer zentralen öffentlichen Fläche und einer architektonischen Ausweisung von politischen Institutionen zu gestalten ist die Idee der griechischen Poleis, die hier auf italischem Boden in Rom auflebt, zum Teil schon Jahrzehnte früher in anderen Bereichen Italiens verwirklicht wurde. Das sind griechische und etruskische Siedlungen, griechische Poleis mit Italikern als Mitbewohnern wie Sybaris und Tarent, etruskische Städte mit griechischen Vierteln wie in Gravisca und Pyrgi – auch im Rom des sechsten

Jahrhunderts ist die Präsenz griechischer Händler nicht zu übersehen. Hinzu kommen die Phönizier, die das Mittelmeer seit dem späten zweiten Jahrtausend befahren haben und als Karthager, als ‹Punier› ebenfalls seit dem sechsten Jahrhundert in Vertragsverhältnissen mit Rom stehen. In dem nur fünfzig Kilometer entfernten Pyrgi unterhielten sie einen Astarte-Kult, der durch punische und etruskische Texte auf Goldtäfelchen belegt ist.

Die weitere Entwicklung Roms bis ins Detail nachzuzeichnen wäre ermüdend. Allgemein formuliert, vollzog sich ein Anwachsen des öffentlichen Raumes. Der bebaute Bereich des Forums expandierte zunehmend. Die Kombination von Tempel und darin beherbergtem Kultbild, die das spätere Bild der Stadtreligion so prägt, trat vergleichsweise spät auf: Der älteste Tempel von San Omobono am Forum Boarium, am tibernahen Rindermarkt, von dem zumindest Götterfiguren des Giebelschmucks erhalten sind, gehört in das erste Drittel des sechsten Jahrhunderts (in dem in ganz Latium Tempelbau den Grabluxus ablöst). Die Monumentalisierung erreichte einen ersten – und für lange Zeit einzigen – Höhepunkt im kapitolinischen Iuppiter-Tempel. Mit einer Grundfläche von einundsechzig und fünfundfünzig Metern Seitenlänge dürfte er zu den größten Tempeln seiner Zeit im Mittelmeerraum gezählt haben.

Für die weitere Entwicklung bis ins Jahr 300 ist der Ausbau der Kulte charakteristisch. Er stellt sich dar als zunehmende Zahl von Tempeln, kultische Importe sowie als Überwechseln einiger gentilizischer Kulte in die öffentliche Sphäre. Wir haben insgesamt über den politischen Wandel Königszeit–Republik hinweg, der sich ja in dieser Epoche vollzog, eher Kontinuitäten denn Diskontinuitäten zu beobachten. Die Priester schienen eher Spezialisten zu sein; ihre Kollegien waren relativ klein. Es gab sehr viele einzelne Spezialpriestertümer. In das Ende dieses Zeitraums fällt die früher von mir angesprochene Ausbildung einer kohärenten Oberschicht, die zugleich die Differenz von Patriziern und Plebejern festschreibt, zweier Gruppen, deren scharfe Differenzierung wohl erst in die frühe Republik fällt. Die Ausbildung des zweistelligen Oberamtes, des Konsulats, dürfte dieser Phase ebenso angehören wie die Stärkung des agnatischen Prinzips im Verwandtschaftssystem, das den *pater familias* zum Herrn über Leben und Tod im privaten Bereich machte und die *gens* zugunsten der Familie zurückdrängte. Spätestens mit dem Jahr 300 – das wird in einem Gesetz wie der *lex Ogulnia* sichtbar – treten wir in eine neue Phase ein: die Phase der Politisierung, meine dritte Epoche.

3. Rom in der mittleren Republik
(Modell des Museo della Civiltà Romana)

Erst die Baumaßnahmen der späten Republik lassen die Hebungen und Senken der Siebenhügelstadt zunehmend verschwinden. In diesem von Norden, vom Quirinal her betrachteten Modell ist die zweigeteilte Spitze des Kapitols (der hintere Teil dominiert vom Iuppiter-Capitolinus-Tempel) ebenso zu erkennen, wie die Lage des Palatins über dem Forum. Auf dem Forum links der Bildmitte dominieren architektonisch die Tempel der Castores und rechts davon, direkt unter dem Abhang der Arx, des ‹Burgberges›, des Saturn. Das Marsfeld ist noch gänzlich unbebaut, ebenso die Tiberinsel. Im Hintergrund errät man in Verlängerung der Tiberbrücke das Circus-Tal, am oberen Bildrand den nur spärlich besiedelten Aventin.

Foto: Ulrike Egelhaaf-Gaiser

Politisierung

Bei der *lex Ogulnia* handelt es sich um ein Gesetz, das die Vergrößerung der Priesterkollegien von drei, vier oder fünf Personen auf neun bei den Auguren und Pontifices regelt und die *Duoviri sacris faciundis* – Expertenteams, die fallweise die Orakelsammlung der Sibyllinischen Bücher ausgelegt hatten – als ständiges Gremium von zehn Personen organisiert. Ziel dieser Ausweitung war es, den Plebejern einen Platz in diesen bis dahin rein patrizisch besetzten Kollegien zu verschaffen. Damit ragt dieses Gesetz in die zuletzt besprochene Phase hinein, in die der sogenannten Ständekämpfe, in der die wichtigsten ‹öffentlichen› Ämter, einjährige (Magistraturen) wie lebenslängliche (Priesterschaften), auch den Plebejern und nicht mehr nur den Patriziern geöffnet wurden. Die Voraussetzung dieses Gesetzes war, um es noch einmal zu betonen, daß die Oberschicht, die in schwierigen Prozessen aus Patriziern und Plebejern zusammengewachsen war, in diesem Jahr 300 bereits eine relativ kohärente Größe darstellte. Diesen Prozeß kann man vielleicht noch ein halbes Jahrhundert zurückverlegen. Die gewaltige Expansion Roms in den latinischen Raum, abschließend die Latinerkriege nach 340, die zur römischen Hegemonie über das ganze, im italischen Vergleich kleine Gebiet Latium führten, zeigen, daß intern ein Konsens hergestellt worden war, der die Energien aristokratischen Wettbewerbs nach außen, in militärische Aggressionen leiten konnte.

Im Bereich der Priester ist mit dem Ogulnischen Gesetz nicht ein Endpunkt, sondern ein Anfangspunkt markiert. Es gab im folgenden Jahrhundert eine ganze Reihe von Vorstößen sakralrechtlicher Art, zum Teil wohl auch in Form von Gesetzen, die die Besetzung von Priesterschaften regelten. Das wichtigste ist, daß der Pontifex Maximus, der spätere höchste Priester, durch Volkswahl in einem sehr komplizierten Verfahren bestellt werden sollte. Religiöse Autorität, so kann man die verschiedenen Prozesse, die sich hier abspielen, wohl zusammenfassen, wurde möglichst weit gestreut – gegen die früher angedeutete Intention des berühmten Zensors Appius Claudius. Es gab, wenn auch ungeschrieben, Regelungen, nach denen eine Familie in einem Priesterkollegium nur einmal vertreten sein durfte; der Bereich der Priester umfaßte demnach schon fünfzig und mehr Personen in Rom. Politisierung spiegelt sich insofern darin wider, als hier die Schicht, die religiöse Autorität einnehmen durfte, angeglichen wurde an die Schicht, die politische Autorität einnahm. Damit wuchs natürlich auch Religion verstärkt in den Bereich jener Auseinandersetzungen hinein, die den politischen Bereich auszeichneten, beispielsweise die öffentliche Wahl des Pontifex Maximus, die eine kollegiumsinterne Bestimmung ersetzte.

Ein anderer Bereich, in dem zu erkennen ist, wie religiöse Rituale politisiert wurden, ist das große Ritual des Triumphzuges nach einem siegreichen Feldzug, der feierliche Einzug des siegreichen Heeres und Feldherrn in die Stadt Rom. Dieses Ritual wurde immer aufwendiger gestaltet. Offensichtlich wurden für diesen religiösen Kontext neue Formen von Malerei entwickelt: Die Triumphmalerei scheint dem dritten Jahrhundert anzugehören. Eroberte Städte und Völker wurden auf Bildern dargestellt, im Triumphzug wurden diese Bilder mitgeführt.

Ein anderer, nicht minder wichtiger Bereich ist der Tempelbau. Aus der Kriegsbeute – und die Kriege der geeinigten Oberschicht waren seit dem Ende des vierten Jahrhunderts zunehmend erfolgreich (so erfolgreich, daß die spätere Geschichtsschreibung dieselben Orte auch schon einmal im fünften Jahrhundert und früher erobert worden sein ließ) – wurden große Tempelbauten finanziert. Der siegreiche Feldherr suchte sich, wie schon näher erläutert, so mit einem monumentalen Bau zu verewigen. Auf diese Weise kamen neue Götter nach Rom hinein. Bei diesen neuen Göttern handelt es sich zum Teil, und das ist neu und charakteristisch für diese Epoche, um Götter, die die Wertvorstellungen der gleichermaßen Krieg führenden wie religiöse Ämter ausübenden Oberschicht in ihrem Namen direkt widerspiegelten: 302 ein Tempel für die Göttin Salus, für das ‹Heil›, das ‹Wohl›; 294 ein Tempel für die Göttin Victoria, den ‹Sieg›; 250 ein Tempel für die Göttin Fides, die ‹Treue des und das Vertrauen in den Mächtigeren›; 233 ein Tempel für den Gott Honos, die ‹Ehre› – die Liste ließe sich fortsetzen.

Fortsetzen kann man auch den Prozeß der Politisierung von Religion in die nächste Epoche hinein. Regelungen zur *obnuntiatio*, also Regelungen, die sich mit dem Einfluß der Auguren in politischen Entscheidungsprozessen, namentlich Einspruchsmöglichkeiten, beschäftigen, entstammen dem zweiten Jahrhundert v. Chr. Es wurde der Versuch unternommen, die Volkswahl vom Pontifex Maximus auf alle Priester der großen Kollegien auszudehnen, was nach vergeblichen Anläufen auch am Ende des zweiten Jahrhunderts mit einer *lex Domitia* gelang, in einer Zeit, die durch vielfältige religiöse und religionspolitische Initiativen – Archaismen wie Innovationen – gekennzeichnet war: Der in zwei Instanzen geführte Prozeß gegen die Vestalinnen, der 113 mit mehreren Todesurteilen endete, ist darunter vielleicht der spektakulärste.

Die Spielregeln, die die politisch-religiöse Auseinandersetzung der späten Republik bestimmen, entstammen dieser Politisierungsphase und dem zweiten Jahrhundert; entgegen allen Unkenrufen hielten sie auch noch in der ausgehenden Republik. In den damaligen Konflikten ging es nicht darum, diese Regelungen zu übergehen, sondern darum, dem politischen Gegner vorzuwerfen, daß er religiöse Spielregeln gebrochen habe. Aber derjenige, dem dieser Vorwurf gemacht wurde, konterte mit genau dem gleichen Vorwurf. Das ist kein religiöser Verfall, sondern zeugt im Gegenteil davon, wie sehr diese religiösen Spielregeln in Geltung waren. Aus diesem Grund habe ich auch die Epoche der Politisierung nicht bis ans Ende der Republik ausgedehnt, sondern statt dessen versucht, einen weiteren Prozeß zu isolieren und noch einmal als eine eigene Epoche herauszustellen.

Hellenisierung

Schon bei der Darstellung der ersten und zweiten Epoche wurde deutlich, daß es ganz unsinnig ist zu versuchen, rein römische oder rein latinische Elemente herauszuarbeiten und sie abzusetzen von irgendwelchen Fremdeinflüssen, die das römische oder latinische ‹Wesen› – eine Vorstellung, die sich auf romantische Ideen von Volk und Volksseele zurückführen läßt – verunklaren könnten. Schon mit der Phase III oder IVa latinischer Kultur, also noch vor der Stadtwerdung, gab es Kontakte bis nach Nordafrika und in den Nahen Osten hinein. Für die römische Religionsgeschichte hat der isolierende Ansatz auch noch das zwanzigste Jahrhundert lange geprägt, vor allem durch Georg Wissowas Arbeit *Religion und Kultus der Römer*. Sein Standardwerk, das in vielen Punkten noch heute zu konsultieren ist, besaß einen großen Einfluß, aber Wissowa steht nicht allein, sondern in einer Kontinuität und in einer breiten Akzeptanz derartiger ethnisch, dann auch rassistisch orientierter Rekonstruktionen der Frühgeschichte.

Nichtrömische Einflüsse auf Rom sind älter als Rom selbst. Sie gewannen aber eine neue Qualität durch das imperiale Ausgreifen Roms seit dem dritten Jahrhundert. Im Verlaufe des Ersten Punischen Krieges (268–241) wurde Rom zur Herrin Italiens und stand damit im unmittelbaren militärischen Konflikt, aber auch in kulturellem Kontakt mit den griechischen Ansiedlungen, die als politische Einheiten allerdings zumeist vorher von den italischen Oskern überrannt worden waren; Neapel, die ‹neue Stadt› (*néa pólis*) ist die einzige Polis, die sich als griechische Stadt bis in die römische Zeit hinein bewahrt hat.

Mitte des dritten Jahrhunderts kam es zur ersten Aufführung literarischer Formen griechischer Dramen in lateinischer Sprache in Rom. Livius Andronicus und Gnaeus Naevius sind die beiden Dichter und Regisseure, die wir mit dieser Entwicklung verbinden, Personen, die ebenfalls aus dem griechisch geprägten süditalischen Raum, wohl aus Kampanien, stammten. Theateraufführungen (*ludi scaenici*, ‹Bühnen-Spiele›) sind deutlich älter; die römische Überlieferung nimmt sie schon für 364 v. Chr. an. Da diese Aufführungen als Bestandteile religiöser Feste stattfanden – und umgekehrt damit die allgemeine Form und die Inhalte, die Themen religiöser Feste nachhaltig umgestalteten –, sind das religionsgeschichtliche Daten ersten Ranges. Das gilt auch aus einem weiteren Grund: Griechische Schauspieltruppen waren als dionysische Vereine organisiert (‹Techniten›) und markierten so eine deutliche Erweiterung des Spektrums stadtrömischer Vereine. Dessen Vielfalt – man denke an die Bacchanalien, Juden und Isis-Anhänger – bildete ein wichtiges Element der weiteren römischen Religionsgeschichte. Auch wenn die Römer selbst ihr Vereinswesen in die mythische Frühzeit zurückprojizierten: Vor dieser Epoche und anders als in den hellenistischen Rechtsformen kennen wir es nicht.

Die Hellenisierung, die ich ausschließlich unter religionsgeschichtlicher Perspektive ansprechen möchte, wird noch in drei weiteren Typen von Einflüssen beziehungsweise Entwicklungen greifbar, Typen, die zugleich das späte Ansetzen meiner Hellenisierungsepoche rechtfertigen.

Erstens: *Kunstraub.* Durch das militärische Ausgreifen, durch die Eroberung griechischer Städte in Italien und darüber hinaus kam es seit dem Ende des Zweiten Punischen Krieges (218–201) zum massiven Import griechischer Kunst, die aber – bei aller ästhetischer Bewunderung – nicht als Kunst, sondern vor allem als religiöse Produkte, als Statuen von Göttern, von Heroen interpretiert wurden. Mit ihnen wurden nicht nur private Häuser, Villen und Gärten ausgestattet, sondern in erster Linie Tempel und öffentliche Bauwerke. Diese massive Herauslösung sakraler Gegenstände aus ihrem bisherigen Kontext schärfte das Bewußtsein für die überregionale Dimension lokaler Panthea; die Transportabilität und Neu-Identifizierbarkeit eigentlich ortsfester Kultbilder warf die Frage nach den Normen des Umgangs mit den Göttern und nach der Universalisierbarkeit des eigenen Weltbildes auf. Zugleich verhalf die griechische Bildhauerkunst dem Zeichensystem ‹römische Religion› zu einer erhebliche Steigerung seiner Komplexität, und damit seiner Ausdrucksmöglichkeiten und Anwendung auf unterschiedliche Wirklichkeitsbereiche. Die Form der Aneignung – Raub – macht die Ambivalenz der Hellenisierungsprozesse deutlich: Das (privat oft sehr weitreichende) Interesse an griechischer Kultur ging Hand in Hand mit politischer Gegnerschaft und oft auch menschlicher Verachtung der Gegner.

Der *Einfluß griechischer Denkmuster* stellt eine zweite, etwas subtilere Form des Imports dar. Im wohl ersten in Fragmenten erhaltenen lateinischen Prosatext legte Ennius eine Übersetzung oder Paraphase eines griechischen philosophischen Werkes mit dem Titel *Euhemerus* vor, einer Theorie, wonach diejenigen, die gegenwärtig als Götter verehrt werden, nichts anderes als bedeutende Menschen, Könige der

Frühgeschichte gewesen seien. Iuppiter, so die Schlußfolgerung, war ein historischer König. Das führt nicht zu Religionskritik. Es ändert nichts daran, daß dieser Iuppiter in der Gegenwart die Qualität eines Gottes hatte und zu Recht als Gott verehrt wurde. Nochmals, das war keine Religionskritik, aber es war eine Historisierung von Religion: Die Religion, so wie sie jetzt ist, ist geworden und nicht immer schon so gegeben.

Massiver Einfluß griechischer Philosophie begegnet in der Folgezeit kontinuierlich, auch wenn umfangreiche lateinische Texte, die diesen Einfluß widerspiegeln, erst mit dem Œuvre des Akademikers Cicero und mit dem bereits erwähnten Epikureer Lukrez greifbar werden – schon die Klassifikation nach griechischen philosophischen Schulen zeigt, wes Geistes Kind diese literarischen Aktivitäten sind. Über diese philosophischen Texte hinaus läßt sich griechischer Einfluß beim Abfassen antiquarischer Werke erkennen. Die Römer machten sich von nun an systematisch Gedanken über die Herkunft ihrer Religion (und anderer Institutionen), ihrer religiösen Monumente, ihrer Riten. Sie nahmen sie nicht einfach nur hin und praktizierten sie, sondern versuchten, religiöse Einrichtungen zurückzuführen auf König Numa, auf Importe aus Etrurien, von den Sabinern und so weiter. Das begann mit Fabius Pictor, nicht dem Geschichtsschreiber (auch so eine ‹griechische› Praxis), sondern mit dem gleichnamigen Kultschriftsteller, vielleicht Pontifex aus der Mitte des zweiten Jahrhunderts. Es kulminiert in der Person Varros, der ein riesiges Œuvre auch über Religion verfaßte, in dem er versuchte, die historischen Grundlagen der gegenwärtigen römischen Religion offenzulegen.

Die Gliederung von Varros *Antiquitates rerum divinarum*

Buch 1 (= Buch 26 des Gesamtwerkes *Antiquitates rerum humanarum et divinarum*): Einführung und Gliederung

B. 2–4: *de hominibus*, über die Priesterschaften
- 2: Pontifices
- 3: Auguren
- 4: Quindecimviri sacris faciundis

B. 5–7: *de locis*, über Kultorte
- 5: Sacella (offene Kultstätten und Schreine)
- 6: Aedes sacrae (Tempel im engeren Sinne)
- 7: Loca religosa (Gräber etc.)

B. 8–10: *de temporibus*, über Feste und den Kultkalender
8: Feriae (einem Gott ‹gehörende› Feiertage)
9: Ludi circenses (Rennveranstaltungen)
10: Ludi scaenici (Dramenaufführungen)
B. 11–13: *de sacris*, über Rituale
11: Konsekrationen
12: Sacra privata
13: Sacra publica
B. 14–16: *de dis*, über die Götter, insbesondere ihre (etymologisch gewonnene) Bedeutung
14: Götter sicherer Bedeutung (*di certi*)
15: Götter unsicherer Bedeutung (*incerti*)
16: Ausgewählte große Göter (*di praecipui atque selecti*)

Nach Aurelius Augustinus, *Gottesstaat* 6,3 = Varro, *Antiquitates rerum divinarum* Frag. 4 Cardauns

Eine Textprobe aus Buch 1

> *Die alten Römer verehrten Summanus, dem die nächtlichen Blitze zugerechnet wurden, mehr als Iuppiter, dem die Blitze am Tage zugehören. Aber nachdem für Iuppiter ein bedeutender und hoher Tempel errichtet worden ist, strömte der Würde des Gebäudes wegen die Menge dorthin, so daß (heutzutage) kaum jemand zu finden ist, der sich erinnern kann, den Namen des Summanus, den man schon nicht mehr zu hören bekommt, wenigstens gelesen zu haben.*
> Marcus Terentius Varro, Frag. 42 Cardauns

Das Werk, *Antiquitates rerum divinarum* geheißen, ist für die gesamte Antike das Standardwerk über römische Religion gewesen. Wenn sich ein Römer über römische Religion informieren wollte, hat er in dieses Werk geschaut. Wenn sich ein Christ über römische Religion informieren wollte, um sie anzugreifen, ein Augustinus etwa, dann hat er zu diesem Werk Varros aus der späten Republik gegriffen (und – eine geläufige Ironie der Überlieferungsgeschichte – vor allem aus umfangreichen Zitaten des Augustinus kennen wir das Werk überhaupt). Das Werk ist übrigens Gaius Iulius Caesar, dem Pontifex Maximus, gewidmet, Varro selbst war aber kein Priester.

Schließlich *göttliche Ehren für Menschen.* Schon der Titel dieses Kapitels kündigt die Divinisierung Caesars als Schlußpunkt an. Massive göttliche Ehren für Römer begannen am Ende des dritten Jahrhunderts, mit dem Ausgreifen Roms in den griechischen Osten. Römische Generäle wurden schon zu Beginn des zweiten Jahrhunderts v. Chr. als Götter in griechischen Städten verehrt, bekamen eigene Priester, eigene Feste und eigene Festtage. Natürlich blieb dies nicht ohne Einfluß auf die römische Entwicklung. Zunehmend spielte die Nähe von großen römischen Politikern und Generälen zu Göttern eine Rolle. Marius nahm die syrische Seherin Martha in seine Begleitung auf. Sulla, Pompeius und Caesar erklärten Venus zu ihrer persönlichen Schutzgöttin: Sulla rühmte sich besonderer Nähe der Venus/Aphrodite und führte den Beinamen Felix, Pompeius widmete Venus Victrix den Tempel im Zentrum seiner Theateranlage, Caesar rühmte sich der Venus als göttlicher Ahnherrin und weihte den Tempel im Zentrum seines neuen Forum Venus Genetrix.

Am Ende geht diese Nähe von Gott und Politiker in die Identifizierung über. Caesar wurde noch zu Lebzeiten, in den letzten Monaten vor seiner Ermordung, wie ein Gott verehrt. Mit der *consecratio* im Jahr 42 v. Chr. wurde seine Gottwerdung offiziell festgestellt. Eine Entwicklung, die man unter dem Stichwort ‹Hellenisierung› fassen kann (und die trotz aller römischen Wurzeln von den Zeitgenossen polemisch als Orientalisierung – das Muster der persischen Herrscher vor Auge – gesehen werden konnte), und zugleich ein sinnvoller Schlußpunkt für einen historischen Überblick, der von den Anfängen bis auf die Perioden hinabgeführt hat, die in besonderem Maße die Quellengrundlage für die folgenden Kapitel liefern.

I Strukturen

3 Götter und Menschen

Physik der Götter

Wenn es überhaupt sinnvoll ist, von ‹Religion› in der römischen Antike zu sprechen, muß von den Göttern die Rede sein. Ihrethalben besteht der ganze religiöse ‹Apparat›. Aber, so könnte man dann mit dem römischen Historiker Sisenna fragen (*Historien* fr. 123): Freuen sich die Götter über die Verehrung (*cultus*), die ihnen die Menschen zuwenden oder lassen die da ‹Oberes› treiben, Menschliches links liegen? Antworten auf diese Frage bieten die zeitgenössischen philosophischen Schulen, die es sich zur Aufgabe gemacht haben, die Frage, wie menschliches Leben gelingen kann, grundsätzlich zu bedenken.

In der Systematik hellenistischer Philosophie wird das Wesen der Götter als Teil der Physik abgehandelt: Was die Götter sind, ist ein Abfallprodukt der Antwort auf die Frage, wie die doch sichtbar komplexe Welt entstanden ist. Die Antworten fallen unterschiedlich aus. In der Nachfolge Epikurs, der seinerseits in der Tradition der Atomistik Demokrits steht, erscheint die Welt als Produkt des Zusammenpralls von Atomen. Endlose Atomschwärme unterschiedlicher Formen kollidieren in ihrem freien Fall durch den Weltraum und bilden immer komplexere Zusammenschlüsse bis hin zu ganzen – der Plural ist wohlüberlegt – Welten. In den Räumen dazwischen, den ‹Intermundien›, leben die Götter. Ihre Existenz ist nicht zu bezweifeln, da wir sie ja sehen, im Traum, in Visionen: dünnste Atomschichten ihrer Oberfläche, die (wie andere Sinneswahrnehmungen auch) auf unsere Netzhäute und die im Schlaf oder in Trance besonders empfängliche ‹Seele› einwirken – gelegentlich mit Übertragungsfehlern behaftet. Ihre Unsterblichkeit beruht darauf, daß sie, selbst dem Strom der Atome ausgesetzt, ein Fließgleichgewicht einnehmen, ebenso viele Atome aufnehmen wie abgeben und so nicht dem Zerfall ausgesetzt sind, der bei allen anderen Dingen und Lebewesen auf die Phase des Wachstums folgt. Ihre Glückseligkeit schließlich beruht darauf, daß sie keine Sorgen haben und sich auch keine machen: Die Menschen sind ihnen egal. Und das ist auch die zentrale Botschaft dieser Philosophie, wie sie etwa ein Lukrez formuliert: Werft die Angst vor göttlicher Strafe im Diesseits oder Jenseits ab, alles hat seine natürliche Ursache, die Götter interessieren sich nicht für uns.

Die Stoa, die auf die in Athen in einer Säulenhalle (‹Stoa›) lehrenden Philosophen Zeno, Kleanthes und Chrysipp zurückgeht, kommt zu einer anderen Auffassung. Sie teilt zwar die materialistische Grundlage, postuliert aber (wenigstens in einigen wichtigen ihrer Vertreter) ein zyklisches Verglühen (Ekpyrosis) und Werden (Apokatastasis) einer Welt, die sich aus den vier Elementen Feuer, Luft, Wasser und Erde aufbaut. Aber dahinter liegen noch einmal zwei Prinzipien, deren Zusammenwirken erst zu den ‹Elementen› (die ja ineinander übergehen können) und dem Aufbau der Welt führt: Materie (*hylē*) und Logos (Vernunft oder Gott). Nur indem der Logos die Materie formt, entstehen die vier Elemente. Eine spezielle Rolle spielt die Kombination von Luft und Feuer, die als ‹Pneuma› alles durchdringt; auch das ist, auf einer anderen Ebene, Gott. Dieses Pneuma (mithin Gott) findet sich in besonderer Konzentration in der menschlichen Seele (*psychē*), aber es macht auch als durchdringende Weltseele die gesamte Welt zu einem lebenden Wesen, zu ‹Gott›.

Andere Konzentrationen von Pneuma (das auch als ‹schöpferisches Feuer› bezeichnet wird) bilden die Sonne und Sterne: Hier bietet das System Identifizierungsmöglichkeiten für die Mitglieder der lokalen Panthea an, Götter zweiter Ordnung sozusagen. Ihnen gegenüber (in ihnen? sie durchdringend? logisch vor ihnen? – das System lebt auch von seinen Inkonsistenzen) steht aber der Logos, Plan, Natur, Ratio der Welt, ‹Schicksal› (*fatum/heimarmenē*) und ‹Vorsehung› (*providentia/pronoia*). Dieser Logos wird von Kleanthes *hymnisch* als Zeus gepriesen und so in Sprachform wie Namen auf den griechischen Polytheismus bezogen.

Beide Systeme, der Epikureismus wie die Stoa, führen zu keinem offenen Konflikt mit dem kultisch realisierten Polytheismus zunächst Athens. Das stoische System bietet insbesondere eine Theorie der Divination oder Mantik, der Praktiken zur Erkundung des göttlichen Willens: Das alles durchdringende Pneuma bildet in vielerlei Weise Zeichen, die in der Korrespondenz von Mikrokosmos (Mensch) und Makrokosmos (Welt/Gott) als Hinweise auf die Zunkunft gelesen werden können. Auf der Strecke bleibt allerdings bei näherem Hinsehen die Vielfalt und anthropomorphe Form, die Menschengestalt der Götter. Der Epikureismus ist in besonderer Weise mit letzterem vereinbar und läßt traditionellen Kult als ethisch erhebende Praxis zu (z. B. *Papyrus Oxyrhynchos* 215), erklärt ihn aber im selben Atemzug für unnötig: Die Götter kümmern sich nicht um die Menschen, die Menschen müssen sich daher auch nicht um die Götter kümmern, sondern sollen – von Furcht befreit – ihr Leben in die Hand nehmen.

Was bedeutet das alles? Leider herzlich wenig. Widerspruchsfreiheit aufzudecken ist selbst ein philosophisches Unternehmen; Praxis ist eher durch Inkonsistenzen und Ambivalenzen geprägt. Der bislang gewählte Zugang klärt über in der Antike Denkbares und von einer kleinen Schar Gedachtes auf, und im übrigen tut er genau das, wovor bei einer früheren Gelegenheit gewarnt worden war: Texte, vor allem selbst diskursive, argumentierende oder systematisierende Texte als Quellen zu privilegieren. Antike religiöse Praxis so zu systematisieren, daß sie als ‹Lehre›, als gedankliches System formulierbar wird, heißt ‹Theologie› treiben. Das ist ein legitimes Geschäft, aber es wäre die Aufgabe der Alten gewesen, nicht die heutiger Religionswissenschaftler – auch wenn die Religionswissenschaft aus einer ihrer wichtigen Wurzeln heraus, der liberalen protestantischen Theologie, gerade das gerne gemacht hat: eine freie, und möglichst bessere Theologie für ihre Gegenstände zu formulieren.

Die Frage nach den Göttern des gemeinen Mannes, also der nicht philosophisch gebildeten oder interessierten Bewohner(innen) Roms – und dieses Desinteresse geht weit in die Oberschicht hinein, wenn man den Klagen Ciceros, dessen Projekt es war, griechische Philosophie in Rom heimisch zu machen, Glauben schenken will – ist nicht mit der systematischen Formulierung einer lediglich impliziten Theologie zu beantworten, sondern mit einer Beschreibung ihrer Praxis, ihren expliziten und impliziten Annahmen, Problemen und Widersprüchen. Praxis in diesem Sinne sind Handlungsstrategien für Probleme, sind Medien der Kommunikation – nicht unnötige Codes für etwas, das man auch einfacher sagen könnte. In diesem Sinne möchte ich von den Menschen ausgehen und religiöse Praktiken daraufhin befragen, inwieweit sie zum Nachdenken über die Grenzen des Menschseins beitragen. Für die römische Religion kommen dann ganz schnell zwei Bereiche in den Blick: der Umgang mit den Toten und der Umgang mit den Göttern. Der Umgang mit Tieren, der ebenso den Umgang mit menschlichen Grenzen widerspiegeln könnte, war in Rom kein religiöses Thema. In Ägypten war das anders.

Sterblichkeit und Unsterblichkeit

Rituelles Handeln ist stereotyp. In einem Krisenritual wie einer Bestattung wird das noch durch einen besonders ausgeprägten Traditionalismus überlagert: Die Legitimitätsanforderungen an das Handeln in einer solchen Situation sind überdurchschnittlich. Das heißt auch, daß der Rückschluß von rituellen Praktiken auf die Vorstellungen der individuell Beteiligten problematisch ist. Wie heute die Verwendung eines Holzsarges so selbstverständlich ist, daß ihn kaum jemand mit besonderen Motiven (geschweige denn spezifischen Vorstellungen postmortaler Existenz) wählt und selbst für Brandbestattungen (mit folgender Urnenbeisetzung) daran festhält, so selbstverständlich waren in der frühen latinischen und später römischen Kultur bestimmte Grabbeigaben. Die mitgegebenen Gegenstände wurden vielfach eigens für diesen Zweck in größeren Stückzahlen und entsprechend ohne jeden individuellen Bezug produziert.

Dennoch darf man annehmen, daß bestimmte Symbole durch vergleichbare gesellschaftliche Praktiken bestimmte Bedeutungsspektren trugen, die nicht bei jedem, aber doch häufig ins Bewußtsein gerufen wurden. Für die latinische Kultur (sie steht damit aber nicht isoliert) ist die Verwendung von Urnen in Hüttenform charakteristisch. Das suggeriert, daß den Toten eine Fortsetzung einer ortsgebundenen Existenz und eine Fortführung der Sozialstrukturen der Lebenden unterstellt wird, und zugleich eine orts-, genauer: hausbezogene Lebensführung als charakteristisches Merkmal menschlichen Daseins gilt. Daß die Toten versorgt werden müssen, durch Grabbeigaben, durch Speiseopfer, zeigt, daß ihre weitere Existenz in gewisser Weise defizitär ist; die mythische Rede von den ‹Schatten› in späteren Texten spricht die gleiche Vorstellung aus.

Zur gleichen Zeit findet man aber auch eine andere Linie. Urnen und Sarkophage nehmen die Form von Tempeln an. Die – offensichtlich – andere Existenz der Toten wird durch den Verweis auf die Götter, mächtigere Wesen, umschrieben. Dazu paßt, daß die Toten in Grabinschriften – dominierend erst in der Kaiserzeit – als *di manes* angesprochen werden, als ‹gute Götter›. Das Verhältnis des individuellen Toten zu dem kollektiven Plural der Manen bleibt indes ungeklärt. Während manche Epitaphe von ‹den Manen des (Eigenname im Genitiv)› reden, setzen andere beide Begriffe einfach nebeneinander: ‹Den Manen. (Eigenname im Nominativ) lebte ...› Gesuchte Nähe bei

4. Reliefplatte vom Grabmal der Haterii
(Museo Gregoriano Profano, Vatikan)

Das Relief vom Ende des 1. Jhs. n. Chr., das das Grab einer Familie von Bauunternehmern schmückte, ist nicht nur wegen der Krandarstellung von Interesse. Das abgebildete Grabmal zeigt in seiner Tempelform, mit den Adlern auf dem Architrav und mit der Darstellung der Verstorbenen im Tympanon der Tempelfront Vergöttlichung als Perspektive individueller Hoffnung nach dem Tode. Das ist kombiniert mit Porträtbüsten weiterer Familienmitglieder im oberen Bildregister der Seite, Büsten die an die Ahnenmasken und damit eine Form von Memorialpraxis erinnern, in der der Tote gemäß seiner Verdienste in der kultischen Erinnerung fortlebt. Oberhalb des Tempels ist eine Totenmahlszene zu erkennen, die die Heroisierung der Verstorbenen fortsetzt. Ihre kleinen Kinder spielen auf dem Boden. Rechts davon erscheint eine dreifache *aedicula* mit einer nackten Venus. Unterhalb des Tempels, in Höhe des Kranrades läßt sich gerade noch ein dem Totenkult dienender Altar erkennen.

Foto: Jörg Rüpke

Festen, an denen man auf dem Grab speiste (*Parentalia*), und bewußte Distanzierung an Tagen, an denen man den Besuch der Geister fürchtete (*Lemuria*), spiegeln die Ambivalenz rituell wider. Grenzen des Menschseins: Eine klare Trennlinie verläuft nicht zwischen Menschen und Göttern. Eine klare Trennlinie verläuft zwischen Unsterblichen – Göttern – und Sterblichen – lebenden Menschen –; dazwischen bleibt nicht vermessenes Terrain.

Götter aus Gold und Elfenbein

Zwangsläufig leistet jedes Ritual, das Menschen für oder im Angesicht der Götter durchführen, einen Beitrag zur beidseitigen Verhältnisbestimmung; für das Opfer wird das ausführlicher darzustellen sein. Hier möchte ich mich zunächst auf die Situationen konzentrieren, in denen Römer unmittelbaren Kontakt mit Göttern hatten: vor dem Kultbild. Rom kannte Kult mit und ohne Kultbilder. Wo sie über dieses Nebeneinander nachdachten, kamen Römer wie Varro – und hier gelangten sie zu ähnlichen Resultaten wie griechische Denker – zu dem Ergebnis, daß ein schlichter anikonischer Kult, ein Kult ohne menschengestaltige Götterbilder, der Phase anthropomorpher Kultbilder, die leicht zu Luxus und Übertreibung neigt (und daher moralisch bereits eine dekadente Stufe vertritt), vorausging.

Was für die griechische Kultur dank der minoisch-mykenischen Funde als falsch nachgewiesen werden kann, dürfte für Rom kaum richtig sein: Beide Formen existierten die ganze überschaubare Zeit hindurch nebeneinander. Richtig ist, daß das große ortsfeste Kultbild fest mit dem Tempelgebäude verbunden ist, welches seine spätrepublikanisch-augusteische Dominanz noch nicht bei der ersten Pflasterung des Forum Romanum besaß. Mit der *aedes*, dem Tempel-Gebäude, wird ein Eigentumsbegriff vorausgesetzt, der die im Bild präsente Gottheit zur rechtlichen ‹Eigentümerin› ihres Tempels macht. Durch den Eigentumsbegriff nimmt der Ortsbezug und der Schutz des Ortes einen anderen Charakter an, als wenn die nicht bildlich präsente Gottheit in einem Hain oder an einem offenen Altar zu verehren ist. Das *templum* als Begriff der Sakralsprache ist kein Grundstück, sondern ein Horizontausschnitt, der zwar am Grund markiert werden kann, aber damit kein Eigentum deklariert.

Was unterscheidet ein Kultbild von einer Darstellung zu Ehren eines Menschen, einem Porträt? Situativ stellt sich die Frage kaum,

5. Sitzbild der Göttin Roma (Rom, vor dem Palazzo Senatorio)

Diese Kolossalstatue mit einem Körper aus rotem Porphyr vermittelt ebenso sehr den Eindruck eines antiken Kultbildes wie der Rezeptionsgeschichte der Antike im neuzeitlichen Rom. Die Statue kombiniert den antiken Marmorkopf einer Göttin mit dem antiken Körper Minervas und Ergänzungen des 16. Jahrhunderts, die daraus Roma entwerfen. Die Inschrift bezeugt den Ankauf des ‹Bildes der Stadt Rom› aus öffentlichen Mitteln der Stadt im Jahr 1593; es schmückt die Front des ‹Rathauses› der Kommune Roma.

Foto: Jörg Rüpke

wenn das Bild an einem zentralen Platz im Inneren eines Tempels steht. Dennoch werden auch hier Anstrengungen zur Vereindeutigung unternommen. Aussagen über die Götter sind zugleich Aussagen über die Grenzen, die Defizite von Menschen im Vergleich zu jenen. Die Statue kann überlebensgroß sein, der Betrachter wird gezwungen aufzusehen – wenn bei gut elf Metern Säulenhöhe ihres Tempels das Kultbild der Fortuna *huiusce diei*, des ‹Schicksals des heutigen Tages›, acht Meter hoch war, kam es nicht auf harmonische Proportionen, sondern auf einen ‹überwältigenden› Eindruck an. Natürlich war das Bild ‹schön› – hier war Raum für Glanzleistungen von Spitzenkünstlern gegeben, die gegebenenfalls von weit her geholt wurden; besonders beeindruckende Exemplare fanden Nachahmung oder wurden direkt kopiert. Schönheit konnte durch die Wahl teurer (weil als schön geltender) Materialen unterstrichen werden: Die Verwendung von Gold und Elfenbein (das dann etwa mit Öl zu pflegen war) war denkbar. Schließlich konnte die Bestimmung durch bestimmte Attribute gesteigert und auch damit mögliche Mißverständnisse vermieden werden.

Soweit möglich, griffen die Kultbilder Kriterien auf, die auch auf Epiphanien von Gottheiten Anwendung fanden: Im Gedankenexperiment ‹Würdest Du einen Gott auf der Straße erkennen› wären genau solche Eigenschaften ausschlaggebend; süßer Duft (das war in der Antike noch ein Distinktiv) und ein übermenschlich strahlendes Gesicht hätten noch dazukommen können. Aber Kultbild und Epiphanie sind nicht weit voneinander entfernt.

War die Gottheit in ihrem Kultbild in gesteigerter Form präsent? Diese Frage rückte das von Menschen gefertigte Artefakt Kultbild in eine Grauzone hinein, in der mit dem Gegensatzpaar von belebt und unbelebt gespielt werden konnte. Unsicherheit, ob die Gesichtszüge unverändert waren, Sicherheit, daß die Figur dem laut oder leise vorgetragenen Gedanken zugenickt habe – das sind verbreitete Motive antiker Autopsie-Berichte. Auch wenn es sich bei den einschlägigen Zeugnissen oft eher um literarische Fiktionen als Teilnehmerberichte handelt, lassen sie keinen Zweifel, daß der Wunsch nach Nähe zum Kultbild – es überhaupt sehen, ihm Gebete direkt zusprechen, es berühren – verbreitet war. Das gilt auch in negativer Form: Analverkehr mit einer Aphrodite-Statue war ein Thema der historische Exempla (Vorbilder) zusammentragenden Literatur – als voyeuristische Fiktion wäre das noch interessanter denn als Fakt. In manchen Ritualen wurde denn auch das Bild als lebender Interaktionspartner behandelt: Pflegerituale wie Bekleiden und Waschen, aber auch das Zurufen von Namen Eintretender zeugen davon. Ob das tägliche Rituale oder besondere Gelegenheiten waren, etwa anläßlich eines jährlichen Festes, wissen wir für Rom nicht; letzteres dürfte wahrscheinlicher sein. Aber das ändert nichts an der Inszenierung der Ambivalenz.

Die meisten der genannten Merkmale und Umgangsformen erstrecken sich nicht auf alle Götterbilder: Großformatige Götterbilder konnten als Weihgeschenke Tempel derselben oder anderer Gottheiten schmücken, Statuetten waren Bestandteile von Haushalten oder Reisegepäck. In all diesen Fällen griffen die genannten Praktiken fast nie, auch wenn Belebtheit nicht ausgeschlossen wurde: Lucilius (486 f. Marx) kritisiert das als Kinderglaube. All das enttäuscht den, der die ‹Bildergläubigkeit› der Römer mit einer anderen (primitiveren?) Mentalität erklären möchte. Es handelt sich auch nicht um eine rituelle Konvention, die durch ein gerade die zentralen Kultstatuen belebendes ‹Mundöffnungsritual›, wie es für Ägypten bekannt ist, vorbereitet wurde. Worum es vielmehr geht, ist, daß herausgehobene Plastiken von Göttern, nämlich die eigentlichen Kultbilder, die in besonderer Weise in die rituelle Kommunikation eingebunden waren, in ihrer Produktion wie ihrer Rezeption durch die Betrachter dazu dienen *konnten*, den Grenzbereich zwischen Menschen und Göttern auszuloten.

Der große Erfolg der Kombination von Kultbild und Tempel in Rom (und an anderen Orten) beruhte noch auf einem weiteren. Das anthropomorphe Kultbild war ein Darstellungsschema, das in sich plausibel geworden war, es bedurfte in der Regel keiner externen, wundersamen Legitimation, etwa durch das Herabfallen vom Himmel oder das Aufgefundenwerden unter spezifisch sakralen Umständen. Damit war es frei verfügbar und reproduzierbar. Zugleich ermöglichte es eine hohe Individualisierung und damit Differenzierung zwischen den Göttern. Eine Vielzahl von Tempeln, die alle mit ähnlich aussehenden Baumstämmen ausgestattet oder sogar allesamt leer gewesen wären, kann man sich nicht vorstellen. Die Differenzierung von Iuppiter Optimus Maximus, Iuppiter Stator und Iuppiter Liberator und damit die außerordentliche Komplexität des römischen Polytheismus setzt fein differenzierende anthropomorphe Kultbilder voraus.

Handeln im sublunaren Raum

Die eben erwähnte Differenzierung wird vor allem durch Attribute – Zeichen, Gegenstände, die eine dargestellte Person stereotyp begleiten – gestützt. Diese Attribute leisten aber auch ein weiteres: Häufig verbinden sie die derart geschmückte Gottheit mit einer Handlung. Gerade in diesem Bereich finden sich nun charakteristische Unterschiede zwischen dem griechischen und dem römischen Umgang mit Götterbildern. Während zumal in klassischer Zeit dort die Attribute weitgehend zurückgedrängt wurden, die Darstellung der Götter sich auf idealisierte menschliche Personen konzentrierte, läßt sich in Rom eher Attributenhäufung feststellen. Griechisches Interesse am reinen Sein gegen römische Konzentration aufs Handeln?

Die Gegenüberstellung von griechischen und römischen Unterschieden ist hilfreich, um die Differenzen in der mittelmeerischen Antike wahrzunehmen, die aus der großen Distanz (und damit auch Differenz) heutiger Betrachterinnen und Betrachter leicht verlorengehen. Eine solche Gegenüberstellung wird aber falsch, wenn sie als Aussage über das ‹Wesen› beider ‹Völker› (schon dieser Ausdruck ist nur in sehr unterschiedlichem Sinne auf die Stadt Rom und die griechische Kultur des östlichen Mittelmeerraums anzuwenden) gedacht ist: griechische Gedankentiefe gegen die Nüchternheit und das Verhaftetsein im Handeln des römischen Bauernvolkes. Solche Qualifikationen sind von einem Interesse getragen, das auf den Beobachter selbst bezogen ist – einem Interesse an Selbstcharakterisierung durch Bezug auf antike Kulturen: Im Deutschland des neunzehnten Jahrhunderts favorisierte man die zur Nationenbildung nicht fähigen ‹Deutschen› als gedankentiefe Griechen des Nordens, im zwanzigsten Jahrhundert blieb das für Intellektuelle attraktiv (worunter die universitäre Latinistik bis heute leidet), für andere wurde das Anknüpfen an imperiale Traditionen der Römer attraktiver.

‹Wirken› versus ‹Sein› jedenfalls ist ein nur begrenzt nützliches Gegensatzpaar. Schon den Unterschied der Position des Kultbildes wird man damit nicht erklären können: Im Unterschied zur üblichen griechischen Positionierung des Kultbildes in die a) Mitte eines von b) mehreren Seiten zugänglichen, nur c) wenige Stufen ansteigenden Tempels stehen die römischen Kultbilder an der a) Rückwand eines nur über b) eine Treppe erreichbaren, frontal ausgerichteten Tempels auf einem c) hohen Podium. Hier ist es eher das Eigentumsverhältnis, das im Vordergrund steht: Der Gott wohnt nicht primär im, sondern schaut auf seinen Tempel. Und auch das Schauen, das Betonen von Blickachsen ist in der römischen Architektur und im Ritual, in der Vogelschau, in besonderem Maße gepflegt worden.

Aber ‹Wirken› versus ‹Sein› hat zweifelsohne Erklärungswert. Dazu paßt, daß die römischen Erzählungen über Götter eher Offenbarungsgeschichten, Epiphanieerzählungen als Familiengeschichten sind: Das Wirken der Götter in der Geschichte steht im Vordergrund, nicht ihre Genealogie, ihr Familienstammbaum, ihre geschwisterlichen Streitigkeiten oder sexuellen Beziehungen. Eine Erklärung dafür, daß gerade solche Geschichten erzählt und immer wieder gehört wurden, bietet aber – genau wie für die ikonographische Betonung des Handelns bei den Kultbildern – nicht das ‹Wesen›, sondern bieten historisch gewachsene gesellschaftliche Strukturen und ‹Semantiken›, also sprachlich vermittelte Denktraditionen.

Die vorgestellten Eigenheiten fügen sich zusammen, wenn man das Nachdenken über die Götter auch als eine Reflexion über Macht sieht. Die römische Republik (und diese Einschränkung ist wichtig), das heißt die wettbewerbsorientierte, aber auf Konsens festgelegte Führungsschicht, knüpfte das Zugeständnis von Macht an Aufgaben, den Erwerb von Prestige an Leistungen: Legitime Macht hatte der Konsul, der Prätor, der Feldherr, nicht der außergewöhnlich Reiche oder der ämterlose Sproß einer uralten Familie; Prestige knüpfte sich an Erfolge und Aufwendungen für die ‹gemeinsame Sache›, die *res publica*, nicht an Herkunft. So ist es konsequent, daß die beiden im griechischen Bereich als Dioskuren – wörtlich: als ‹Zeus-Söhne› – verehrten Götter in Rom nicht als solche einen Tempel und Kult erhalten, sondern als ritterliche Retter in einer wichtigen Schlacht. Den Tempel erhalten Castor und Pollux; und da ihr wechselnder Tausch von Ober- und Unterwelt, von dem griechische Mythen berichten, für ihre römischen Verdienste uninteressant sind, vereinfacht man ihre beiden Eigennamen zum Plural des ersten: *aedis Castorum*, der Tempel der Castoren.

Carl Koch hat in einem 1937 geschriebenen bemerkenswerten Buch über den *Römischen Juppiter* diese Beobachtungen noch weiter verfolgt. Seine These lautet: Die Nobilität hat gerade aus dem Bild des politisch zentralen Gottes Iuppiter systematisch jeden genealogischen Zug getilgt, um deutlich zu machen, daß für römische Adelsfamilien Ansprüche auf göttliche Abstammung für ihre politische Position irrelevant seien. Koch geht, und dafür mag man ihn kritisieren, von einer Identität der Strukturen des römischen und griechischen Poly-

6. Kapitolinische Trias (Museo di Praeneste)

Die vollplastische Göttergruppe aus lunensischem Marmor zeigt jene drei Gottheiten, die gemeinsam auf dem Kapitol und zumal in politischen Angelegenheiten Roms verehrt wurden: Iuppiter in der Mitte mit Blitzbündel und Adler zu seinen Füßen, rechts Iuno mit dem Pfau, links Minerva mit Helm und Eule der griechischen Athene. Obwohl die drei – im Unterschied zu den Kultbildern im kapitolinischen Tempel – auf einer gemeinsamen Bank dargestellt werden, wird auf jede Anspielung auf genealogische Zusammenhänge verzichtet. Die etwa 1,20 Meter breite und 90 Zentimeter hohe Darstellung spätantoninianischer Zeit (2. Hälfte 2. Jh. n. Chr.) scheint dem privaten Ambiente einer Villa (aus Guidonia) zu entstammen, stellt also kein Kultbild im technischen Sinne dar.

Foto: Jörg Rüpke

theismus aus. Letzteres ist, wie gezeigt, fraglich. Aber mit seinen Beobachtungen und ihrer Verknüpfung mit der politischen Struktur der römischen Republik hat er zweifelsohne Wesentliches getroffen. Daß die Gestaltung der Überlegenheit römischer Götter etwas mit der Überlegenheit der Magistrate zu tun hat, zeigt auch die sitzende Haltung vieler römischer Kultbilder: Diese Position gegenüber dem stehenden Betrachter nimmt auch ein römischer Magistrat auf seinem Amtsstuhl ein.

Eine solche soziologische Deutung darf aber weder überstrapaziert noch zu sehr vereinfacht werden. Schaut man genauer hin, war politische Macht in Rom präzise an Raum und Zeit geknüpft: Die Amtsvollmachten der höchsten römischen Magistrate wurden auf Zeit, und zwar die kurze Zeit eines Jahres, vergeben, zunehmend auch nur für einen bestimmten Bereich, eine ‹Provinz›. Darüber hinaus ist es gerade Kennzeichen dieser magistratischen Gewalt, daß sie prinzipiell unumschränkt war und nur allmählich, mühsam, fallweise, kasuistisch eingeschränkt, vor allem unter die Kontrolle des Senats gestellt wurde. Das wurde da nötig, wo die Grundstrategie scheiterte, Konformität des Handelns durch die traditionellen Tugenden und Werte zu steuern, durch das, was die Römer *mos maiorum* nannten, den ‹Brauch der Vorfahren›.

Religion, die Gottesvorstellungen, das Pantheon bilden das, was als politische Realität wahrgenommen wird, nicht eins zu eins ab. Aber die Gottesvorstellungen können als Medium der Reflexion, als Sprache, als Symbole betrachtet werden, die es erlauben, über menschliches Handeln miteinander zu reden, und zwar mit hohem Geltungsanspruch. Die Tugenden, die das Handeln vor allem der Oberschicht prägen sollen, werden so als Gottheiten verehrt, ihnen werden Kultbilder geformt und Tempel gebaut: Eintracht, Ehre, Mannhaftigkeit sind Götter wie Diana und Hercules auch.

Betrachtet man die Erfindung, besser: das Erscheinen neuer Götter und Götternamen nicht einfach als Abbild politischer Strukturen, sondern als Ausdruck der Reflexion über Handeln, treten neue Göttergruppen in den Blick. Für einige Rituale sind Gebetstexte überliefert, die ungewöhnlich kleinteilige Listen angerufener Götter enthalten. Das beste Beispiel stammt von dem schon erwähnten Sakralschriftsteller Fabius Pictor (*Pontifikalrecht* frag. 6) und wird in einem spätantiken Vergilkommentar – und nur so kennen wir es – zitiert. Beim *sacrum Cereale*, einem Ritual für die Göttin Tellus (‹Erde›) und die besonders mit Getreide befaßte Göttin Ceres (‹Cerealien› sind ihre Gaben, die sie noch heute Müsli-Essern zukommen läßt) ruft der das Ritual leitende Priester *(flamen)* folgende zwölf Gottheiten an, deren Namen ich übersetzt anführe, um das Bildungsprinzip deutlich zu machen: Furchenbrecher, Wiederpflüger, Furcher, Säer, Überpflüger, Egger, Hacker, Jäter, Schnitter, Zusammenbringer, Einscheuerer, Hervorholer – ... *Vervactorem*, *Redaratorem*, *Inporcitorem*, *Insitorem*, *Obaratorem*, *Occatorem*, *Sarritorem*, *Subruncinatorem*, *Messorem*, *Convectorem*, *Conditorem*, *Promitorem.*

Für Zeugung, Schwangerschaft, Geburt und erste Regungen des Kindes werden in unterschiedlichen Zusammenhängen insgesamt Dutzende von Götter genannt, so Ianus, deus Consevius, Saturnus und Liber (der ‹Freie›, der die Männer durch den Samenausstoß ‹befreit›), Fluvionia und dea Alemona, die das Kind in der Gebärmutter ernähren, Nona und Decima, die für den rechten Geburtstermin zuständig sind, bis hin zu Carmenta Postverta und Carmenta Prorsa, die für die Geburtslage des Kindes Verantwortung tragen, und Intercidona, Pilumnus und Deverra (Abwehrriten) oder Candelifera, die mit der Kerzenbeleuchtung bei der Geburt zusammenhängt. Die Liste ist durchaus unvollständig. Vergleichbares ließe sich für die Hochzeit zusammentragen, die *di nuptiales* oder *di coniugales.* Woher Varro (von ihm stammen die Erklärungen) die Namen im Einzelfall hat, ist unklar, sie mögen teils einschlägigen Ritualen entnommen sein, zu einem nicht geringen Teil aber auch nur durch Varros eigene spekulative Deutung in die genannten Sachzusammenhänge geraten sein – es existieren durchaus einige alternative antike Erklärungen. Damit sind sie nicht ‹falsch›: Varro ist hier, im vierzehnten Buch seiner *Altertümer*, kein älterer Kollege in der Religionswissenschaft, sondern Teil des Untersuchungsgegenstandes, Teil römischer Religion.

Die vorgeführte Göttervielfalt mag stellenweise nach schlechter Medizin oder Naturwissenschaft klingen, und diese Deutung (nicht nur) antiker Religion bildet ja auch eine starke Linie aufklärerischen und nachaufklärerischen Denkens: ‹Magie› und ‹Religion› bildeten danach die Rückzugsphasen einer zunehmend effizienten Welterklärung nach dem Muster von Naturgesetzen – Wissenschaft –, die mehr und mehr Bereiche dem Geheimnisvollen entziehe. Aber schaut man sich die Bereiche an, die in der beschriebenen Weise durch religiöse Symbole angesprochen werden, so ist der rote Faden das *Handeln* in komplexen und risikobehafteten Bereichen, das Handeln unter gesteigerter Unsicherheit: Macht, Geburt, Hochzeit, Reise, Ackerbau.

Diese Konzentration hat auch eine Kehrseite. Römischer Umgang mit den Göttern zeichnet sich durch Distanzierung, durch große ‹profane› Bereiche aus. Die Kontakte sind punktuell, auf ganz bestimmte Situationen begrenzt; dann zeichnen sie sich durch hohe Präzision aus: Um ganz sicher zu gehen, werden nicht ganz bekannte Götter mit der Formel ‹seiest Du Gott oder Göttin› angerufen – kein Zeichen fehlender Personalisierung, wie eine primitivistische Sicht römischer Religion unter dem Eindruck der großen Evolutionsmodelle Darwins und Spencers wollte, sondern eine Anfrage, die nur auf dem Hintergrund einer besonders ausgeprägten Anthropomorphie denkbar ist, die Geschlechtsdifferenzierung für unverzichtbar hält (und so die enorme Bedeutung dieser Differenzierung in der römischen Gesellschaft unterstreicht). Außerhalb dieser Kontaktpunkte aber galt die *pax deorum* als Normalzustand, der Friedenszustand geregelter gegenseitiger

Nichtintervention (es fällt schwer, die Nuancen des lateinischen Wortes verständlich zu übersetzen) der Götter – kollektiv, im Plural – mit den Menschen.

In dem Moment, da Störungen auftraten – das konnten ‹fordernde Blitze› (*postularia fulgura*) sein, die an vergessene Opfer oder nicht eingelöste Gelübde erinnerten, oder andere Vorzeichen –, wurde erneut eine präzise Bestimmung der verärgerten Gottheit notwendig. Auch die Heranziehung mehrerer Priesterschaften wurde nicht gescheut, um Betroffenen, Ursache und rituelles Heilmittel zu erkunden. Aber auch das kann und muß man als Strategie der Distanzierung, der Eingrenzung lesen: War nur das Fehlverhalten eines Individuums der Auslöser, wurde untersucht, ob Kompensationsmöglichkeiten für die Gottheit bestanden: Typischer Fall ist ein unbewußtes rituelles Fehlverhalten, *piaculum* (‹Störung des *pietas*-Verhältnisses›), das durch ein *piaculum* (‹(Ent-) Störung des *pietas*-Verhältnisses›), ein ‹Sühnopfer›, wieder unschädlich gemacht werden konnte. Andernfalls distanzierte sich die Gemeinschaft von dem Betroffenen, schloß ihn in mehr oder (eher) weniger dramatischen Formen aus und löste sich so aus der Mithaftung. Für die Gottheit galt dann aber das Prinzip: Die betroffenen Götter helfen sich selbst, das ist nicht Sache des in einer prekären inneren Machtbalance stehenden Gemeinwesens. Und die Götter hatten ihre Möglichkeiten, wie es in guter römischer Tradition noch der Christ Laktanz in seinem Buch *Über den Tod der Verfolger* – nun auf die Macht des christlichen Gottes bezogen – deutlich werden läßt.

Noch einmal: Polytheismus

Wir wissen wenig über den individuellen, den konkreten Umgang mit der Göttervielfalt des antiken Polytheismus. Die Präsenz von Gottheiten in Kultstätten am Ort dürfte hohe Bedeutung besessen haben, auch wenn das heißt, daß in kleinen Orten der Kreis verfügbarer Gottheiten sehr begrenzt war. In dem schon einmal erwähnten Werk *Über die Landwirtschaft* werden in allen Riten, die Cato der Ältere in unterschiedlichsten Zusammenhängen nennt, insgesamt nur sieben verschiedene Gottheiten angesprochen! Rom selbst war eine Großstadt, die in der Kaiserzeit mit ihren weitläufigen Vororten die Größenordnung einer Millionenstadt erreicht, mit gewaltigem Abstand die größte ‹Stadt› des Mittelmeerraums mit Hunderten von öffentlichen Tempeln und etlichen Hunderten, vielleicht Tausend(en) kleiner Kultstätten – mit 265 Kompitalheiligtümern in ebensovielen *vici*, Stadtteilen, könnte man die Aufzählung beginnen. In einem solchen Rahmen ist individuelle Wahl möglich, aber diese Wahl erfolgte in vorgegebenen, in Ritualen präsentierten oder in der Familie erlernten Schemata.

‹Wahl› war unter diesen Bedingungen vielleicht noch häufiger individuelle Negation, persönliche Ablehnung, als positive Auswahl. Augustus etwa soll nach seinem Biographen Sueton (*Augustus* 16, 2) nach einem großen Verlust von Kriegsschiffen in der folgenden Götterprozession vor den Zirkusspielen (*pompa circensis*) Neptun, den traditionellen Meeresgott, aus der Reihe zu ehrender Gottheiten herausgenommen haben. Der Dichter Ovid teilt in einem Liebesgedicht seine Reaktionen beim Anblick einer anderen Zirkusprozession mit, wohlgemerkt als Verliebter auf dem Platz neben seiner noch nicht gewonnenen Geliebten:

> *Aber schon kommt der Zug: Hütet Zunge und Gedanken! Zeit für Applaus: Der goldene Zug kommt. Als erste wird mit ausgebreiteten Flügeln Victoria herangetragen: Hier stellst Du Dich ein und gib, Göttin, daß meine Liebe hier siegt! Beklatscht Ihr den Neptun, die Ihr allzu sehr den Wellen vertraut! Ich habe mit dem Meer nichts zu schaffen, mich hält meine Erde. Beklatsche Soldat Deinen Mars; ich hasse die Waffen: Der Friede erfreut und mitten im Frieden wird Liebe gefunden. Phoebus (Apollo) stehe den Auguren, Phoebe (Diana) stehe den Jägern bei. Wende die Hände der Kunsthandwerker zu Dir, Minerva! Landvolk, stehet für Ceres und den zarten Bacchus auf! Mögen dem Pollux die Ringkämpfer, dem Castor der Ritter gefällig sein. Ich beklatsche Dich, reizende Venus, und die mit dem Bogen machtvollen Knaben (Amoretten): Sei meinem Vorhaben günstig, Göttliche, schenke der Herrin einen neuen Sinn: Möge sie meine Liebe zulassen. Die Statue nickte und gab durch diese Bewegung günstige Vorzeichen.*
> Publius Ovidius Naso, *Amores* 3,3,43–58

Es ist mehrfach bezeugt, daß Vorüberschreitende Tempel mit Handkuß grüßten – ob sie bei allen Tempeln, an denen sie vorüberschritten, so verfuhren, wissen wir nicht. Individuelles Verhalten war durchaus möglich, Fernbleiben, aber auch gesteigerter Kontakt bis hin zur ständigen Präsenz. Individuelles Interpretieren von Gottheiten war auch möglich, aber natürlich in Rahmen sprachlicher Traditionen, sonst wäre es unverständlich gewesen; die Beispiele des späteren Augustus,

7. Tensa Capitolina (Rom, Kapitolinische Museen)

In einem solchen Wagen (*tensa*) – das hier vorgestellte, in seinen Holzteilen rekonstruierte Exemplar stammt aus dem 3. Jh. n. Chr. – wurden Götterbilder und Attribute (*exuviae*) von Götterbildern (zum Beispiel ein Blitzbündel des Iuppiter oder die Gans der Iuno) in der Prozession zum Circus mitgeführt; nach Cicero (*Über die Antwort der Haruspices* 23) soll ein Knabe, dessen beide Elternteile noch lebten (*puer patrimus et matrimus*), den Wagen gelenkt haben.

Foto: Lotos-Film, Kaufbeuren

das Beispiel Ovids, aber auch das Beispiel des Horaz am Anfang dieses Buches belegen das. Die individuelle Interpretation ergibt sich aus der Neukombination eher standardisierter Elemente: Neptun und Meer, Venus und Liebe, Merkur und Dichterberuf – dafür bedurfte es keiner hohen Bildung, im Falle des Horaz allenfalls der Lektüre der vorangehenden Gedichte des Buches.

Gottesvorstellungen im Plural

Wenn man mit Gewinn eine Religion als Reflexion über menschliche Grenzen, über Macht, über Handeln lesen kann – und zugleich als das Medium, darüber in Handlungen (Riten), Bildern und Worten zu kommunizieren –, darf man nicht erwarten, daß die ‹Ergebnisse› und auch nur Verläufe solchen Nachdenkens und Austauschens einheitlich wären. Die Kommunikation wird sich mit der Zeit ändern und sie wird von Schicht zu Schicht der antiken Gesellschaft anders verlaufen, ja vielleicht sogar für bestimmte Situationen Unterschiede aufweisen. Die Quellen gewähren nur eingeschränkten Zugang zu solchen Unterschieden: Die republikanischen Tempelgründungen spiegeln andere Handelnde wider als kaiserzeitliche Grabsteine, eine kleine Elite im einen, eine breite Schicht im anderen Fall. Will man das berücksichtigen, sind die ohnehin schon unscharfen Linien, die bislang gezogen wurden, noch weiter zu verwischen.

In der späten Republik lassen sich zunehmend Versuche einzelner beobachten, aus dem einschränkenden Konsensmodell auszusteigen. Einzelne Angehörige der Führungsschicht (der Begriff ‹Politiker› wäre synonym) verbinden sich, wie wir gesehen haben, mit bestimmten Gottheiten, sie versuchen diese Gottheiten durch die Ortswahl für einen neuen Kult oder durch die Monumentalität der dafür gewählten Anlage herauszuheben, Hierarchien zu schaffen. Diese dienen der eigenen Legitimation, dem eigenen Prestige. Das verstärkt sich in der Kaiserzeit, allerdings im politischen Bereich mit schnell zunehmender Beschränkung auf das Herrscherhaus. Eine zunehmend durchdringende Monarchie und ein monistisches (ein von einem einheitlichen Prinzin, nicht unbedingt nur einem Gott gestaltetes) Weltbild gehen Hand in Hand. Sie beeinflussen sich wechselseitig (gelegentlich auch im Negativen, im Fehlen von Flexibilität), es gibt kein prinzipiell Früheres.

Zugleich können wir vor allem in der sozialen Schicht wirtschaftlich erfolgreicher Freigelassener – ein besonders mobiles Element der lokalen römischen Gesellschaft(en) – einen Typ von rituellem Handeln wahrnehmen, der als (schon viel zu theologisch) ‹Privatdeifikation› bezeichnet wird: Die betreffenden Personen (insgesamt gibt es mehrere Hundert nachgewiesener Beispiele) lassen sich im Rahmen ihres Grabschmucks als Götter darstellen. Das Individualporträt wird mit dem erkennbaren Darstellungstyp und den Attributen einer Gottheit kombiniert. An der Spitze stehen Merkur und Hercules: Das entspricht der wirtschaftlichen Basis als Händler und Handwerker. Mit der Restriktion oberschichtlicher Familienstammbäume hat das nichts zu tun, aber es zeigt eindrucksvoll, wie religiöse Symbole als Kommunikationsmittel über menschliches Handeln verwendet werden.

Stellt man diese Linie in den Vordergrund, ist auch Herrscherkult, die Vergöttlichung des Kaisers und der Kult des Herrscherhauses in der Kaiserzeit, eine ‹natürliche› Entwicklung. Was sich für antike Christen wie für die neuzeitliche Religionswissenschaft vor dem Hintergrund eines christlichen Gottesbildes als Perversion darstellt – die Vergöttlichung von Menschen –, ist eine integrale Möglichkeit des römischen Polytheismus. Auch wenn die aristokratische Komponente des Herrschaftssystems der Kaiserzeit (das mit Monarchie zu oberflächlich beschrieben wird) dagegen gewisse Vorbehalte hat.

4 Religiöses Handeln

In der kleinen Schrift *Über die wahre Religion*, stellt der christliche Theologe Augustin etwa um das Jahr 400 in seinen einleitenden Sätzen einen paradoxen Sachverhalt bei den ‹Völkern›, den *populi*, also den Nichtchristen (das Wort ‹Heiden›, *pagani*, verwendet Augustinus noch nicht) heraus. Diese Polytheisten besaßen traditionellerweise verschiedene philosophische, und das heißt immer auch theologische Schulen, aber gemeinsame Tempel. Sie unterschieden sich in ihrem Denken über Gott und Welt, praktizierten aber einen gemeinsamen Kult. Man könnte das mit zwei Schlagwörtern, Orthodoxie auf der einen Seite, das Ausrichten einer Religion am rechten Glauben (*doxa*), und Orthopraxie, richtiges Handeln, als Gegenbegriff fassen.

Nun ist es für die Schrift bezeichnend, daß sie sich trotz dieser Gegenüberstellung nicht mit den Polytheisten auseinandersetzt, keine apologetische Schrift oder polemische Schrift darstellt, in der christliche Religion mit den nichtchristlichen Religionen verglichen würde. Die Entscheidung über die wahre Religion ist für Augustin am Ende des vierten Jahrhunderts längst gefallen. Da bedarf es keiner Argumentation mehr. Vielmehr benutzt der Verfasser diese Einleitung, um sich mit christlichen Häresien zu beschäftigen, das heißt mit innerchristlichen theologischen Auseinandersetzungen. Es geht ihm um die Unvereinbarkeit von divergierenden Glaubensauffassungen mit gemeinsamen Gottesdiensten, wie er sie bei den Polytheisten ausmacht. Für Christen gilt es daher, dafür Sorge zu tragen, daß diejenigen, die gemeinsam Kult ausüben, auch dasselbe glauben. Der Umkehrschluß ist klar: Diejenigen, die nicht dasselbe (und das andere ist immer das Falsche) glauben, müssen auch vom Kult, von der Gemeinschaft der Sakramente ausgeschlossen werden.

Augustinus' Traktat zeigt, warum für uns der Umgang mit antiker Religion so schwierig ist: Die Begriffe, mit denen wir umgehen, sind im wesentlichen durch anderthalb Jahrtausende christlicher Theologie geprägt. Wenn wir das Wort ‹Religion› hören, assoziieren wir Glauben, ein Lehrgebäude, eine abgrenzbare Einheit mit eigener ‹Identität›. Aber das sind genau die Punkte, die auf das polytheistische System eines Ortes kaum zutreffen. Negativ sieht man dieselben Grundannahmen, wo gegen Religion polemisiert wird, wo sich Religionen untereinander angreifen. Dort wo sich Religionen untereinander ernst nehmen, findet eine Auseinandersetzung auf der Ebene von Glaubensvorstellungen, von metaphysischen Aussagen statt. Überall da, wo man sich heute mit dem *Kult* einer anderen Religion in Mitteleuropa kritisch beschäftigt, heißt das fast immer schon, daß man diese Religion auf der intellektuellen Ebene ohnehin für inakzeptabel hält.

Ein Beispiel bilden die neuen religiösen Bewegungen, die mit dem soziologisch völlig unzutreffenden Begriff der ‹Jugendreligion› bezeichnet werden. Die öffentliche Diskussion bewegt sich nicht auf der inhaltlichen Ebene: Haben die Vorstellungen, die dahinter stecken, eine Relevanz in theologischer oder philosophischer Hinsicht? Statt dessen geht man auf kultische Praktiken, auf den Umgang mit den Mitgliedern ein. Es geht mir nicht darum abzustreiten, daß Religionen kriminell sein können, sondern nur um die Feststellung, daß in einem Umgang mit Religion, der diese ernst nimmt, das intellektuelle, das diskursive Moment im Vordergrund steht. Für antike Religionen gilt aber der Primat des Handelns.

Die Konzentration auf das Handeln schließt Reflexion, Nachdenken über das, was man tut, Nachdenken über die Götter, für die oder mit denen man etwas tut, nicht aus. Aber die Deutungen für religiöses Handeln in der Antike bleiben amorph und eher nebensächlich. Das Christentum dagegen verlangt eindeutige Interpretationsmuster für seine Sakramente. Anhand der Auslegung der Eucharistie etwa läßt sich die Konfessionszugehörigkeit des Gläubigen ablesen. So wird nach katholischer Auffassung durch die Konsekration von Brot und Wein die dauerhafte Realpräsenz Christi erreicht, während das Abendmahl bei Protestanten nur symbolischen Charakter hat. Allein über die Deutung identischer Handlungsfrequenzen lassen sich tiefe Differenzen, auch organisatorisch ausgebaut, zwischen verschiedenen Religionen oder ‹Konfessionen› festmachen. Das Ritual, so ähnlich es sein mag, wird nicht mehr geteilt. Das ist das Ziel des Augustinus. Das Gegenteil ist antiker Polytheismus.

Was ist ein Ritual?

Ausgehen möchte ich von einer Definition, die der Klassische Philologe Walter Burkert aus Zürich vorgelegt hat: ‹Ritual ist standardisiertes Verhalten in kommunikativer Funktion, wobei die pragmatische

Grundlage zurücktreten oder ganz verschwinden kann› (*Die Anthropologie des religiösen Opfers*, S. 28). Handeln – Burkert spricht von Verhalten – steht also im Zentrum. Das wären in griechischer Terminologie die *drōmena* gegenüber den *legomena*, das Tun gegenüber dem Reden. ‹Ritual ist standardisiertes Verhalten› heißt, daß Rituale Handlungen oder Handlungssequenzen, vielleicht auch nur kurze Gesten sind, die wiederholt und dadurch stereotyp werden, also zu unterschiedlichen Zeiten in variierten Situationen in derselben Form eingesetzt werden. Burkert ergänzt im Nachsatz, daß die pragmatische Grundlage ‹zurücktreten oder ganz verschwinden kann›. Der entscheidende Punkt in seiner Definition ist demnach, daß es um ein Handeln geht, welches nicht mehr auf seinem ursprünglichen Kontext beruht, folglich seine pragmatische Bedeutung verloren hat.

Ein Beispiel: Beim blutigen Tieropfer gab es einen Schritt, in welchem dem Tier Salz auf das Haupt gestreut wurde. Das Streuen von Salz könnte man in sehr unterschiedlichen Zusammenhängen einbetten. Als pragmatische Handlung wäre es wesentlich sinnvoller, wenn das Tier oder Teile des Tieres bereits im Kochtopf gelandet wären, während der Würzeffekt auf Haar und Fell eher gering zu veranschlagen ist – und tatsächlich kommt die Salz-Mehl-Mischung ein zweites Mal zum Zug. Wenn das Streuen von Salz auch an sich sinnvoll sein kann, so dürfte in diesem Fall die pragmatische Grundlage nicht nur zurückgetreten, sondern schon ganz verschwunden sein. Damit gewinnt das Handeln eine neue Bedeutung, nämlich eine kommunikative Funktion. Als mögliche Deutung käme in Betracht, daß man die Zubereitung des Tieres bereits vorwegnimmt, also das Tier auf das Getötet- und Verzehrt-Werden hin ausweist. Die Handlung kann als ein erster Gestus den Übergang des Tieres von der menschlichen Sphäre in die göttliche Sphäre hinein symbolisieren. Es bestehen mithin verschiedene Möglichkeiten, aber die urspünglich pragmatische Bedeutung, das Tier vor dem Essen zu würzen, ist durch den Zeitpunkt des Salzstreuens sicher ausgeschlossen.

Durch das Zurücktreten der pragmatischen Grundlage wird die Handlung also frei, kommunikative Funktionen zu übernehmen. Auf der anderen Seite hat jede Form von Handeln zumindest in ganz geringen Ansätzen kommunikative Bedeutung. Auch in alltäglichem Handeln, das niemand als rituell bezeichnen würde, kann die kommunikative Funktion durchaus mit der pragmatischen verknüpft sein, diese vielleicht sogar überlagern. Die sozialwissenschaftliche Richtung des symbolischen Interaktionismus setzt sich mit diesen Problemen auseinander. Burkerts Interesse geht aber in eine ganz andere Richtung. Es besteht darin, die jeweilige pragmatische Grundlage zu erkunden, aus der das Ritual entstanden ist. Diese pragmatische Grundlage soll eine Erklärung für das Ritual, für seine Verbreitung, seine Akzeptanz erbringen. Es geht im Kern um einen genetischen Erklärungsansatz, eine Erklärung aus der Entstehung einer Institution, ihrer ‹Genese› – nicht aus ihrer momentanen ‹Funktion›, das wäre ein funktionaler Erklärungsansatz.

Unsere Detailkenntnisse antiker Rituale sind so gering, daß Deutungen leicht beliebig werden. Diese Beliebigkeit läßt sich nicht ausschalten – schon für Zeitgenossen nicht. Um so wichtiger ist es daher, Rechenschaft abzulegen über die Grundlagen jeder Deutung: Ohne einen solchen Aufwand an Theorie wird es sinnlos, über antike Rituale zu sprechen. Burkerts Ansatz ist einer der spannendsten und bedeutendsten der letzten Jahrzehnte und steht im krassen Gegensatz zum hier unternommenen Versuch, Rituale eng mit einer konkreten historischen Gesellschaft zu verknüpfen. Gerade deswegen soll er etwas ausführlicher zu Wort kommen.

Was sind nun die pragmatischen Grundlagen der Rituale? Ein Beispiel: Es ist aus spätantiken Quellen ein Ritual überliefert, das sich in der griechischen Stadt Abdera abgespielt haben soll und in ähnlicher Weise auch für andere Orte, etwa Athen, und das spätantike Festritual des Saturnalienkönigs überliefert ist. Es wurde, so berichten die Texte, einmal im Jahr ein Mensch, ein Verbrecher unter Umständen, ausgewählt. Er wurde das ganze Jahr über sehr gut behandelt und gespeist, am Ende dieses Jahres durch die ganze Stadt geführt und unter Schlägen hinausgetrieben, andernorts sogar gesteinigt, von einem Felsen hinuntergestürzt. Die Person, die herumgeführt wurde, nannte man *Pharmakos*, ‹Heilmittel›.

Wenn man diese Sequenz betrachtet, erinnert sie an den israelitischen Begriff des Sündenbocks. In diesem Fall geht es um ein Ritual am Versöhnungstag, das mit Gebet und Handauflegen die Schuld des Volkes Israel auf einen Ziegenbock übertrug, der dann in die Wüste zu dem Dämon Azazaël gejagt wurde. Die Idee ist offensichtlich, die Schuld oder Gefahr, die sich an einem Ort oder in einer politischen Gemeinschaft angesammelt hat, in ritueller Form auf einen einzelnen zu übertragen und diesen einzelnen dann in demonstrativer Form – unter Umständen mit tödlichem Ausgang für ihn – aus der Gemeinschaft auszuschließen.

Nun fragt sich Burkert, was die Grundlage für diese absonderliche

Idee sei, auf diese Weise Schuld, Verunreinigung, Probleme zu lösen. Seine Überlegungen laufen darauf hinaus, dieses merkwürdige Ritual finde deswegen Verständnis, weil es auf ein ganz altes, zehntausend, ja vielleicht Hunderttausende von Jahren zurückliegendes biologisches Programm zurückgreife. Es ist die Situation einer Gruppe von Menschen, die von einem Rudel Wölfe umkreist, immer wieder angegriffen wird. Diese sagt sich: Wir können das Problem lösen, indem wir einen von uns als Opfer auswählen, diesen einen hinausstoßen; auf ihn stürzen sich die Wölfe, der Rest der Gruppe ist gerettet, kann sich in Sicherheit bringen.

Ein anderes Beispiel: Im antiken Ritual der Bittprozession wirft sich derjenige, der etwas erflehen will, vor einem Götterbild oder vor einem mächtigen Menschen nieder und umfaßt die Knie der Person, dabei häufig einen Zweig mit sich tragend. Burkert fragt wiederum nach den zugrundeliegenden Handlungen, die in den rituellen Kontext übertragen worden sind. Er findet hier Parallelen in der Verhaltensforschung, die zeigen, daß ein solches Verhalten unter höheren Tieren verbreitet ist. Es handelt sich um die Geste der Selbstverkleinerung, des Niederfallens. Es ist die Geste, sich ganz auszuliefern, indem man den Kontakt mit dem potentiellen Aggressor sucht. Man nähert sich ihm nicht mit einer Waffe, einem zugerichteten Ast, sondern einem Laubzweig. Das nun ergebe die Grundlage für das Ritual, das auf den ersten Blick pragmatisch ja nicht zu erklären ist, denn man kann die Bitte ja klarer aussprechen, wenn man dem Mächtigen ins Gesicht schaut – aber das direkte Anblicken ist im Tierreich eher ein Akt der Aggression. Grundlage des Rituals ist erneut ein biologisches Programm, das genetisch in uns steckt und deswegen uns selbst auf die Idee bringt, entsprechend zu handeln oder, wenn es andere tun, dasselbe uns sofort verständlich erscheinen läßt.

Ein weiteres Beispiel, das zentrale antike Ritual, bietet das Tieropfer. Es weist einige Merkwürdigkeiten auf, die in eine normale Handlungssequenz – Töten eines Tieres für einen Gott, Zerlegen, Kochen, vielleicht Verbrennen mancher oder aller Teile für den Gott – nicht hineinpaßt. Vor dem Töten benimmt man sich dem Tier gegenüber sehr zuvorkommend. Man läßt das Tier nicht wissen, daß es geschlachtet werden soll. Man versteckt die Tötungswaffen. Das Tier soll nicht gezwungen werden. Wenn sich das Tier losreißt, ist das Ritual schon gescheitert. Die Wirklichkeit sieht allerdings anders aus. Es gibt einige wenige antike Reliefdarstellungen, auf denen man erkennt, daß an dem Opferplatz Bodenringe angebracht waren, mit deren Hilfe man das

Tier mit Stricken heranziehen und dann den Hals herunterdrücken konnte. Die Theorie: Man bittet das Tier um Verzeihung, man läßt das Tier nicht wissen, wer es tötet. Es gibt in Griechenland sogar Rituale, in denen derjenige, der das Tier getötet hat, davonläuft, man dann einen Prozeß gegen die Waffe, mit der es getötet wurde, anstrebt: Handlungen, die man nur als ‹Unschuldskomödie› auf Seiten derer, die das Tier opfern, bezeichnen kann.

Ein anderes Problem ist – und darüber machten sich auch schon antike Philosophen und Mythen Gedanken –, daß dem Gott keineswegs die wertvollsten Teile, also die Filetstücke etwa, geopfert wurden, sondern daß dem Gott vor allem Innereien, allenfalls aus den verschiedensten Teilen des Tieres kleine Stücke gegeben wurden, die (in manchen Opferriten jedenfalls) in einem Fell eingeschlagen und so verbrannt wurden. Auch das widerspricht einer Gabentheorie, dem Gott ein Tier im Tausch gegen Wohlstand, gute Ernte, viele Kinder und dergleichen zu überlassen. Das wäre eine halbwegs pragmatisch erscheinende Argumentation, aber so funktioniert es gerade nicht.

Wieder fragt sich Burkert – und hier greift er schon auf ältere Arbeiten des Schweizer Ethnologen Karl Meuli zurück –, woher jene Elemente kommen, die gerade nicht pragmatisch zu sein scheinen. Er findet seine Parallelen in Ritualen noch gegenwärtiger oder frühneuzeitlicher Jagdkulturen und in archäologisch nachgewiesenen vorgeschichtlichen Jagdkulturen in Europa. Bei letzteren habe es unter anderem ein Bärenritual gegeben, in dem der Bär als Tier, das auf der Jagd erlegt worden war, mit sehr viel Aufwand wiederhergestellt wurde. Die fleischreichen Teile wurden verspeist. Mit dem Bärenfell aber wurde ein Holzgerüst behängt und so getan, als ob dieses Tier gar nicht getötet worden sei. Das ganze sei nichts anderes als ein Zehntausende von Jahren altes Jagdritual, in dem Menschen die Problematik des Tieretötens zum Ausdruck bringen und mit dieser Problematik dergestalt umgehen, daß sie zum einen die Schuld des Tötens von sich weisen und zum anderen, damit ihnen die Jagdbeute nicht ausgeht, sicherstellen, daß die Tiere, die sie getötet haben, wieder nachwachsen.

Wenn man sich das klassische antike Tieropfer anschaut, wird man feststellen, daß es gerade keine jagdbaren Tiere sind, die in dieser Form geopfert wurden, sondern Haustiere, Kühe, Schafe, Schweine, während man Hirschen, Wildschweinen und Bären mit dem Speer oder mit Pfeil und Bogen nachstellte. Hier wäre also ein wichtiges Element verlorengegangen. Auf der anderen Seite würde das zeigen, wie stark die ursprüngliche Handlungsintention von den Jäger- und Sammlerkulturen in Ackerbau treibende oder viehzüchtende Kulturen hinübergenommen worden ist. Die Problematik des Tiertötens sieht der Seßhafte nicht mehr bei den Wildtieren, die ihn nur gefährden, sondern er sieht sie bei den Tieren, die quasi mit ihm zusammen aufwachsen, mit ihm zusammen leben – eben den Haustieren.

Diese Deutungen sind im Einzelfall problematisch. Die Frage der Verbreitung der einzelnen Elemente, etwa des zuletzt geschilderten großen Jagdrituals, ist schwierig, die Existenz des Bärenrituals wird von archäologischer Seite in Frage gestellt. Grundsätzlich kann ein solcher Ansatz aber erklären, warum eher merkwürdige Handlungssequenzen dennoch akzeptiert werden: einfach weil sie noch zu unserer phylogenetisch, stammesgeschichtlich erworbenen Trieb- und Handlungsausstattung gehören, also mit zu unserem biologischen Programm wie andere elementare Gesten, das Lachen etwa, auch. Was dieser Ansatz überhaupt nicht erklären kann, sind kulturelle Differenzen. Warum machen es die einen so, warum machen es die anderen so? Die Abstammungslinie zu den Jäger- und Sammlerkulturen oder zu vormenschlichen hominiden Formen ist für jede Kultur dieselbe: Hier haben wir keinerlei Erklärungspotential für Unterschiede.

Verloren geht mit diesem Ansatz auch der Blick für den schöpferischen Umgang mit dem Ritual. Rituale sind nicht nur uralte, über Zehntausende von Jahren transportierte Handlungssequenzen, sondern können auch ad hoc, für einen bestimmten Zweck, bewußt oder unbewußt erfunden und modifiziert werden. Auch Rituale können eine Geschichte haben.

Ein Beispiel

Eine der umfangreichsten und lebendigsten Ritualbeschreibungen stammt aus einem antiken Roman, nämlich aus den *Metamorphosen*, den ‹Verwandlungen› des Apuleius, auch unter dem Titel *Der goldene Esel* bekannt. Beim Sprecher, der auch gleichzeitig der Beschreibende und Handelnde ist, handelt es sich um den in einen Esel verwandelten Romanhelden Apuleius, der kurz vor seiner Errettung steht, nämlich seiner Rückverwandlung in menschliche Gestalt, die sich während der Prozession, die nun zu schildern ist, ereignen wird.

> (8) *Aufgepaßt: allmählich ziehen die Stimmungsmacher der großen Prozession vorauf, jedesmal mit hingebendem Eifer herrlich*

herausgeputzt. ... Es fehlte nicht an Leuten, die mit Rutenbündeln und Purpur einen Beamten spielten oder mit Lodenmantel, Stock und Sandalen, sowie einem struppigen Ziegenbart einen Philosophen darstellten oder, verschiedene Ruten in der Hand, sei es als Vogelfänger mit Mistelleim, sei es als Fischer mit Angelhaken auftraten. Ich sah auch ... wie ein Esel mit angeklebten Flügeln neben einem gebrechlichen Alten einherstapfte, so daß man den einen hätte für Bellerophon, den anderen für Pegasus ansprechen, über beide aber lachen mögen.

(9) *Während diese Masken sich zur Belustigung des Publikums überall umhertrieben, kam bereits die eigentliche Prozession der gnadenreichen Göttin in Bewegung. Frauen mit glänzend weißem Gewand, verschiedenes Gerät froh in der Hand, im Haar von Frühlingsblüten ein Band, streuten auf dem Weg, wo der heilige Zug daherkam, aus ihrem Schoß Blümlein über den Boden. ... Außerdem gab es große Scharen beiderlei Geschlechts, die mit Laternen, Fackeln, Kerzen und sonstigem künstlichen Licht dem Kind der Himmelsgestirne huldigten. Dann ertönten in reizendem Unisono die lieblichsten Pfeifen- und Flötenmelodien. Darauf folgte ein anmutiger Chor erlesenster Jugend in schneeweiß schimmernder Festkleidung und intonierte immer wieder ein entzückendes Lied, das ein talentvoller Dichter dank der Huld der Musen komponiert und einstudiert hatte und das als Zwischentext die Präludien der größeren Gebete bildete. Es zogen auch einige dem großen Sarapis geweihte Flötisten einher, die auf ihrer zum rechten Ohr reichenden Querpfeife immerfort das Hausmotiv des Tempels und Gottes bliesen. Dazu eine Menge Leute, die predigten, man solle der Prozession den Weg freihalten.*

(10) *Dann wälzt sich ein Strom der in den heiligen Dienst Eingeweihten heran: Männer und Frauen jedes Standes und jeden Alters in leuchtend reinen weißleinenen Gewändern, die Frauen mit duftigen Schleierhüllen über parfümierten Locken, die Männer mit völlig abrasiertem Haar und blanker Glatze, irdische Wahrzeichen der großen Mondreligion, mit bronzenen und silbernen, ja gar auch goldenen Klappern klirrend, bimmelnd, rasselnd. Auch die heiligen Oberpriester waren da, hatten enges weißes Linnenzeug von der Brust bis zu den Füßen umgeworfen und stellten die bezeichnenden Requisiten der allgewaltigen Gottheiten zur Schau. Der erste von ihnen hielt eine Lampe mit*

hellblinkendem Licht hoch, nicht eigentlich wie die bei uns als Leuchten beim Abendessen bekannten, sondern ein goldenes Schiffchen, in dessen geräumiger Mitte sich ein größeres Flämmchen entfachen läßt. Der zweite …

(11) *Nicht lange, so zeigen sich Götter, die auf Menschenfüßen zu schreiten geruhen. Hier der schauerliche Wanderer zwischen Oben und Unten mit hoheitsvollem Antlitz im Wechsel von Schwarz und Gold und mit emporgerecktem Hundekopf, Anubis, einen Heroldsstab in der Linken und einen grünen Palmwedel in der Rechten. …*

(16,5) *Unter diesen Reden und dem Wirrwarr der Festgebete kommen wir allmählich weiter, nähern uns nun dem Meeresufer … Dort stellte man die Götterbilder in gehöriger Ordnung auf. Dann wurde ein wahres Kunstwerk von einem Schiff, das mit geheimnisvollen ägyptischen Bildern rundherum farbenprächtig bemalt war, von dem Oberpriester, nach höchst feierlichem Vorspruch aus reinem Munde, mit lodernder Fackel, Ei und Schwefel von jedem Makel befreit und der Göttin zu Nutz und Frommen dargebracht. Das schimmernde Segel dieses Weiheschiffes zeigte goldene Schriftzeichen eingewoben, und diese Schriftzeichen gaben ein Gebet um glücklichen neuen Schiffsverkehr wieder. Jetzt steigt der Mast, eine runde Pinie, glänzend bis hinauf, mit sichtbar markiertem Topp; dazu flimmerte das mit einer Gänsefigur ausschwingende Heck in Blattgoldverkleidung und funkelte die Barke von oben bis unten in spiegelblank poliertem Zitrusholz. Nun schleppen alle Leute, ob Gläubige oder Laien, Körbe mit Haufen von Spezereien und dergleichen Opfergaben um die Wette herbei und gießen einen Milchbrei auf die Fluten, bis sich das Schiff mit reichen Spenden und guten Wünschen beladen von den Ankertauen löst und von einer besonders heiteren Brise ins Meer getrieben wird. Als es weit ausgelaufen und für uns kaum mehr sichtbar ist, nimmt jeder wieder auf, was er an heiligem Gerät getragen und hergebracht hatte, und alles macht sich munter in ähnlich wohlgeordnetem Zug auf den Rückweg zum Gotteshaus.*

(17) *Als wir den Tempel schon ganz erreicht haben, ziehen sich der Oberpriester und wer Götterbilder zur Schau trug oder früher in den Kult des Allerheiligsten eingeweiht worden war, in das Gemach der Göttin zurück, um die von Leben erfüllten Kunstwerke auf ihre gewohnten Plätze zu verteilen. Dann stellt sich*

einer von ihnen, den man allgemein den Schreiber nannte, vor der Tür auf und lädt die Vereinigung der Pastophoren – so heißt das hochheilige Kollegium – wie zum Gemeinderat. Darauf spricht er an gleicher Stelle von einem erhöhten Podium aus wortgetreu nach einem Buch einleitende Segenssprüche für den Großen Kaiser und Senat samt Ritterschaft und allem Römervolk, für die Matrosen und Schiffe, die unserem Weltreich unterstehen, und ruft in griechischer Sprache und Weise den Schiffahrtsbeginn aus. Daß dies für alle eine Segensbotschaft sei, machte das folgende Geschrei des Volkes kund. Zweige, Reiser und Kränze in Händen küßte jetzt die Menge freudetrunken die Füße der Göttin, die über Stufen in Silber dargestellt war; dann geht man auseinander und heim. Aber ich konnte mich nicht entschließen, auch nur einen Finger breit von Ort und Stelle zu weichen; sondern in Betrachtung des Bildes der Göttin versunken rief ich mir meine früheren Erlebnisse ins Gedächtnis zurück.

Apuleius, *Der goldene Esel 11,8–11. 16–17,* Übersetzung E. Brandt/ W. Ehlers, München: Heimeran, 1957 © 1989, 1998 Patmos Verlag GmbH & Co. KG / Artemis & Winkler, Düsseldorf und Zürich.

Auch die verkürzte Lektüre dieser Prozessionsbeschreibung und der darin eingebetteten Beschreibung eines Isis-Festes zeigt die Komplexität des hier praktizierten Rituals. Prozession, Gebete, Waschungen, Gaben lösen einander ab und werden zu einem Ring in der räumlichen Bewegung zusammengeschlossen. Die zahlreichen Akteure sind hierarchisiert: Die interne Hierarchie des engeren Kreises der Kultmitglieder wird durch die Reihenfolge in der Prozession klar zum Ausdruck gebracht; darüber hinaus lassen sich aber weitere konzentrische Kreise von zunehmend weniger Mitwirkenden und eher Zuschauenden wahrnehmen. Ohne Zweifel gibt es aber Ritualelemente, die auch den Zuschauern, dem weiten, offenen Kreis eine aktive Beteiligung ermöglichen. Im Prozessionszug ziehen die Musiker – wie auch bei Tieropfern – die Grenze zwischen dem engeren und weiteren Kreis; eine ‹Erkennungsmelodie› signalisiert die Identität des Kultes. Markierungen sind auch in räumlicher Form gegeben: Das Ritual weist eine Symmetrie auf. Markierungen existieren schließlich in der Form von Kleidungen und Kleidungselementen, die die einzelnen Gruppen der Kultmitglieder, aber auch den engeren und weiteren Kreis der Beteiligten voneinander trennen. Ich möchte im fol-

8. Darstellung einer Prozession im Nilmosaik aus Praeneste (Museo)

Unter den zahlreichen Abbildungen des großen, ursprünglich eine künstliche Grotte am Fuße des Treppenheiligtums der Fortuna schmückenden Mosaiks findet sich auch diese Darstellung einer imaginierten Prozession. Kultisches Hilfspersonal mit freiem Oberkörper trägt auf einem *ferculum* einen goldenen Leuchter (eine Erfindung des Restaurators von 1640, zu vermuten ist ursprünglich eine Statue) in ein kiosk-förmiges Heiligtum. Träger mit miniaturisierten Kult-, hier eindeutig Tierbildern ägyptischer Gottheiten gehen voran oder folgen; Handtrommeln und eine Doppelpfeife sind am Ende der Prozession zu erkennen: Musik darf bei keinem Ritual fehlen. Mosaik wie Gesamtanlage stammen vermutlich aus dem Ende des 2. Jhs. v. Chr.

Foto: Jörg Rüpke

genden versuchen, diese unsystematischen Beobachtungen zu verfolgen und mit Hilfe weiteren Materials zu verallgemeinern.

Markierungen des Außeralltäglichen

Das eben vorgestellte Ritual weist eine klare *räumliche* Struktur auf: Diese räumliche Struktur mit einem klaren Ausgangspunkt und Endpunkt sowie deutlichen Abgrenzungen des Prozessionsweges – die Prozession wird erwartet, das heißt, der Prozessionsweg ist definiert und bekannt – verleihen den gesamten Aktivitäten den Charakter einer einheitlichen Handlung. Wichtig ist die Anlehnung an einen Tempel, von dem die Prozession ihren Ausgangspunkt nimmt und an den sie wieder zurückkehrt. Im Tempel selbst passiert zumal für die Öffentlichkeit in diesem Fall nur wenig. Diese Beobachtung läßt sich in gewisser Weise verallgemeinern. Im römischen Ritual – und hier ist es dem griechischen ähnlich – werden die Opfer an einem Altar *vor* dem Tempel durchgeführt, aber das ist kein beliebiger freier Platz, sondern noch Teil des als Eigentum der Gottheit ausgegrenzten Tempelgeländes. Die räumliche Strukturierung von Heiligtümern wird noch Gegenstand einer eingehenden Erörterung werden; es ist leicht zu erkennen, daß die Ortswahl über die Markierungs- und Abgrenzungsfunktion hinaus eine wesentliche Komponente des Ritualinhalts darstellt, ob das nun Rituale in den politischen Zentren der Stadt oder an ihren Rändern und Grenzen seien.

Ein nächster Punkt ist die Markierung des Ritualzusammenhangs durch *Körperschmuck*, in erster Linie durch festliche Kleidung. Ein Römer zieht die Toga an, die er sonst nicht so oft trägt, wie man das vom ‹Volk in der Toga› eigentlich erwarten sollte, einfach weil es ein sehr umständliches Kleidungsstück ist. Augustus wirbt immer wieder dafür, sich dieses Kleidungsstückes, das den Römer auszeichnet, zu bedienen. Die deutlichste Markierung des rituellen Zustandes erfolgt im römischen Ritus, im *ritus patrius*, indem man sich einen Zipfel der Toga über den Kopf zieht. Der Kopf ist bedeckt (*caput velatum*). Die römische Deutung dieser Haltung lautet, so sei maximale Störungsfreiheit sichergestellt, der Leiter des Rituals höre und sehe nichts außerhalb seines eigenen Tuns. Die Alternative dazu (aber auch Ergänzung!) ist der bekränzte Kopf. Allein diese Alternative gilt nach der römischen Systematik beim *ritus graecus*, dem ‹griechischen Ritus›: Das ist nicht genau das, was die Griechen praktizieren, sondern das, was in römischen Kulten, die als griechische vorgestellt werden, praktiziert wird, etwa am Altar des Hercules.

Zu den weiteren Markierungen rechnet die *Musik*. Musik leitet im oberen Beispiel den eigentlichen Teil des Prozessionszuges ein. Im *ritus graecus* wiederum werden von Spezialisten, den *cantores graeci*, den Hymnoden, spezielle Hymnen vorgetragen. Das verbreitetste Element ist aber die Flötenmusik auf der Tibia, die nach dem eigenen Verständnis der Handelnden störende Geräusche fernhalten oder unterdrücken soll.

Und schließlich die *zeitliche* Markierung. Viele Rituale unterliegen der Steuerung durch gruppenspezifische Kalender, die zumindest bestimmte Handlungen zeitlich fixieren oder einschränken. Das kann schriftlich, aber auch mündlich erfolgen – so für die regelmäßigen

9. Hausaltar aus Pompeji

Die Darstellung dieser *aedicula* zeigt einen mit einer Toga bekleideten Mann, der, mit bedecktem Kopf, mit der Rechten aus einer Spendeschale (*patera*) opfert und links ein kleines Weihrauchkästchen hält. Er ist eingerahmt von zwei Genienstatuen, die jeweils ein Horn in Form eines *Capricornus* (Steinbock mit Fischschwanz) hochhalten. Darunter eine Schlange, die gerne als Darstellung des *Lar familiaris* dient. Die Malerei ist zugleich Kultbild und damit Gegenstand von Kult wie Abbild des vor genau diesem Bild ausgeübten Kultes: ein unblutiger Routineritus. Die Symbole im Typanon spielen dagegen auf ein blutiges Tieropfer an. Foto: Jörg Rüpke *sacra publica* trotz des Vorhandenseins schriftlicher Kalender noch in der Kaiserzeit. Im übrigen scheint die Plazierung von Ritualen dem allgemeinen römischen Aktivitätsschema gefolgt zu sein: Man beginnt früh am Morgen und nutzt die Zeit des Tageslichtes. Nächtliche Riten bilden große Ausnahmen – eine solche Zeitwahl charakterisiert deutlich. Ansonsten ist vor allem die zeitliche Einheit des Rituals wichtig; die Verbindung mit den *feriae*, dem zeitlichen Eigentum eines Gottes, ist möglich, scheint auch erstrebt worden zu sein, aber diese Vorliebe war schwach ausgeprägt.

Grundformen

Rituale stellen ein Zeichensystem dar, das in der Perspektive der Ausführenden der Kommunikation mit den Göttern dienen soll und zugleich vielfache menschliche Kommunikation realisiert. Wählt man den Vergleich mit der Sprache, muß man sich fragen, worin die kleinsten Bedeutung tragenden Einheiten bestehen, aus denen die komplexen Zeichenfolgen großer Rituale zusammengestellt werden. Die Inventare der materiellen Zeichen, von Opfermaterialien über Tempelarchitektur und Insignien bis hin zu den archäologischen Gattungen der Weihegeschenke füllen Bibliotheken, nicht minder die Untersuchungen über die Texttypen, die in rituellem Kontext bezeugt sind; wenigstens einige Eindrücke davon sollen in den Kapiteln sechs bis neun auch gegeben werden. Hier geht es nur darum, ein Grundinventar an Gesten und elementaren Handlungen vorzustellen. Sie organisieren die weiteren Zeichen und sind insofern von besonderer Bedeutung. Leitendes Prinzip der Ordnung sind die Erscheinungsformen in den bekannteren römischen Ritualen; die so gebildeten Klassen erscheinen nur selten schon in der antiken Reflexion.

Die schlichteste rituelle Geste ist die der *Berührung*. Vielfach hat sie Zeigefunktion: Die Berührung vereindeutigt hinweisende Gesten und Worte. Bei der Dedikation eines Tempels hält der Magistrat, der die Weihung vornimmt, einen Pfosten, der das spätere Gebäude markiert und vertritt. Im wohl nur erfundenen Ritual der Kriegserklärung berührt der König den Gesandten mit einem Büschel aus Kräutern und Erde: Hier geht die Zeigefunktion in eine durch Kontakt hergestellte Verbindung über, die die Stellvertreter-Rolle des Berührten legitimiert. Deutungen als ‹Kraftfluß› oder dergleichen scheinen mir nur berichtenswert, solange sie in der betreffenden Kultur selbst erzeugt wurden – das trifft in den bislang erwähnten Fällen nicht zu. Der Schlag der nackten Luperci mit ihren Zweigen auf Frauen, der nach einer verbreiteten antiken Deutung Fruchtbarkeit gewährleisten sollte, geht in dieser Hinsicht weiter und stellt auch eine intensivere Kontaktform dar. Wo es sachlich problematisch wird, kann das Berühren durch intensives Zeigen ersetzt werden: Die Auguren sind dafür mit einem *lituus*, ihrem Stab ausgestattet, der zusammen mit präzisen Worten einen Raum jenseits der Armeslänge hinreichend definieren kann.

Die Berührung kann auch engeren Kontakt bedeuten, ein Unterschreiten der üblichen sozialen Distanz, das Wohlwollen und Vertrauen herstellt: Das trifft wohl insbesondere auf den häufigen Versuch zu, Kultstatuen mit der Hand zu berühren oder zu küssen – was auf Dauer Spuren im Material hinterlassen kann. Der Kuß der Kultstatue – in der polemischen Formulierung des Christen Prudentius das ‹Lecken der Sandalen einer tönernen Iuno› (*Apotheosis* 456) – kann auch auf die Tempelschwelle (des geschlossenen Tempels?) übertragen werden.

Berührung kann vielfach durch gesteigerte Sichtbarkeit ersetzt werden, durch Zurschaustellen, durch *Ostentation.* Die Götterbilder in der Isisprozession oder der *pompa circensis* bilden ein typisches Beispiel: Insbesondere in Prozessionen werden die sonst im Tempel wenig oder gar nicht sichtbaren Götter einem breiteren Publikum zugänglich gemacht und dann wieder zurückgestellt, ‹reponiert›. Ein Schau-Ritus kann aber auch das Zentrum des Kultes eines engeren Kreises von Eingeweihten sein, denen – wie im attischen Eleusis – die unaussprechlichen Geheimnisse auf dem Höhepunkt der Feier gezeigt werden. Hier kommt der Gedanke einer rituellen Epiphanie, des regelrechten Erscheinens der verehrten Gottheit hinein, unter Umständen zum Spiel (siehe unten) hin ausgebaut, wie archäologisch nachweisbare technische Vorrichtungen nahelegen, die Beleuchtungseffekte (im Mithraskult) oder verwirrende Bewegungen (im Totenorakel von Ephyra) ermöglichen. In der Hervorholung des *lapis manalis*, eines Steins aus einem Iuppiter-Tempel, der für ein Regenritual Verwendung findet, wäre ein anikonisches Element Gegenstand einer Ostentation geworden.

Vielfach bildet eine *Prozession* den Grundbaustein eines Rituals, eine Ortsveränderung, die auch die Veränderung vorhandener Zeichenkonstellationen (Götterbilder in Tempeln, wie soeben gesehen) ermöglicht. Die Kombination von Gehenden und Zuschauenden, wie sie der Text des Apuleius vor Augen stellt, macht deutlich, wie problematisch einfache Unterscheidungen von Akteuren und Zuschauern sind. Im Zug selbst beteiligen sich Gruppen, die in ganz unterschiedlicher Weise an den zentralen Ritualen, die sich anschließen, beteiligt sind. Der Zuschauer Lucius, der Esel, wiederum dürfte zu den religiös am stärksten motivierten Anwesenden gehören: Auch das Säumen des Weges ist eine Form aktiver Teilnahme, wie ‹Beobachter› von rheinischen Karnevals- oder alemannischen Fasnet-Umzügen ohne weiteres bestätigen können.

Prozessionen können nach ihrer Bewegung unterschieden werden. Sie können von einem oder mehreren Orten zu einem zentralen Kultort führen, in dem das Ritual vor allem abläuft – die genannten Prozessionen fallen unter diesen Typ. Sie können aber auch räumliche Figuren beschreiben, die etwa kreisförmig eine bestimmte Personengruppe oder einen Ort umschreiben und so die Grenze und die dadurch konstitutierten Statusdifferenzen (Innen–Außen, Rein–Unrein) unterstreichen. Letzteres trifft auf die *lustratio exercitus*, die ‹Umkreisung des Heeres› beziehungsweise Lagers zu oder auf die *lustratio urbis* (die ‹Umkreisung der Stadt›), ebenso den seit der späten Republik auch für Rom angenommenen Stadtgründungsritus, mit einer kreisförmigen Furche den Prototyp der späteren Stadtmauer herzustellen (*sulcus primigenius*). Der Hang, solche Raumkonstruktionen zu entdecken – im Triumph, im Lauf (gelegentlich können Prozessionen ins Rennen übergehen) der Luperci, in anderen Ritualen – scheint in der Moderne stärker ausgeprägt zu sein als in der Antike.

Der *Tanz* ist weit verbreitet und bietet eine Rolle, die insbesondere Jugendlichen zufällt. Für letzteres stehen die Salier, die – so die antike Etymologie – ‹Springer›, ein (seit Augusteischer Zeit zwei) zwölfköpfiges Kollegium, das ausschließlich im März tanzend Umzüge durch die Stadt veranstaltete, teilweise mit weiblicher Unterstützung (diese Rollen scheinen mit der Augusteischen Reform entfallen zu sein). Aber auch in Priesterkollegien mit deutlich älteren Mitgliedern, bezeugt für die Arvalbrüder, gehört Tanz, genauer der ‹Dreischritt› (*tripudium*), zum regelmäßigen Kult. Darstellungen aus dem Isiskult zeigen tanzende Frauen.

Intensivierte Bewegung kann in *Wettkampf* übergehen – das ist nicht genetisch gemeint. Die ‹Prozession› der Luperci wird als Wettrennen ausgetragen, ein Wagenrennen ist Bestandteil der sicherlich alten Rituale des Oktoberpferds und der Equirria – letztere, am 27. Februar und am 14. März veranstaltet, führen das sogar im Namen. Wagenrennen bilden den zentralen Bestandteil der Zirkusspiele (*ludi circenses*), und bleiben als solche ein Eckpunkt öffentlicher Kultur bis in die christliche Spätantike hinein. Eine besondere Form des Wettkampfs, der Gladiatorenkampf auf Leben und Tod, verbindet sich in Rom lange ausschließlich mit Bestattungen; die euphemistische Bezeichnung lautet *munus*, ‹Geschenk›. Diese merkwürdige Kombination ist alt und schon in der homerischen *Ilias* (anläßlich der Bestattungsfeierlichkeiten des Patroklos) bezeugt; Karl Meuli hat das als Form der Trauerwut verständlich zu machen versucht.

Mit der *Gabe* wird ein klassisches, vielleicht auch manchmal überbewertetes Element rituellen Handelns angesprochen. Die Gabe an die Götter unterliegt im großen und ganzen den Regeln des Schenkens, wie sie auch unter (römischen) Menschen gelten, insbesondere im Beschenken des sozial Höhergestellten durch den Darunterstehenden. Gerade im Umgang mit den nur begrenzt sichtbaren Göttern spielt die Funktion der Gabe, durch ihren Charakter den Beschenkten (und auch den Schenkenden – bis hin zum Selbstporträt oder dem Weggeben höchst individueller Gegenstände wie dem Schutzamulett für Kinder, der *bulla*, beim Übergang in das Erwachsenenalter) zu ‹definieren›, eine besondere Rolle: Weibliche Tiere weiblichen Gottheiten zu opfern ist ein zentrales Element der geschlechtlichen Konstruktion der Götter. Im römischen Opfer erhalten die Menschen ihre Anteile von den zunächst den Göttern zur Seite gelegten Gaben nach der Zubereitung zurück; das ist Teil eines Gabenrituals, das die eine Seite als überlegen *und* huldvoll zeichnet. Ein Blick auf den einzelnen Akt führt leicht zu falschen Verallgemeinerungen (*do ut des* und dergleichen): Bei den Gabenritualen handelt es sich um ein Austauschsystem, bei dem die (menschlichen) Teilnehmer wie auch im zwischenmenschlichen Verkehr eine ‹generalisierte Reziprozität› erwarten, eine langfristige Balance der Geschenke, keine Gegengaben eins zu eins.

Von den Formen her spielt das blutige Tieropfer eine besonders wichtige Rolle, es kombiniert Spiel, Gabe und Mahl. Unter den unblutigen Opfern ragt die Libation heraus: Das Ausgießen (‹Spenden›) von (zumeist) Wein aus einer flachen Schale, der *Patera*, verbindet sich mit vielen Ritualen. Einen Menschen mit der Patera darzustellen ist ein einfaches Mittel, ihn als einen, der opfert, also einen, der ‹fromm› ist, zu charakterisieren. Daß auch Götter in dieser Haltung abgebildet werden, mag zunächst befremden, es scheint aber – im Sinne der ‹Reziprozität› – das Eingebundensein der Götter in den Gabentausch zum Ausdruck zu bringen. Daneben stehen Gaben von Weihrauch – denkbar unaufwendig, wenn nur ein befeuerter Altar (oder der heimi-

10. Marmorrelief aus Ariccia mit Szenen aus dem Isiskult (Museo Palazzo Altemps, Rom)

Tanz gehört zu den Grundelementen ritueller ‹Sprache› in Rom, auch wenn die Gelegenheiten zu so ausgelassenem Tanz wie in dieser dem Isiskult angehörenden Szene selten gewesen sein dürften. Im oberen Bildregister erkennt man die thronende Göttin und den Apisstier, dazwischen tiergestaltige ägyptische Gottheiten. Mehrere Personen tragen Rasseln.

Foto: Jörg Rüpke

sche Herd) zur Hand ist, und entsprechend verbreitet –, von Kuchen, Blumen und auch Geld. Für letzteres gilt es zu bedenken, daß eine eigene römische Münzprägung mit überraschender Verspätung gegenüber der griechisch-hellenistischen Entwicklung erst mit dem Anfang des dritten Jahrhunderts v. Chr. einsetzte.

Gaben sind nicht zu verwechseln mit Formen der *Vernichtung.* Zwar kann etwa die Versenkung eine Form der Übergabe an die Götter darstellen (wie auch der Holocaust, das vollständige Verbrennen des Opfertieres). Es kann sich aber, im Kontext des Eides, auch um eine Selbstverfluchung handeln, die das Schicksal des Eidbrüchigen symbolisch vorwegnimmt, im Wegwerfen eines Steines etwa oder im Zerstückeln eines Tieres.

Das gemeinsame *Mahl* oder, wenn es einseitig ist (und sich so wieder der Gabe nähert), die *Speisung* haben nicht nur im alltäglichen Leben einen prominenten Ort. Wo Fleisch im Tieropfer anfällt, wird es auch zumeist von den Teilnehmern verzehrt – und anderes darüber hinaus. Das Vorsetzen einer *daps*, wohl eines Breis, gehört zu den häufigsten Ritualen im landwirtschaftlichen Handbuch des älteren Cato. Als *epulum* findet sich dieselbe Form unter den *sacra publica* (das Epulum des Iuppiter am 13. September), häufiges Vorsetzen von Speisen vor die Kultbilder hat zumindest in einigen römischen Tempeln (die Quelle verrät nicht, in welchen) den Kult geprägt; möglicherweise sind das die *penetralia sacrificia*, die ‹Opfer im Inneren›. Besonders interessant ist das nach der Überlieferung seit dem frühesten vierten Jahrhundert v. Chr. als Krisenritual praktizierte *lectisternium*: Hier treten ausgewählte Götter – die Auswahl und die Zwölfzahl verrät griechischen Einfluß in der Übernahme – miteinander in ein Bankett ein; Strohfiguren (*struppi*) oder auch nur Kränze vertreten die Kultbilder auf den im Freien aufgestellten Liegen. Daß später die weiblichen Gottheiten von den Eßcouchen auf Stühle weichen mußten (wie die römischen Matronen schon zuvor), zeigt die allmähliche Romanisierung des Rituals. Allerdings ist schon die erste Stufe nicht eigentlich griechisch, insofern die griechische Praxis die Frauen (außer bezahlten Unterhalterinnen) ganz vom Symposion ausschloß.

An das Speisen lassen sich weitere *Pflegerituale* anschließen: das Waschen, Ölen, Ausschwefeln und Bekleiden von Kultbildern – letzteres vermutlich im Zusammenhang mit ritueller Epiphanie, als Markierung der speziellen rituellen Situation, der Anwesenheit. Solche Pflegehandlungen betreffen aber auch die menschlichen Teilnehmer; die Teilnahme am Ritual setzte Reinheit voraus. Sich das Haupt zu besprengen und die Hände zu waschen, bildete das Minimum, vorangegangener Geschlechtsverkehr verlangte mehr. Hier kann auch Opferkritik einsetzen: Lukian (*Über Opfer*) konfrontiert das Gebot der Reinheit mit der blutbesudelten Gestalt des amtierenden Opferers.

Eines der wichtigsten Rituale steht erst spät auf der Liste, das *Gebet*. Praktisch jedes Ritual wird von wenigstens einem Gebet begleitet. Aber auch der Umkehrschluß scheint richtig: Ein regelmäßiges Beten ohne weiteres Ritual hat es nicht gegeben. Öffentliches römisches Gebet forderte Stille und Konzentration, rituelle Störungen wurden dramatisiert. Gerade im Kontext des Gebetes lernen wir etliche Details über Körperhaltung und dergleichen, die auf die Teilnahme an anderen Ritualelementen übertragen werden kann. Die Haltung ist grundsätzlich stehend, eventuell mit geneigtem Kopf, als Gestus der Selbstverkleinerung verstanden. Das Knien bildet einen gesteigerten Gestus des Flehens und ist mit der Ortsnähe des Kultbildes oder dem Tempelinnenraum verknüpft; sich auf dem Boden zu wälzen bildet eine nochmalige Steigerung. Die Hände, selten nur der Blick, richten sich auf die angesprochene Gottheit: In der Regel sind die Hände und Handflächen zum Himmel erhoben, sie können sich aber auch der Statue oder dem Altar, auch schon einmal dem Kapitol als Sitz der angesprochenen Götter, zuwenden. Das Verschränken der Finger ist nur als besondere Abwehrgeste bekannt (Plinius, *Naturgeschichte* 28, 59). Das Gebet schließt mit einer Wendung nach rechts.

Gesprochen wird mit erhobener Stimme, leises (‹schweigendes›) Beten vermeidet, die Gebetsintention ungebetenen Ohren zukommen zu lassen; das ist in Liebesdingen verständlich, erregt aber leicht den Verdacht, schaden zu wollen. Gemeinsames Beten besteht in einer von allen gesprochenen abschließenden Bestätigungsformel nach der Anrufung des Vorbeters, aber auch gemeinsames Sprechen – gegebenenfalls Wiederholen der Vorbeterworte – ist bekannt; vielfach sind im öffentlichen Bereich die Texte schriftlich fixiert, an die Arvalbrüder werden gelegentlich Schriftrollen zum Gebet verteilt. Das Durcheinander unterschiedlicher individueller Gebete, das der Apuleiustext für das Isisfest im griechischen Hafenort Kenchrä darstellt (11, 16, 5), dürfte in Rom nicht ausgeschlossen sein, auch wenn es dem Bild des skrupulösen Vermeidens unglückverheißender Worte und Geräusche, die sicherheitshalber durch Musik der Tibia (streng genommen keine Doppel-‹Flöte›, sondern ein Rohrblattinstrument) überspielt werden, zu widersprechen scheint.

Damit ist auch die *Musik* angesprochen, die zur Übertönung von Hintergrundgeräuschen eingesetzt wird – selbst das Piepen einer Maus wird als fatale rituelle Störung imaginiert –, aber auch Lieder als gesungene Gebete begleiten kann; die römische Wasserorgel (seit dem dritten Jahrhundert n. Chr. auch mit Blasebalg betrieben) ist im übrigen auch ein Zirkusinstrument. Hymnen sind in großen öffentlichen Ritualen, namentlich Prozessionen, ein regelmäßig anzutreffendes Element; neben speziellen Kollegien von Kultmusikern und Sängern erscheinen für bestimmte Feste ad hoc gebildete Chöre von Kindern oder Frauen. Wie in den Säkularspielen kann das Wiederholen des vom Dichter einstudierten Liedes wichtige Ablaufschritte markieren.

Lesungen im Sinne nicht gebetsartiger Texte spielen nur eine geringe Rolle. Geht man über jüdische und christliche Gottesdienste hinaus, in denen Verlesungen zunehmend kanonisierter Schriften eine große Rolle spielen, lassen sich nur wenige vergleichbare Fälle finden.

Zu denken wäre im Bereich der *sacra publica* allenfalls an die Informationsversammlung an den Nonen, die bis in die Kaiserzeit hinein durch einen Pontifex den Versammelten die den Göttern geweihten Feiertage des Monats mitteilte. Eine große Rolle spielte die Leichenrede im adligen Bestattungsritual; Schriftlichkeit ist hier seit dem späten dritten Jahrhundert v. Chr. belegt.

Einen bedeutenderen Platz nimmt das Lesen in Erlösungsmysterien ein. Für Griechenland ist das in der Orphik schon seit dem vierten Jahrhundert v. Chr. deutlich greifbar: Diese religiöse Option wird weniger durch ein gemeinsames Ritual oder gar Organisation denn durch dem mythischen Sänger Orpheus zugeschriebene Schriften charakterisiert, Schriften, für die, wie die hochkomplizierten Theogonien (Götterentstehungslehren) zeigen, Schriftlichkeit konstitutiv ist. In Rom ist diese Form von Religiösität erst mit dem Fund jener Bücher belegt, die man dem mythischen zweiten König von Rom, Numa Pompilius, zuschrieb und im Jahr 181 v. Chr. ‹entdeckte› (Entdecker war immerhin ein *scriba pontificius*) – ein gescheiterter Versuch, aber doch ein Beleg für die zeitgenössische Kenntnis von ‹Textgemeinschaften›. Welchen Umfang das Phänomen im römischen Isis- oder Dionysoskult erreichte, ist schwer zu beurteilen: Die Benutzung von schriftlich fixierten (Gebets-) Texten im Ritual besitzt jedenfalls noch nicht die Qualität von ‹Lesemysterien› (Reitzenstein).

Aus antiker Perspektive könnte man die Schriftlesung als Schrumpfform des *Dramas* betrachten: Mit dem Theater kommt ein bedeutsames textliches Element in das Ritual hinein. Der Vergleich hinkt insofern, als sich kaum (oft gar keine) inhaltliche Bezüge der dramatischen Texte zum jeweiligen Fest erkennen lassen; auch handelt es sich bei den Texten nicht (oder erst spät) um Wiederholungen; Stegreifdichtung und Uraufführungen bestreiten das Programm, verbindendes Element der unterschiedlichen Gattungen – Komödie, Tragödie, Atellane, Mimus – ist eher das Spiel als der Text. Das ist keine ‹Buchreligion›, aber es sind Texte, die soziale Werte, Geschichte und den internationalen Horizont des römischen Gemeinwesens zum Thema machen und Kommunikation darüber anregen. Auch hier lernt man etwas über Götter.

An letzter Stelle ist ein Komplex wenigstens kurz zu nennen, der schon durch sein breites Spektrum von Techniken das Inventar wesentlich erweitern würde, die *Divination*, die Erkundung des Götterwillens. Ihre Verfahren gehören insofern eng zu den zuvor genannten Bereichen, als sie vielfach im Umfeld anderer Rituale anzutreffen sind, etwa in Form der Untersuchung von Eingeweiden geopferter Tiere. Divination bestätigt Rituale und analysiert Fehlschläge – eine ständig mitlaufende zweite Ebene, deren Bedeutung nicht unterschätzt werden darf.

Komplexe Rituale

Schon im Katalog der Grundformen wird deutlich, daß römische Rituale durchweg ‹komplexe Rituale› sind. Das sei wenigstens in einer Kurzbeschreibung illustriert; ausführlichere Beschreibungen weiterer Rituale werden in anderen Zusammenhängen notwendig werden.

Eines der populärsten, auch aufwendigsten Rituale ist der Triumphzug, der Wiedereinzug des siegreichen Feldherrn in die Stadt Rom. Er wird als langer Prozessionszug vom Marsfeld, wo das Heer übernachtet hat, bis hoch zum Tempel Iuppiters auf dem Kapitol gestaltet. Die Soldaten marschieren vorweg, dann folgt der von vier Pferden gezogene Triumphwagen des Feldherrn. Letzterer ist – vielleicht Rest eines alten Epiphanierituals – wie Iuppiter gekleidet und wie die Iuppiter-Statue im Gesicht rot gefärbt. Ein Sklave steht hinter ihm und hält einen schweren Goldkranz über seinen Kopf. Der stoische Philosoph Epiktet berichtet, daß der Sklave zu dem Feldherrn gesagt habe: ‹Bedenke, daß du ein Mensch bist› – ein Zitat, dessen Authentizität durch die *Naturgeschichte* des älteren Plinius bestätigt wird: Es trifft den Kern des Rituals, die übernatürliche Position des Geehrten. Auch diese Prozession ist Teil eines komplexen Rituals. Den Höhepunkt und Abschluß der großen Beutepräsentation – letztere ist das politisch zunehmend wichtigste Element – bildet ein blutiges Tier-, genauer Stieropfer.

Bedeutungen oder Deutungen?

Rituelles Handeln ist mit Deutungen der Handelnden, Deutungen der Zuschauenden und schließlich auch mit Deutungen der im nachhinein, aus einer wissenschaftlichen oder vielleicht aus einer interkulturellen Perspektive Betrachtenden verbunden. Im Unterschied zur christlichen Religion und zu ähnlich strukturierten Religionen werden diese Deutungen in den meisten Kulten Roms nicht in irgendeiner Weise prämiert. Es gibt keine Deutung, die von einer offiziellen Stelle besonders ausgezeichnet würde, die einen Alleininterpretationsanspruch gegenüber anderen Deutungsmustern oder konkreten Einzeldeutungen behaupten könnte. Die bekannten Deutungen bewegen sich in erster Linie auf der Ebene der Semantik, das heißt, aus einem komplizierten Ritual werden typischerweise einzelne Elemente, wie die Bestandteile eines Opfers, herausgegriffen und gedeutet.

Ein Beispiel, das bereits in den antiken Quellen breit diskutiert worden ist, bietet das sogenannte Oktoberpferd, ein Ritual am 15. Oktober eines jeden Jahres. Nach den Quellen, die eine wenigstens fragmentarische Rekonstruktion des Ablaufs ermöglichen, fand ein Pferdewettrennen mit *bigae*, also Zweigespannen statt, das von öffentlichen Priesterschaften veranstaltet wurde. Das rechte Pferd des siegreichen Gespanns wurde getötet, möglicherweise mit einer Lanze durch den Priester des Mars, den Flamen Martialis. Das Pferd wurde mit einem Kranz von Broten geschmückt, der Schwanz wurde abgeschnitten. Gruppen aus verschiedenen Stadtteilen stritten sich um letzteren und versuchten ihn zu einem für den jeweiligen Stadtteil signifikanten Gebäude zu transportieren: ein Straßenkampf von Gruppen von Jugendlichen oder jungen Erwachsenen.

Das Ritual ist im Rahmen der übrigen römischen Rituale singulär. Die Deutungen setzen beim Ungewöhnlichen ein. Das Pferd als ein für kriegerische Zwecke benutztes Tier wird mit dem Gott Mars in Verbindung gebracht. Die Brote wiederum, mit denen das Tier bekränzt wird, werden auf Ackerbau bezogen. Wir befinden uns im Oktober deutlich nach der Ernte, das geerntete Korn wird schon langsam zu Brot verbacken. Die früheste Deutung stammt von dem griechischen Historiker Timaios, vom Anfang des dritten vorchristlichen Jahrhunderts. Danach nahmen die Römer Rache für die List des Trojanischen Pferdes: Einmal im Jahr würde ein Pferd geopfert, um die Schmach, daß Troja mit der Hilfe eines Pferdes erobert worden ist, zu rächen. Hier liefern nicht einzelne Elemente anderer römischer Rituale das Deutungsmuster, sondern ein griechischer Mythenkranz, und auf diesem Hintergrund wird ein römisches Ritual durch einen Griechen gedeutet. Aber diese Deutung findet sich auch im Jahr 46 v. Chr. beim römischen Pontifex maximus Caesar!

Deutungen sind immer wieder spannend. Deuten ist ein Geschäft, das seit der Antike betrieben worden ist, und man wird niemanden verbieten können, solche Deutungen als Teilnehmer vorzunehmen. Das Problem für uns besteht darin, daß wir diese Deutungen nicht kontrollieren können. Wir können sie zur Kenntnis nehmen. Es gibt

11. Relief mit Darstellung eines Triumphzuges (Museo di Praeneste)

Das Marmorfragment Hadrianischer Zeit zeigt einen Ausschnitt eines aufwendigen Prozessionsrituals, es zeigt das Zentrum eines Triumphzuges. Der mit Kranz bekrönte und mit Szepter versehene Triumphator lenkt ein Gespann von vier Schimmeln, das von Liktoren begleitet wird; hinter ihm steht ein Sklave.

Foto: Jörg Rüpke

aber kein Kriterium, keine gesicherten Bedeutungen, nach denen wir sagen können, eine Deutung sei richtig oder falsch. Die Kultur selbst hat dafür keine Maßstäbe entwickelt. Wir können eine Deutung auf dem Hintergrund dessen, was wir sonst kennen, als für viele Zeitgenossen plausibel einstufen oder können Interessen, die hinter einer Deutung stehen, wahrscheinlich machen – aber auch eine solche ganz individuelle Deutung bleibt auf dem Hintergrund des religiösen Systems eine legitime Deutung. Das semantische Wissen, das Wissen um die Bedeutung von Zeichen bei den Handelnden, ist ein unkontrolliertes Wissen, das versprachlicht zu keinen eindeutigen Zuordnungen führt.

Verknüpfen statt Deuten

Sehr viel strikter sind dagegen die syntaktischen Regeln, welche rituellen Zeichen mit anderen verknüpft werden dürfen. Zum Teil gibt es dafür explizite Regeln, etwa welchem Gott mit welchem Tier geopfert werden darf. Grundsatz ist, daß weibliche Gottheiten weibliche, männliche Gottheiten männliche Opfertiere erhalten, auch für das Alter – noch säugende Tiere werden von ausgewachsenen unterschieden – galten feste Zuordnungen. Zum Teil handelte es sich aber auch um implizite Regeln, die einfach durch die häufige Teilnahme an Ritualen verinnerlicht wurden, ähnlich wie beim Sprachenerwerb nicht zuerst das Lesen erlernt wird, dann die Grammatikregeln, um schließlich eigenständig Sätze bilden zu können, sondern einfach über Nachahmung und Ausprobieren, auf welche syntaktischen Verknüpfungen und Worte die Umwelt in berechenbarer Weise reagiert, sich aus der Vielzahl der Möglichkeiten Strukturen herausbilden. Im Ritual gehören Farbcodes dazu – weiße Tiere für Himmelsgottheiten, rote für Gottheiten, die mit Feuer zu tun haben, schwarze Tiere für Unterweltsgötter –, aber auch das Wissen um die Grenzen dieser Verbindlichkeiten, die Möglichkeiten, Unerreichbares einfach fingieren zu können (z. B. Schaf statt Hündin), im privaten Ritual deutlich billigere Tiere einzusetzen oder ein billiges Opfer ehrenhalber um eine Kuh aufzustocken (*vacca honoraria*).

In empirischen Untersuchungen in den USA wurde den Kandidaten ein erfundenes Ritual vorgestellt, aber nur bis zu einem gewissen Punkt, und die Kandidaten wurden dann gebeten zu erläutern, wie dieses Ritual korrekt zu Ende gehen müßte. Das Erstaunliche ist, daß die Rekonstruktionen, die die Testpersonen getrennt voneinander vornahmen, relativ ähnlich waren. Diese Arbeiten legen nahe, daß es so etwas wie eine rituelle Kompetenz gibt, Menschen in der Lage sind – so wie sie Sätze bilden können, die sie noch nie gehört haben, aber die dennoch korrekt sind – Rituale zu bilden, die so nie existiert haben, die aber, wenn sie anderen Mitgliedern dieser Kultur geschildert werden, diesen plausibel erscheinen.

Dieser empirische Zugang läßt sich leider für antike Kulturen nicht mehr ausprobieren. Was wir aber beobachten können, ist, daß es auch in der Antike *fiktive Rituale* gab. Rituale, die nach dem, was wir über die historischen Umstände wissen, erfunden worden sind von bestimmten Personen, sei es, daß sie ganz auf dem Papier blieben, sei es, daß sie neu ins Werk gesetzt wurden, gleichzeitig aber hohes Alter für sie reklamiert wurde (was für die Akzeptanz der Rituale essentiell ist).

Mein Beispiel stammt aus dem ersten Buch des Livianischen Geschichtswerks. Das Geschilderte ‹spielt› in der frühen Königszeit, es geht um Rituale der Kriegserklärung, die hier in zwei Schritten ablaufen. Zunächst liegt eine bewußt ritualisierte Forderung auf die Rückgabe von Beutegut vor. Ein Raubzug eines latinischen Stammes auf römisches Gebiet war erfolgt, und nun wurde ein römischer Gesandter zu diesem Stamm geschickt und verlangte das Geraubte zurück: *Res repetere*, ‹Sachen zurückverlangen›, ist der technische Ausdruck dafür. Wenn das nicht funktionierte – und in der annalistischen Geschichtsschreibung funktioniert es nie –, gab es einen Senatsbeschluß zur Kriegserklärung, gegebenenfalls ein Volksgesetz – auch das ist Fiktion der ‹Annalistik› genannten spätrepublikanischen Geschichtsschreibung. Dann kam es zur Kriegserklärung selbst, die wiederum in stark ritualisierten Formen durch eine spezielle Priesterschaft, durch die Fetialen, vorgenommen wurde.

Nach alledem, was wir aus anderen Quellen über die Aktivitäten dieser Priesterschaft wissen, hat es das Ritual, das Livius hier in frühaugusteischer Zeit beschreibt, in dieser Form nie gegeben. Es kann zu seiner eigenen Zeit auch gar nicht mehr bestanden haben, einfach, weil das an praktischen Gründen gescheitert wäre. Aber dieses Ritual ist als solches von den Zeitgenossen akzeptiert und in stark veränderten, den praktischen Erfordernissen angepaßten Formen auch tatsächlich praktiziert worden, das erste Mal durch Augustus mit der Kriegserklärung gegen Kleopatra, die nun nicht an der Grenze zu Ägypten durchgeführt wurde, sondern an einem Stück fiktiven Feindeslandes, das man nahe dem Tempel der Kriegsgöttin Bellona in der Stadt Rom einrichtete. Man sieht hier den Kontext solcher Ritualerfindungen:

einen politisch höchst brisanten Moment. Es ging nämlich letztlich um einen Bürgerkrieg. Römer kämpften gegen Römer. Octavianus, Caesar Divi filius (Sohn des vergöttlichten Caesar), gegen Marcus Antonius. Das ganze wurde, gerade unter dem Zwang, einen Bürgerkrieg zu rechtfertigen, in stark archaisierenden Formen durchgeführt, und zwar als eine Kriegserklärung gegen die auswärtige Gegnerin Kleopatra, wie ja dann auch die ganze spätere Propaganda lautete.

Die intensive Strukturierung des Handlungsablaufes möchte ich anhand der archaisierenden Sprache der Übersetzung von Konrad Heusinger aus dem neunzehnten Jahrhundert verdeutlichen (Leipzig 1884).

> *Um indes, sowie Numa die gottesdienstlichen Gebräuche des Friedens eingeführt hätte, in seiner Person den Stifter der kriegerischen Feierlichkeiten aufzustellen und die Kriege nicht bloß zu führen, sondern auch vermittels eines gewissen Feierbrauchs ankündigen zu lassen, nahm er* (Tullus Hostilius, der dritte mythische König Roms) *von einem alten Volke, den Äquiculern, die gesetzliche Vorschrift her, wie die Genugtuung gefordert werden muß und nach welcher sich noch jetzt* [hier wird das aitiologische Interesse, gegenwärtige Institutionen zu begründen, deutlich] *die Bundespriester richten. Wenn der Gesandte an die Grenzen derer kommt, von denen man Genugtuung fordert, so spricht er, das Haupt mit einer Binde umwunden (die Binde ist von Wolle): ‹Höre Jupiter, höret ihr Grenzen.› Er nennt jedesmal das Volk, dem sie zugehören* [hier schwankt die Textgattung zwischen allgemeingültigem Rezept und Darstellung eines angeblich historischen Ereignisses]. *‹Mich höre das Recht, das vor Gott gilt. Ich bin ein öffentlicher Botschafter des römischen Volkes, ich komme, auf eine gerechte und gottgefällige Weise gesandt, und meine Worte verdienen Glauben.› Hier bringt er seine Forderungen vor. Dann nimmt er den Jupiter zum Zeugen: ‹Wenn ich ungerecht und Freventlich jene Leute und jene Sachen an mich, den Boten des römisches Volks, ausgeliefert haben will, so wollest du mich mein Vaterland nie wieder betreten lassen!›* [eine Selbstverfluchung, die den gerechten Anspruch unterstreicht] *Diese Worte spricht er, wenn er über die Grenze schreitet, so, wenn ihm der erste Mann begegnet; er spricht sie bei seinem Eintritt ins Tor und wiederum, wenn er auf dem Marktplatze steht, wobei er jedesmal nur wenige Worte der Formel und des zu schwörenden Eides abzuändern hat. Wird das Geforderte nicht herausgegeben, so kün-*

digt er nach Verlauf von dreiunddreißig Tagen – denn so viele sind festgesetzt – den Krieg folgendermaßen an: ‹Höre, Jupiter und du, Juno, Quirinus und der himmlischen Götter alle und ihr irdischen und ihr unterirdischen, höret! Euch rufe ich zu Zeugen, daß jenes Volk – er nennt den Namen – ungerecht ist und nicht leistet, was rechtens ist. Doch hierüber wollen wir im Vaterland unsere Alten befragen, auf welche Art wir zu unserem Recht gelangen mögen.› Mit diesen Worten kehrt der Gesandte nach Rom zurück zur Beratung. [Jetzt kommt der zweite Schritt der Kriegsentscheidung und -ankündigung:] *Auch damals befragte der König sogleich die Väter etwa mit folgenden Worten: ‹In betreff derjenigen Sachen, Streitigkeiten und Angelegenheiten über welche der Eidesvater* (pater patratus) *des römischen Volks der Quiriten mit dem Eidesvater der Altlatiner und den altlatinischen Männern überein gekommen ist, welche Sachen sie hätten geben, tun und zahlen müssen, welche Sachen sie aber weder gegeben noch getan noch gezahlt haben; sage an, wie lautet deine Stimme?› Dann sprach jener: ‹Meine Stimme ist die, sie durch einen gerechten, gottgefälligen Krieg einzutreiben, und also halte und stimme ich.› … Gewöhnlich ging der Bundespriester (der Fetiale), eine mit Eisen beschlagene, oder blutige, vorn angebrannte Lanze in der Hand* [es ist Wissen Augusteischer Zeit, daß man vor dem Benutzen von eisernen Waffen mit in Feuer gehärteten Speeren arbeitete], *an jene Grenzen und sprach in Gegenwart von wenigstens drei Erwachsenen* [eine Grundregel der Zeugenschaft im römischen Rechtsprozeß]: *‹Weil die Völker der Altlatiner und die altlatinischen Männer gegen das römische Volk der Quiriten gehandelt und sich vergangen haben; weil das römische Volk der Quiriten Krieg mit den Altlatinern verordnet hat, und der Senat des römischen Volks der Quiriten beigestimmt und beschlossen hat, daß mit den Altlatinern Krieg sein solle, darum kündige ich und das römische Volk den Völkern der Altlatinern und den altlatinischen Männern den Krieg an und beginne ihn.› Nach diesen Worten warf er die Lanze in ihr Gebiet.*
Livius, *Römische Geschichte* 1,30 und 32.

Es fällt auf, daß viele Dinge wiederholt werden. Die Zahl Drei spielt eine große Rolle: Die Forderung wird dreimal vorgebracht, es ist eine Frist von insgesamt dreiunddreißig Tagen gegeben, zum Teil sind es dreigliedrige Anrufungen, die verwendet werden. Das sind durchaus plausible Elemente. Die Grenzen und Grenzüberschreitung spielen eine wichtige Rolle. Man versucht, einzelne repräsentative Öffentlichkeiten herzustellen.

Das sind alles Bestandteile, wie sie in römischen Ritualen oder im römischen Recht vorhanden sind. Sie werden hier zu einem Ritual komponiert, das es in dieser Form nicht gegeben hat, auch nicht annähernd in dieser Form. Historisch wurden vor der Augusteischen Zeit Forderungen vorgebracht, über deren rituelle Gestaltung wir nichts wissen; zur Eröffnung der Feindseligkeiten warf, wie bei Varro überliefert, der Feldherr – und nicht ein Priester – an der Spitze seines Heeres eine Lanze in das feindliche Gebiet. Das ist ein pragmatisches Element, allerdings mit hohem Symbolgehalt, das man durchaus Ritual nennen kann. In der Fiktion und dem neuen Verfahren wird das durch die Verknüpfung mit einer altertümlichen Waffe, einem Priester und mit der Trennung von dem eigentlichen Kriegsgeschehen ganz in die rituelle Ebene hineinverlegt. Das Ritual, das so entsteht, zeigt, daß Rituale nach bestimmten Grundregeln komponiert werden konnten und diese Grundregeln offensichtlich so stimmig waren, daß die Leser des Livius, nach allem was wir über die Rezeption wissen, das Resultat für eine historisch plausible Rekonstruktion gehalten haben.

Materielle Theologie

Der Gegensatz ‹Syntax statt Semantik›, ‹Verknüpfen statt Deuten›, der zunächst auf der Ebene der rituellen Kompetenz behandelt wurde, läßt sich auch noch für einen ganz anderen Bereich fruchtbar machen, für die Ebene des Gesamtsystems von Ritualen in einer Polis. Das Medium, in dem dieses Gesamtsystem von Ritualen oder zumindest große Teile des Systems der öffentlichen Rituale dargestellt werden können, ist das Medium einer Festliste oder eines Kalenders. Die Verwendung eines alle Tage nennenden schriftlichen Kalenders in Rom ist für die mittelmeerische Welt singulär. Festlisten dagegen, also Listen, die nur einzelne Daten mit Opfern oder Feierlichkeiten aufführen, waren verbreitet, im griechischen Bereich etwa die sogenannten attischen ‹Demenkalender›. In beiden Formen wird graphisch ein Gesamtzusammenhang von Festen hergestellt, die durch das zeitliche Erleben nicht kontinuierlich miteinander verbunden sind, sondern diskontinuierlich auftreten.

Bei der Vielzahl der einzelnen Kulte, der einzelnen Rituale, die es in einer Großstadt wie Rom gibt, ist es natürlich attraktiv, Verbindungen zwischen diesen Ritualen herzustellen. Attraktiv schon für die Zeitgenossen im Sinne einer Deutung, attraktiv ist es aber auch für heutige Religionshistoriker, in der späteren Analyse von Ritualen über Verbindungen zu spekulieren und zugrundeliegende Muster zu identifizieren. Auch hier scheint es mir für eine methodisch saubere Interpretation wichtig, die Ebenen zu trennen, jene Ebene der Deutungen, die frei ist – und das ist wiederum die Ebene der Semantik –, und die Ebene der Syntax, das heißt tatsächlich zu beobachtender Verknüpfungen von Ritualen. Eine solche Lektüre der Kalender scheint es aber in der Antike nicht gegeben zu haben. Jedoch existieren Verknüpfungen dadurch, daß Rituale, die zu unterschiedlichen Zeiten stattfanden, am selben Ort abliefen, von denselben Akteuren, Magistraten, Priesterschaften, durchgeführt wurden, identische Gesten oder identische Opfermaterialien aufwiesen. Ich möchte provozierend diesen Typ von Verbindungen zwischen Ritualen, deren Deutung uns wiederum in den meisten Fällen entgeht beziehungsweise nicht gesteuert worden ist, als ‹materielle› Theologie bezeichnen.

Ein Beispiel bietet das Frühjahrsfest der Parilia am 21. April. Vermutlich reicht die Tradition, dieses Datum als Geburtstag Roms zu begehen, schon weit vor die Kaiserzeit zurück, ein sehr wichtiges Fest also. Caesar hat die Benachrichtigung der Stadt Rom über seinen Sieg bei Munda in Spanien, der den Abschluß des Bürgerkriegs bedeutete, so gelegt, daß der Bote am Vorabend der Parilia in Rom eintraf, um die frohe Nachricht zu verkünden; am nächsten Tag konnte dann der Geburtstag Roms begangen werden. Eine sehr aktualisierende Deutung. Kultisch konkret handelte es sich um ein als Reinigung gedeutetes Ritual, das insbesondere im ländlichen Bereich angesiedelt war. Es wurden Räuchermittel (*suffimenta*) ausgegeben, die an verschiedenen Orten verbrannt wurden. Eine Nachbarschaftsgruppe zum Beispiel zündete ein Feuer an, in das die ‹Reinigungsmittel› hineingeworfen wurden. Man sprang dann über das Feuer oder trug bestimmte Dinge hinüber: das eigentliche Reinigungsritual.

Die ‹Reinigungsmittel› enthielten unter anderem Asche von verbrannten Rinderföten. Diese Rinderfötenasche wurden wenige Tage vorher an den Fordicidia (15. April) gewonnen, der Tag, an dem im Beisein der Pontifices trächtige Kühe geschlachtet wurden. Dazu kam das Pferdeblut, das am Ende des Oktoberpferd-Rituals noch den Opferherd in der Regia erreicht hatte, dem kleinen Kultgebäude auf dem Forum Romanum. Wieviel das war, ist in der wissenschaftlichen

Diskussion heiß umstritten, ebenso, ob es – wenn man genug Blut haben will – nicht sinnvoller gewesen wäre, statt des Schwanzes den Penis des Pferdes zu nehmen, und ob nicht vielleicht ‹Schwanz› für ‹Penis› steht. Aber hier scheint der Pragmatismus der Religionshistoriker größer zu sein als der ihrer Objekte.

‹Oktoberpferd› und Parilia sind ein halbes Jahr voneinander getrennt. Die Ausgabe der Räuchermittel erfolgt durch Priester. Über diese Personen oder Rollenträger ergeben sich weitere Bezüge. Diese Priester geben auch an anderen Tagen ‹Reinigungsmittel› aus, verteilen sie an bestimmten Stellen in der Stadt. Den Sinn, Rinderfötenasche aus einem, Pferdeblut aus einem anderen für ein drittes Ritual, ein Reinigungsfest zu verwenden, gibt niemand an, es gibt dazu auch keine ernsthaften modernen Thesen. Das Verfahren wird vom zeitgenössischen Beobachter Properz, dem augusteischen Dichter, als zu aufwendig kritisiert. Das ist auch eine Form der Deutung und eine legitime Form der Deutung, aber keine, die wir sonderlich spannend fänden. So bleiben diese komplexen Verbindungen (be-)deutungslos, aber sie schaffen Beziehungen zwischen ansonsten ganz diskontinuierlichen Ritualen und tragen damit zum Systemcharakter dieser so unterschiedlichen Rituale und des so komplizierten lokalen Polytheismus Roms bei.

Eine andere umfassende materielle Verbindung besteht in den sogenannten *immolationes* bei jedem römischen Opfer. Jedes Tier, das geschlachtet werden soll, wird vor dem Schlachten mit der sogenannten *mola salsa* bestreut, einer Mischung aus Salzlake und Weizenschrot. Sie wird an wenigen Tagen im Jahr zentral von den Vestalinnen hergestellt, also in einem ganz bedeutsamen Kult, der auf dem Forum Romanum angesiedelt ist. Diese Mischung stellt eine materielle Verbindung mit jedem römischen Opfer her.

Diesen Typ von syntaktischen Verbindungen herauszuheben ist mir gerade deswegen wichtig, weil hier keine Deutungen vorliegen. Es ist einer der wenigen Fälle, wo die Semantik sich nicht unaufhebbar über die Syntax schiebt. Es bleibt natürlich bei der Beschäftigung mit der Syntax das Problem bestehen, daß der Zugang sehr schwer fällt, wenn man von der zugehörigen Semantik keine Vorstellung hat. Dennoch bleibt auch hier die Differenz dieses Typs von Religion gegenüber der stark von Semantik, von Deutungen, vom Diskurs lebenden Vorstellungen von Religion, die in der europäischen Moderne dominieren, spürbar.

Doch auch das Christentum kennt solche Praktiken. Ein Beispiel aus dem christlichen Bereich ist das sogenannte *fermentum*. Das Wort bezeichnet im antiken Rom die Praxis, vom konsekrierten Brot des Eucharistie-Rituals in der Bischofskirche Portionen in alle Gemeinden zu schicken, um so die Einheit der bischöflichen Stadtgemeinde zu symbolisieren. Diese in der Spätantike entwickelte und von Rom aus verbreitete Praxis erlaubte es dem Bischof, trotz der Dezentralisierung und der Delegation kultischer Kompetenz überall präsent zu sein. In der orthodoxen Kirche wird das noch heute in der Form gepflegt, daß immer ein kleiner Rest des Teiges für die Herstellung solchen Brotes aufbewahrt und in den nächsten Teig weitergegeben wird, um so eine ununterbrochene Tradition über Jahrhunderte zurück bis in die Anfänge der Kirche herzustellen.

Grenzen des Bedarfs an Ritualisierung

Auch wenn die Bandbreite von Ritualisierungen, die mit religiösen Vorstellungen verbunden werden, groß ist und in kleinen, selten explizit als religiös gedachten Gesten bis in das Alltagsleben und die häuslichen Abläufe hinein reichen kann, muß doch auch die Frage nach den Grenzen solcher Ritualisierung oder gar aufwendiger Ritualisierung gestellt werden. Während in den bislang besprochenen Ritualen die Kontinuitäten und Parallelen zwischen – um einmal diese beiden Kulturen herauszugreifen – römischer und griechischer Religionspraxis sehr deutlich sind, finden wir bemerkenswerte Unterschiede, wenn wir nach den Negativbefunden, dem Fehlen von Ritualisierung fragen.

Ein Beispiel bietet das militärische Selbstopfer, das als *devotio* im römischen Bereich verbreitet und zumindest nach der spätrepublikanisch-augusteischen Darstellung und dem Selbstverständnis detailliert von rituellen Bestimmungen geprägt war. Nach vorangegangenem Opfer spricht der Feldherr, auf eine Lanze tretend und mit bedecktem Haupt, die Formeln, mit denen er sich selbst, um die Feinde zu verfluchen, weiht; er stürzt sich dann in den Kampf, um darin den Tod zu finden, andernfalls wird er zumindest von der römischen Gesellschaft so behandelt, als ob er den Tod gefunden hätte; er ist ausgeschlossen.

Die antiquarische Überlieferung versteht diese Handlung als ein letztes militärisches Mittel, das jedem römischen Feldherren – sei es zur Durchführung mit seiner eigenen Person, sei es zur Durchführung mittels eines dazu Abkommandierten – offenstehe. Die Überlieferungen über die Durchführungen solcher *devotiones* in drei aufeinanderfolgenden Generationen der Familie der Decii unterstreicht die potentielle Alltäglichkeit dieses Krisenrituals. Demgegenüber findet sich das militärische Selbstopfer mit gleicher Zielsetzung nur ein einziges Mal in historischer Zeit in der griechischen Kultur; weitere Beispiele gehören nur dem Mythos an. In Rom nimmt die starke Ritualisierung offensichtlich die Funktion eines Kontrollmechanismus wahr, der die Korrektheit und öffentliche Deklaration des prinzipiell jedem offenstehenden Rituals sicherstellt. Anders im griechischen Bereich. Hier übernimmt eine veränderte Zugänglichkeit die Kontrollfunktion und macht Ritualisierung überflüssig: Das Selbstopfer eines griechischen Militär ist von einem vorangegangenen Orakel abhängig.

Das adlige Leichenbegängnis in Rom bietet mit der *pompa imaginum*, dem Zug der Bilder der verstorbenen Vorfahren, ein weiteres Beispiel. Bestattungsrituale dienen der Bewältigung der Trauer, die sich unter Umständen abreagieren will, aber auch der Neukonstituierung der Familie; der Leichenschmaus, aber auch Reihenfolgen im Leichenzug können der Darstellung dieser Neukonstitution dienen. In Rom sind die familiären Leistungen zugleich entscheidende Argumente für den Anspruch auf die Bekleidung politischer Positionen, Magistraturen. Insofern sind die in der Leichenrede (*laudatio funebris*) geäußerten Angaben über magistratische Ämter und öffentliche Leistungen des Verstorbenen und seiner Vorfahren für die gesamte *res publica* von Bedeutung. Insofern kann das Auftreten der Toten selbst, die vermittels Maskenträgern von ähnlicher Statur im Leichenzug mitmarschieren, der Stärkung des in der Rede erhobenen Anspruchs dienen; die Toten wehren durch ihre Präsenz den Vorwurf ab, das Ganze sei doch nur Fiktion (ein Vorwurf, der Dauerthema gewesen zu sein scheint). Vergleichbares fehlt im griechischen Bereich.

Erhebliche Differenzen zwischen den Praktiken griechischer Poleis und Rom lassen sich auch im Bereich der Reinigungsrituale feststellen, die von erheblicher Bedeutung in der griechischen Kultur erscheinen. Es sei nur darauf hingewiesen, daß das große stadtrömische Ritual des Triumphzuges, der die siegreiche Armee und den siegreichen Feldherrn in die Stadt Rom und damit in den prinzipiell befriedeten Bereich *domi* (‹zuhause›) hineinbringt, kein Reinigungsritual darstellt. Alle diesbezüglichen Interpretationen etwa der sogenannten *porta triumphalis*, eines der Überschreitung der rituellen Stadtgrenze dienenden Tores, haben sich als höchst angreifbar erwiesen. Auch römische Soldaten haben sich nach ihrem Tötungsgeschäft gereinigt, aber dazu diente kein Ritual, sondern Wasser.

5 Nachdenken über Religion

Begriffe

‹Nachdenken über Religion› ist eine Formulierung, die mehr als nur ein Synonym zu dem Begriff Theologie, der ‹Rede von Gott›, sein möchte. Das Ausbilden einer christlichen Theologie ist eine der folgenreichsten Entwicklungen der antiken Religionsgeschichte. Sie in einigen Grundzügen nachzuzeichnen liefert zugleich eine Folie, vor der die anderen Formen antiker Reflexion plastischer hervortreten. Das kann gleichzeitig die Vorurteile in Erinnerung rufen, die aufkommen können, wenn mit dem heute geläufigen Begriff von Theologie an antike Sachverhalte herangegangen wird.

Christliche Theologie als System wurde zunächst von den christlichen Apologeten getragen, philosophisch gebildeten Personen, die seit dem zweiten Jahrhundert n. Chr. eine ‹Verteidigung› (Apologie) des Christentums zu leisten versuchen, indem sie die Christen als moralisch hochstehende Kultgemeinschaft und das Christentum mit den Kategorien der antiken griechischen Philosophie beschrieben, um es damit Nichtchristen nahe zu bringen: Ihr haltet uns für den Abschaum des Menschengeschlechts, aber was wir praktizieren, ist im Grunde genommen doch eine ganz vernünftige Religion, die ihr Nichtchristen bei näherem Nachdenken doch zumindest als ehrenwerte Option anerkennen solltet!

Die von den Apologeten geleistete systematische Reflexion der eigenen Religion richtete sich zunächst nach außen. Noch im zweiten Jahrhundert sind Justin, Aristeides und Athenagoras mit Schriften an Kaiser zu nennen; das scheint aber schnell eine Bedeutung für bereits praktizierende Christen (die in der Masse Neuchristen waren) bekommen zu haben. Es gibt etliche Nachrichten über die Existenz christlicher ‹Lehrer›, die sicherlich keine Rechtschreiblehrer waren. Ihre Position in den christlichen Gemeinden ist nur schwer zu bestimmen. Sie waren nicht identisch mit den Gemeindevorstehern, die auch die Gemeindeversammlungen, die Kultausübung leiteten. Sie bildeten im Gegenteil offensichtlich selbständige Schulen und organisierten sich in einer ähnlichen Weise wie die antiken Philosophen: Sie gingen in eine Stadt, richteten einen ‹Unterrichtsladen› ein, öffneten ihre Wohnung oder einen Platz für Fremde, die zu ihnen kamen und sich belehren ließen, zuhörten, mitdiskutierten. Für Rom sind allein im zweiten Jahrhundert die Philosophen Justin, sein Schüler Rhodon und Apollonius zu erwähnen; einen vergleichbaren Kreis sammelte eine Marcellina (die Karpokratianer nämlich). Mit dem Reeder Marcion, Valentinos, dem Schuster Theodotus und – bereits zu Anfang des folgenden Jahrhunderts – Hippolyt traten in Rom weitere Lehrer auf – vielfach Häretiker, ‹Sektierer›, im Sinne späterer Theologie. Der afrikanische Jurist Minucius Felix schrieb mit dem Dialog *Octavius* am Ende des zweiten Jahrhunderts die erste lateinische christliche Apologie in Rom.

Zwei Prozesse setzten ein: zum einen der Versuch einer umfassenden, überörtlichen Systematisierung des christlichen Nachdenkens über die eigene Religion. Das heißt, in Alexandrien sollte im Prinzip dasselbe über das Verhältnis von Gottheit und Menschheit in Jesus Christus gedacht werden wie in Rom. Zum zweiten tritt das Kontrollinteresse in einer Entwicklung zutage, in der die organisatorischen Leiter der Gemeinden, Bischöfe und Presbyter (deren Nebeneinander im Laufe des zweiten Jahrhunderts zur Unterordnung wurde) zu denjenigen wurden, die dieses Nachdenken über Religion professionell betrieben, kurz gesagt: Die Theologen wurden mehr und mehr Priester, die Priester mehr und mehr zu Theologen. Wenn Bischöfe und Presbyter im vierten Jahrhundert um Auslegungen der christlichen Lehre Dispute führten, verband sich damit oft der Anspruch auf einen bischöflichen Stuhl (zum Beispiel bei Athanasios in Alexandrien). Die Brisanz dieser Situation bestand in der Korrelation von politischen und theologischen Interessen.

Kult, das gemeinsame Feiern, blieb wichtig, aber die Theologie gewann im Vergleich zu korrekter Kultausübung zunehmend an Gewicht. Mitgliedschaft in der christlichen Kirche wurde zwar rituell durch Taufe konstituiert, aber diese war eingebettet in umfangreiche Belehrungen, und wenn es um die Frage des Ausschlusses ging, trat das korrekte Vollzogensein des Taufrituals in seiner Bedeutung hinter das Kriterium zurück, ob der Betreffende den rechten Glauben im Sinne des Bekennens zu einzelnen Aussagen christlicher Lehre hatte. Die systematisierte Reflexion über Religion konnte als Ausschlußkriterium benutzt werden.

Man spricht hier von einem Dogmatisierungsprozeß, das heißt, aus der unverbindlichen Reflexion über die Religion kristallisieren sich bestimmte Sätze heraus, die sich idealerweise zu einem kohärenten System zusammenschließen. Es handelt sich um sehr allgemeine Aussagen, die das System insgesamt strukturieren, abweichende Meinungen überprüfbar machen und dann wiederum im Einzelfall auf eine Situation hin angewandt werden können. Diese Interpretation, die erneute Konkretisierung der dogmatischen Generalisierung, obliegt Seelsorgern, Predigern, also Personen, die fest in die hierarchische Struktur eingebaut, kontrollierbar sind. Die Dogmatisierung ging historisch einher mit Kanonisierungsprozessen von Texten als ‹Heilige Schriften›, so daß sich durch neue Texte oder eine neue Textauswahl wie durch Interpretationsdifferenzen immer neue Gruppen bildeten, ‹Textgemeinschaften›, die in späterer Zeit häufig unter das Verdikt ‹gnostisch› kamen.

‹Drei Arten von Theologie›

Auch die antiken Polytheismen kannten das Wort *theologia*. Vielleicht Ende des zweiten Jahrhunderts v. Chr. (wohl in einer griechischen Darstellung von Lehrmeinungen, *Doxographie*), aber eher von M. Terentius Varro wurde das Konzept der *tria genera theologiae* entwickelt. Schon an diesem Begriff wird deutlich, daß es hier gerade nicht um ein kohärentes theologisches System geht, sondern um eine Theologie der einzelnen Bausteine, die keinen Anspruch und kein Bedürfnis eines verbindenden Mörtels hat. ‹Theologie› also nicht als Kontrollinstrument, sondern als Sammelbezeichnung unterschiedlicher Typen religiöser Reflexion.

Zunächst einige allgemeine Charakteristika. Römische Reflexion über Religion ist keine priesterliche Theologie. Immer da, wo Personen, die wir auch als Priester – und die christliche Färbung dieses Begriffes ist selbst problematisch – kennen, Theologie betreiben, tun sie das in einer anderen Rolle. Cicero, der Augur ist, schreibt drei Bücher *Über die Natur der Götter*, aber er schreibt diese Abhandlung nicht als Augur, er trägt sie nicht im Augurenkollegium vor, sondern er schreibt sie als – man müßte sagen – Freizeitphilosoph.

Weiter: Diese Theologie hat keinen Ort im Kult. Es gibt keine Predigt, die systematisch Lehre oder Interpretationen ‹Heiliger Texte› den Teilnehmerinnen und Teilnehmern vortragen würde. Jenseits der impliziten Theologie von Ritualanweisungen und der expliziten Theologie von Gebetstexten (die aber eher preisender Überschwang als Systematik auszeichnet) sind im Kult nur zwei Textsorten, das Drama und der Hymnus, präsent. ‹Szenische Spiele› verbinden sich mit einigen großen Festen, aber es ist festzuhalten, daß diese Dramen einen deutlich markierten eigenen Ort haben. Sie werden (bis in die späte Republik) in improvisierten Theatern aufgeführt und haben nicht notwendig einen thematischen Bezug zum Gesamtritual. Wenn ein solcher Bezug einmal im Ausnahmefall hergestellt wird, ist das keine offizielle Ritualdeutung, keine sakrale Erfordernis. Der zweite Texttyp ist der Hymnus. Die späte Kaiserzeit ausgenommen, sind die bekannten im kultischen Rahmen vorgetragenen Hymnen für Ausnahmerituale bestellte Dichtungen, sozusagen Weihgaben an die Götter. In diesen Hymnen können mythische Aussagen oder theologische Spekulationen aufgegriffen oder formuliert werden, wie das *carmen saeculare* der Jahrhundertfeier des Jahres 17 v. Chr. zeigt:

Phoebus und der Wälder Herrin Diana,
leuchtende Zier des Himmels, oh ihr immer zu Verehrende
und immer Verehrte, gebt, um was wir bitten,
am Tag der Götter,

an dem, wie die Sibyllinischen Verse angemahnt haben,
ausgesuchte Jungfrauen und reine Knaben
den Göttern, denen die sieben Hügel gefallen haben,
ein Lied singen sollen.

Gütige Sonne, die Du in strahlendem Wagen den Tag
herausführst und verbirgst, die Du als andere und doch dieselbe
geboren wirst, nichts Größeres als die Stadt Rom mögest Du
sehen können.

Geneigt, reife Geburten recht einzuleiten,
betrachte die Mütter, Befreierin,
ob Du billigst, Leuchtende genannt zu werden
oder Geburtsgöttin:

Göttin, führe Nachwuchs ans Licht und der Väter
Beschlüsse, sei Du ihnen gewogen, über die zu vermählenden
Frauen und die mit neuem Sproß fruchtbaren
nach dem Ehegesetz,

damit die feste Periode von einhundertzehn Jahren
Gesänge und Spiele wiederholt,

dicht aufeinanderfolgend dreimal am hellen Tag
und ebensooft in der willkommenen Nacht.

Und ihr, Parzen, die ihr die Wahrheit gesungen habt,
was einmal gesagt worden ist und das feste Ende der
Dinge bewahren möge, schließt an die schon vollendeten Schicksale
gute an.

Fruchtbar an Früchten und Vieh, möge Erde
das Getreide mit einem Ährenkranz beschenken;
gesunde Wasser mögen die Jungtiere nähren
wie Iuppiters Lüfte.

Mit dem Geschoß im Köcher, milde und gefällig
höre die bittenden Knaben, Apollo;
der Gestirne zweihörnige Königin, höre,
Mond, die Mädchen.

Wenn Rom euer Werk ist und Trojanische
Scharen den etruskischen Strand hielten –
der Teil, dem befohlen war Hausgötter und Stadt zu vertauschen
auf sicherem Kurs,

dem durch das brennende Troja ohne Gefahr
der reine Aeneas als Überlebender der Heimat
einen freien Weg besorgte (und im Begriff stand,
mehr als das Zurückgelassene zu geben):

Götter, gebt gute Sitten der gelehrigen Jugend,
Götter, gebt dem friedlichen Alter Ruhe,
gebt dem Volk des Romulus Vermögen, Nachwuchs
und alles es Zierende.

Was von Euch (Göttern) mit weißen Rindern erfleht
der berühmte Sproß des Anchises und der Venus,
möge es erlangen, überlegen dem kriegführenden Feind und
geneigt dem niederliegenden.

Schon fürchtet zu Meer und zu Lande die machtvollen Hände
der Meder und die julischen Beile,
schon erbitten die Skythen Bescheide – und die
noch eben hochmütigen Inder.

Schon wagen Treue, Frieden und Ehre und die alte Scham
und die vernachlässigte Mannhaftigkeit

zurückzukehren, und es erscheint die reiche Vorratsmenge
mit gefülltem Horn (Cornucopia!).

Der Vogelzeichenschauer und mit strahlendem Bogen versehene
Phoebus, der den neun Camenen willkommen ist
und mit heilender Kunst die erschöpften Glieder
des Körpers erhebt,

wenn er geneigt die Altäre auf dem Palatin sieht und
die Angelegenheiten Roms und Latiums in
ein weiteres fruchtbares Jahrfünft und immer bessere
Zeiten fortführt,

und die auf dem Aventin residiert und auf dem Algidus,
Diana, sie kümmert sich um die Bitten der Fünfzehnmänner und
schenkt den Bitten der Knaben
freundliche Ohren.

Daß das Iuppiter wahrnimmt und die Gesamtheit der Götter:
diese gute und sichere Hoffnung trage ich nach Hause,
ich, der ich gelehrig genug bin, dem Phoebus wie der Diana
Tänze darzubringen und Preislieder zu singen.

Horaz, *Jahrhundertlied*

Es sind gerade die Dichter, welche die größte Freiheit im Gestalten ihrer theologischen Texte haben und dabei die tiefgreifendste kultische Integration aufweisen. Nicht umsonst ist die ‹Theologie der Dichter› eine der drei Klassen von *theologia.*

Die Definition der ‹drei Arten von Theologie›, auf die ich die ganze Zeit angespielt habe, ist nur als Zitat bei einem christlichen Autor, bei Augustin im *Gottesstaat* (6, 5) überliefert. Augustinus zitiert dort aber aus den Varronischen – und damit kommen wir in die späte Republik – *Altertümern der Gottesdienste (Antiquitates rerum divinarum).* Das folgende Zitat läßt erkennen, wie stark diese Termini durch eine griechische Begriffstradition geprägt sind: ‹Drei Arten der Theologie, das heißt der Göttererklärung gebe es, sagt Varro, von denen eine mythische, die zweite physische, die dritte politische genannt werde. Mythisch nennen wir die, derer sich vor allem die Dichter, physisch, derer sich die Philosophen, politisch, derer sich die Völker bedienen.›

Die philosophische Reflexion zeichnet sich vor allem durch Reduktionismus naturphilosophischen Charakters aus: Iuppiter etwa wird als Luft, Ceres als Getreide angesprochen. Die ‹Bürger-Theologie› ist schwerer zu fassen. Es handelt sich um die Gesamtheit der Vorschriften und der Praktiken des öffentlichen Kultes, also eine eher normative Theologie, die nicht im engeren Sinne diskursiv wird. Und schließlich gibt es noch das *Genus mythicon.* Das ist die Gattung, die in unserem Sinne den größten Spielraum, die größte theologische Kapazität besitzt, die größten Freiräume und, wie ich schon gezeigt habe, die geringste Kontrolle, zugleich aber die größte Nähe in der Umsetzung zum Kult.

Religionsphilosophie

Es ist wichtig, am Anfang festzuhalten, daß die philosophische Reflexion über Religion ein durch und durch griechisches Geschäft ist, der Versuch, grundsätzliche Fragen, die unsere Existenz insgesamt betreffen, systematisch zu durchdenken und kohärente Erklärungsmodelle dafür zu entwickeln. Das führt zur Systematik, zur Vereinfachung, zu manchmal abstrusen Konstruktionen: Alles ist Feuer, alles ist Wasser. Dennoch werden bei näherem Hinsehen Alltagsannahmen in hohem Maße berücksichtigt, und zu diesen Alltagsannahmen gehört auch die Existenz und ein auf die Menschen bezogenes Handeln der Götter. Wie bereits im Kapitel über die Götter deutlich wurde, kann man den philosophischen Umgang mit Religion in der griechischen Antike zwar als religionskritisch, aber nicht religionsleugnend bezeichnen. Religion wird zwar in konkreten Auswüchsen und Alltagsvorstellungen kritisiert, insbesondere von Zynikern und Skeptikern (beide Begriffe bezeichnen philosophische Schulen) auch einmal scharf angegriffen, aber man versucht doch den Kern der Alltagsannahmen über die Existenz von Göttern durch Deutungen in das eigene Modell zu integrieren. Im Zentrum der Kritik steht die Verehrung von Götterbildern (Idolatrie) – aber die Kritik kann sich auch auf *nicht* menschengestaltige Darstellungen konzentrieren – und das blutige Opfer – aber ein Apollonius von Tyana kann das Tieropfer als des transzendenten Gottes unwürdig kritisieren und zugleich Opfervorschriften für niedrigere Götter formulieren. Der moralpädagogische und gesellschaftsstabilisierende Wert des traditionellen Kultes steht weithin außer Frage.

Die Wendungen sind oft überraschend, wie schon der erste philosophische Text in Rom zeigt. Das ist der schon erwähnte *Euhemeros* des Ennius, geschrieben zu Anfang des zweiten Jahrhunderts v. Chr., ein hellenistischer Text, ins Lateinische übersetzt und wohl der erste literarische lateinische Prosatext überhaupt. Der nach dem griechischen Verfasser des Originals benannte Text stellt eine Theorie vor, wonach manche Götter eigentlich frühere menschliche Herrscher gewesen seien, die so viel geleistet hätten, daß sie nach ihrem Tode von ihren Völkern verehrt worden seien und diese Verehrung sich weiter ausgebreitet habe: Iuppiter, das Paradebeispiel, war einmal ein großer König.

Das klingt zuerst religionskritisch, entlarvend. Die Verehrer denken, es handele sich um Götter, in Wirklichkeit sind es aber tote Menschen. Diese Interpretation geht an der Zielsetzung des Textes vorbei. Die Abhandlung stammt aus einer Zeit, in der Könige zu Göttern gemacht wurden, der makedonische Feldherr und Welteroberer Alexander wurde als Gott verehrt. Euhemeros richtet sich gegen die Kritiker solcher Divinisierungen: Diese Leute sind eigentlich nicht recht bei Trost, denn die Götter, die sie für wirklich halten, Zeus etwa, sind zum Teil ebenso zu Göttern geworden, waren Könige mit großen Verdiensten, um derentwillen man anfing, sie zu verehren. Es geht nicht darum, die Götter als falsche Götter zu entlarven, sondern in einer aktuellen Diskussion zu zeigen, daß die Divinisierung von Menschen nicht etwas Neues und deswegen Verkehrtes ist, sondern eine Praxis, die durchaus alte Vorstufen hat.

Eines der wichtigsten Instrumente in diesem Versuch, durch Deutung traditionelle Kulte in philosophische Entwürfe zu integrieren, ist aus der Sprachphilosophie gewonnen: die systematische Etymologisierung von kulturellen und religiösen Fakten. Der Name, der keine Konvention darstelle, sondern ursprünglich lautmalerisch das wahre Wesen beschrieb, wird als Schlüssel zur Vorgeschichte, zur Genese eines Begriffs verstanden und führt damit auf das wahre Wesen eines Gottes. Da ist Rom noch einmal interessanter als Athen, weil die Römer der späten Republik und der Augusteischen Zeit in einer Verbindung aus italischem Lokalpatriotismus, intellektuellem Internationalismus und politischem Nationalstolz (die Begriffe sind anachronistisch, aber das wird durch die neuzeitlich ganz absurde Kombination aufgewogen) an den ethnischen Wurzeln ihrer Kultur, an etruskischen, sabinischen, latinischen, punischen und griechischen Einflüssen interessiert waren.

Die Sprache der antiken Philosophie ist lange Zeit das Griechische. Ein philosophischer Text ist griechisch abgefaßt, auch wenn ihn ein

Römer geschrieben hat. Man kann noch in der Kaiserzeit an das etymologische Glossar ‹griechischer Theologie› des Cornutus denken oder an die stoische Philosophie des Mark Aurel, immerhin römischer Kaiser. Cicero schrieb Latein, explizit mit der Intention, die philosophischen Systeme der Griechen über die kleine Leserschaft der Römer, die lange schwierige griechische Texte lesen könne und wolle, hinaus publik zu machen. So referiert Cicero griechische Theorien im Munde römischer Gesprächspartner – ab und an sind die Unterhaltungen auch um römische Beispiele bereichert –, aber der theoretische Ansatz bleibt ein ganz und gar griechischer, zielt auf das *Probabile*, das ‹Wahrscheinliche›, ‹das, was gebilligt werden kann›, wie die lateinische Wortbildung verrät. Bei flüchtiger Lektüre erhält man leicht den Eindruck, daß Cicero ein Stoiker sei, weil er im Abwägen von epikureischer und stoischer Philosophie fast immer der stoischen Philosophie zuneigt, aber Cicero ist ein ‹Akademiker›, der abwägt, welche Annahmen wahrscheinlicher sind, und unter den zahlreichen vermutlich nicht richtigen Meinungen diejenige, die der Wahrheit am nächsten kommt, übernimmt.

Wichtig ist nun – und hier ist Cicero repräsentativ für fast alle Vertreter römischer Philosophie, die aus der Oberschicht stammen –, daß seine philosophischen Überlegungen keinerlei Konsequenz für sein Verständnis seines Augurates haben, keinerlei Konsequenz für die Kulte und Rituale, die er ausübt. Der Augur ist mit der Deutung von Vogelzeichen und Blitzzeichen beschäftigt und mit der Bewertung von Deutungen anderer. Cicero scheint philosophisch eine Position zu vertreten, die der Divination überhaupt sehr skeptisch gegenübersteht – einmal nicht stoisches Denken, wie es im ersten Buch *Über die Wahrsagung* formuliert wird. Das ist keine Hypokrisie, keine Scheinheiligkeit. Philosophische Reflexion und Alltagshandeln bleiben in ‹kognitiver Dissonanz›, zwei ganz unterschiedliche Denksysteme. Griechische Philosophie ist für diese Schicht eine Freizeitbeschäftigung; intensives Engagement in einer philosophischen Schule ist eine jugendliche Verirrung, heißt es im ersten Jahrhundert n. Chr. Philosophie vor dem Neuplatonismus spielt für die Praxis römischer Religion keine Rolle; sie gehört aber dazu, und das macht antike Religion bunter, komplizierter als eine Religion, in der wir an das praktische Handeln die Forderung der Übereinstimmung mit theoretischen Systemen anlegen. In diesem Sinne gibt es ‹römische Religion› als Einheit nicht.

Das bisherige Bild antiker Philosophie bleibt aber unvollständig. Warum, so muß man angesichts der ‹Freizeitphilosophie› fragen, beschäftigten sich Römer überhaupt damit? Die Antwort ist in der Geschichte des dritten und zweiten Jahrhunderts v. Chr. zu suchen, in der (zumeist im militärischen Konflikt angebahnten) Begegnung mit einer in mancherlei Hinsicht als überlegen bewerteten, eben griechisch-hellenistischen Kultur. Hier sehen sich die Römer gezwungen, eine Position zu beziehen, sich selbst und die anderen einzuordnen. In manchen Bereichen ist das unproblematisch: Griechische ‹Kunst› wird als privater Hausschmuck zu einer Arena aristokratischen Wettkampfs um Prestige. Philosophie ist deutlich weniger attraktiv und wird nach den Philosophen- und Rhetorenvertreibungen des zweiten Jahrhunderts erst ein Jahrhundert später in nennenswertem Umfang rezipiert. Aber sie leistet eine Universalisierung von Regeln und Werten – auch römischen Regeln und Werten –, die die so stark auf die Stadtgeschichte bezogenen Traditionen nicht bieten können.

Es gibt Ausnahmen zur mentalen Trennung philosophischer Reflexion und kultischer Praxis. Für einige Zeitgenossen Ciceros wurden in unterschiedlichem Maße philosophische Vorschriften der Lebensführung und Spekulationen über Rettung nach dem Tod (Soteriologie) wichtiger als Übereinstimmung mit traditionellem Verhalten. Insbesondere die Lehren des Pythagoras (historisch ein ‹italischer Philosoph› des sechsten Jahrhunderts v. Chr.) boten solche Anknüpfungspunkte, etwa mit dem Verzicht auf Fleisch oder der Seelenwanderungslehre. Varro selbst, der wie kein zweiter Material traditioneller römischer Kulte sammelte, ließ sich nach pythagoreischen Vorschriften in Myrthe-, Oliven- und Schwarzpappellaub beerdigen (Plinius, *Naturgeschichte* 35, 160). Nigidius Figulus, ebenfalls Senator, betrieb Nekromantie, die Befragung von Toten.

Erkennbare theoretische Beiträge zum Neopythagoreismus lieferten beide nicht, sie scheinen eher von einer griechischen Wiederbelebung der alten Lehren motiviert zu sein. Gleichwohl ist das Phänomen soziologisch wichtig. Was wir hier vor uns haben, ist eine textbezogene ‹Intellektuellenreligion›, die sich neben anderen religiösen Bereichen der eigenen Gesellschaftsschicht etabliert. Vergleichbare Heilslehren, die ohne öffentlichen Kult sich in der Lektüre und Produktion von Texten erschöpfen, bietet der Hermetismus, die offensichtlich verbreitete Lektüre und Fortschreibung einer Textgruppe, des *Corpus Hermeticum*, das sich als Offenbarung des uralten Gottes Hermes Trismegisthos (der ‹dreimal Größte›) vorstellt und Initiation in eine konkrete Personengruppe (wohl) fingiert: Lesemysterien. Eine Benutzung auch in realen ‹Textgemeinschaften› ist denkbar.

Mythos

Nach den archäologischen Quellen waren Rom und Italien wie der gesamte Mittelmeerraum mythengesättigt. Solche archäologischen Zeugnisse sind etwa Kultbilder oder Statuetten, Giebelgruppen an Tempeln, ob gemalt oder als Tonstatuen, kleine Antefixe, also Stirnziegel von Giebeldächern mit kleinen mythologischen Szenen oder Darstellungen von Göttern mit aus der Mythologie bekannten Attributen, schließlich Vasenbilder; später erst folgte die Literatur. Kunstgeschichtlich gehören diese archäologischen Quellen zumeist zu den griechischen oder den aus dem Orient stammenden, aber doch über griechische Produzenten und Produkte vermittelten Darstellungsformen. Es liegt nahe, daß über diese Formen auch Inhalte, Mythenvarianten transportiert wurden, eine zumal in ihren Kleinformen wenig zu kontrollierende Bilderwelt, die einen wichtigen und spannungsreichen Strang römischer Religionsgeschichte von Beginn an bildet.

Die Aufnahme lokaler Traditionen und Neuinterpretationen läßt sich kaum feststellen: Wie soll man auf den mündlich tradierten Mythenschatz, auf die Erzählwelt in Rom und Italien zurückzugreifen, die sich vor oder neben diesen Formen erhalten hatten? Rom lag schon seit der großen Kolonisation, also seit dem achten und siebten Jahrhundert in der Peripherie griechischer Kultur. Archäologisch das eindrücklichste Beispiel bietet der Tempel am *Foro boario*, am stadtrömischen ‹Rindermarkt›, unmittelbar am Tiber gelegen, eine alte Kultanlage in Hafennähe mit mehreren Bauphasen seit dem frühen sechsten Jahrhundert; er stellt sich als griechischer Tempel mit griechischen Sagenbildern dar.

Ich habe den Begriff des Mythos zunächst einfach im Sinne populärer Erzählungen von Göttern und Heroen verwendet. Geht man von einer solchen inhaltlichen, substanziellen Definition aus, muß es auffallen, daß derartige Erzählungen dünn gesät sind, wenn man sie auf römische Herkunft beschränkt. Dieser Befund, der erst nach der im Laufe des neunzehnten Jahrhunderts erfolgten Unterscheidung griechischer und römischer Mythen festgestellt werden konnte, hat radikale Deutungen hervorgerufen. Georg Wissowa sprach von der Phantasielosigkeit des römischen Bauern, der sich um Pflüge und Ernten Gedanken gemacht und Krieg geführt habe, wie es mit seiner Arbeit vereinbar war, aber keine phantastischen Geschichten erzählte. Deswegen kannten die Römer, dieses Bauern- und Soldatenvolk, keine Mythen. Das ist nicht zu halten. Was die ökonomische Grundlage und die damit bedingte Phantasiekapazität angeht, können wir keine signifikanten Unterschiede zwischen Rom und Griechenland festmachen. Weiterhin läßt sich die Differenz entschärfen durch den Verweis auf die unterschiedliche Struktur der Polytheismen und den von Carl Koch beschriebenen, politisch motivierten Entmythisierungsprozeß. Das Kontrollinteresse, das darin zu Tage tritt, läßt ahnen, wie wichtig mythische Legitimierung war und wie sehr ein Bedarf gesehen wurde, gerade das zu kontrollieren. Dennoch, der Unterschied zum griechischen Befund bleibt. Brauchten die Römer einfach keine Mythen?

Wir kommen einer Antwort näher, wenn die Definition verändert, von Inhalt auf Funktion umgestellt wird. Als Mythen sind nun Erzählungen zu verstehen, die oft in großer zeitlicher Distanz, in einer Urzeit oder sehr fernen Zeit angesiedelt sind, und in ihren Personen-, Sach- und Ereigniskonstellationen das Wertesystem einer Gesellschaft begründen, bestimmte Institutionen und Werte legitimieren und gleichzeitig ein Weltbild vermitteln. Beispiele sind etwa Erzählungen von der Entstehung (Kosmogonie) und dem Funktionieren der Welt (Naturmythen) oder Kulturmythen, die erzählen, wie Prometheus das Feuer gebracht hat, wie bestimmte kulturelle Errungenschaften entstanden sind. Die hier vorgetragenen Ereignis- und Handlungsfolgen und die darin verwendeten Bilder können auch motivierende Kraft haben. Man denke, bevor wir antike Beispiele betrachten, an die deutsche Geschichte und die ‹Wacht am Rhein›: Hier wurden pseudohistorische Konstellationen benutzt, um eine vorgeblich uralte Feindschaft mit Frankreich und die daraus resultierenden kriegerischen Unternehmen zu legitimieren.

Aber Mythen sind nicht einfach affirmativ. In oralen, überwiegend mündlichen Kulturen wird die Erzählung mit jeder ‹Wiederholung› verändert, der Situation und den Zwecken des Sprechers angepaßt. Schriftlichkeit konserviert und vervielfacht solche Varianten, die auch kritische Funktion annehmen können. Die Mythen insgesamt werden zu einem Zeichenvorrat, der durch gezielte Neukombinationen zu einem Medium wird, Alternativen in Form von Gedankenexperimenten auszuleuchten. Dieses Medium bleibt nicht unumstritten. Philosophische Kritik spielt den *mythos* gegen den *logos*, die rationale Erklärung, aus. Mythenkritik gab es in Griechenland seit dem sechsten Jahrhundert und sie gleicht einem durchgehenden roten Faden antiker Religionsgeschichte. Das hat das Funktionieren des Mythos nicht verhindert. Mythen bleiben trotzdem, nicht zuletzt wegen ihres Unterhaltungswertes, lebendig. Aber Mythen funktionieren nicht automatisch. Die Ohren können verschlossen bleiben.

Das ‹Funktionieren› eines Mythos läßt sich an der Verwendung des Troja-Mythos mit Bezug auf Rom darlegen. Der Troja-Mythos – obwohl in Italien schon lange präsent – scheint zunächst im dritten Jahrhundert v. Chr. von Griechen auf Rom angewandt worden zu sein, sicher im Zusammenhang mit den Pyrrhus-Kriegen im ersten Viertel des dritten Jahrhunderts v. Chr. und, das legt der Troja-Mythos nahe, in zwei verschiedenen Stoßrichtungen. Einerseits um die Urfeindschaft herauszustellen, die zwischen Achaiern und Dardanern, zwischen Griechen und Trojanern herrscht. So nutzte ihn Pyrrhus bei seinem Einfall in Italien. Andererseits um zu betonen, daß die Römer ja eigentlich Abkömmlinge der Trojaner seien, eine griechische Bildung hätten und schon seit einem guten Jahrtausend im griechischen Kulturkreis siedelten, auch wenn es damals diese bedauerliche kriegerische Auseinandersetzung gegeben habe, die gleichwohl die gemeinsame kulturelle Identität nicht erschütterte. Der Troja-Mythos wurde also zunächst von außen benutzt. Die Römer erkannten im zweiten Jahrhundert, daß der Mythos für die Griechen eine Figur ist, über die man eine gemeinsame Gesprächsbasis herstellen kann. Der Mythos wurde sehr verhalten eingesetzt. Es blieb dem ersten Jahrhundert v. Chr. vorbehalten, diesen Mythos auch offensiv, um nicht zu sagen aggressiv zu benutzen, um imperialistische römische Interessen in Kleinasien und antigriechisches römisches Vorgehen in Kleinasien zu legitimieren.

Mit dem erweiterten, dem funktionalen Mythenbegriff fassen wir eine weitere Textgruppe. Charakteristisch für Rom ist, daß der Mythos in historischer Gestalt, genauer: in lokalhistorischer Gestalt auftritt. Was Hesiods *Theogonie* für Griechen bedeutet, leisten in Rom die Erzählungen von der eigenen Vergangenheit, von der Stadtgründung durch Romulus, von den Königen, dem friedlichen Numa, dem kriegerischen Tullus Hostilius, von Tarquinius Superbus, von der Vertreibung der übermütigen Tyrannen durch Brutus. Präzise Datierungen – zumeist der Versuch einer Koordinierung mit der Chronologie der griechischen Geschichtsschreibung, dazu sinnstiftende Strukturierung – haben zur Verkennung des mythischen Charakters dieser Geschichte geführt. Georges Dumézil hat hier sehr viel Arbeit geleistet. Der Sachverhalt ist nicht untypisch. In Rom greifen wir die Kultur eines Stadtstaates, die sich insofern deutlich von der griechischen Kultur unterscheidet, als jene stärker Kultur vieler Stadtstaaten war und von daher an die gemeinsame Mythenwelt ganz andere Ansprüche auch an überregionale Deutungen und Erklärungskraft stellte, als das für die römischen Mythen der Fall ist. In der römischen Mythenwelt, sprich der römischen Lokalgeschichte lassen sich die Griechen nur schwer unterbringen, während es umkehrt kein Problem darstellt, in einer Mythenwelt, die ohnehin den gesamten Mittelmeerraum abdekken muß, auch noch eine kleine Stadt kurz vor der Tibermündung zu assimilieren.

Die virtuose Aneignung der Gattungen und Motive griechischer Mythologie in der augusteischen Literatur erweiterte die Ausdrucksmöglichkeiten beträchtlich. Auch für Römer boten griechische Mythen Möglichkeiten der Selbstdeutung auf Grabreliefs und Sarkophagen, Möglichkeiten der Selbstvergewisserung und der Reflexion auf schichtbezogene Werte und Rollenverteilungen in häuslichen Wandmalereien. Das verwischt die prinzipielle Differenz nicht. Vergils *Aeneis*, ein Epos, das trotz des unfertigen Zustandes beim Tod des Dichters (19 v. Chr.) zum kanonischen Herkunftsmythos wurde, ist durch seine intensiven lokal- und zeitgeschichtlichen Bezüge eher ein Geschichtswerk höherer Ordnung. Universalisierung wurde von der Philosophie getragen, das römische Reich der Kaiserzeit ermöglichte Universalgeschichtsschreibung. Auch die christliche (Heils-) Geschichtsschreibung ist universal im Zugriff, aber sie suchte nicht mehr Sinn in der Geschichte, sondern deutete Geschichte aus anderweitig gewonnenem Sinn. Die Sprache des Mythos wurde funktional durch kanonisierte Texte und deren Interpretation ersetzt.

Theologia civilis

Während in den beiden bisher verhandelten Theologie-Typen das Sprachliche dominiert, trifft das auf die ‹Bürger-Theologie› nicht mehr zu. Sie umfaßt alles, was ein politisches Gemeinwesen, das heißt dessen Führungsschicht, als notwendig für die angemessene Verehrung der Götter – in Rom für die Aufrechterhaltung der *pax deorum* – erklärt, kurz: die *sacra*. Das meiste davon ist einfach traditionell. Das betrifft auch die Verfahrensregeln für den Kult und die religiösen Spezialisten. Letzteres wird gerne mit dem Ausdruck ‹Sakralrecht› bezeichnet, aber das ist kein antikes Konzept. *Ius divinum* ist die Verfügungsgewalt der Götter über ihr Eigentum; die gesetzlichen Regelungen über Kulte und Priester sind wie jene über Magistrate Teil des *ius publicum*, des ‹öffentlichen Rechts›. Daneben existieren weitere

‹Rechte›, das *ius pontificale*, das ‹Pontifikalrecht›; aber das ist lediglich eine Sammelbezeichnung für Vorschriften, die die Pontifices betreffen – genau so wie das *ius parietum* die Vorschriften über Wände und Mauern bezeichnet. Auch hier wird deutlich: Ein einheitliches Konzept von Religion existierte in dieser Kultur nicht; die Aufzählungen, die das zu leisten scheinen (*sacra et sacerdotes; cura et caerimonia, tria genera theologiae*) sind offene Listen, die unter jeweils anderen Blickwinkeln zusammengestellt worden sind.

Die Kultvorschriften legitimieren sich durch ihr angeblich hohes Alter, sind aber wie alle mündlichen Traditionen nicht so fest, wie sie behaupten. In einer Gesellschaft, die starken inneren Wandlungsprozessen ausgesetzt ist, werden auch Traditionen ‹flüssig›, sie passen sich politischen Gegebenheiten an oder experimentieren rigoristisch mit einer Verselbständigung von Religion, die andere Bereiche negativ berührt. Einerseits wird dem Flamen Martialis und dem Flamen Quirinalis (wohl in spätrepublikanischer Zeit) gestattet, eine Aufgabe in der Provinzverwaltung zu übernehmen, die längere Abwesenheit von der Stadt erzwingt. Andererseits verlieren kurz vor 218 v. Chr. mehrfach Flamines Diales ihr Amt, weil ihnen die Kopfbedeckung im Freien heruntergeglitten war; ein Scipio unterbricht Anfang des zweiten Jahrhunderts v. Chr. einen Feldzug für die Tage, an denen in Rom Rituale von der Priesterschaft durchgeführt wurden, der er angehörte (die Salier). Auch die ‹Politisierungsphase› erscheint als Gemengelage unterschiedlicher Tendenzen.

Auf die ‹Verflüssigung von Tradition› im schubweise beschleunigten Wandel gibt es eine vielschichtige Reaktion, die sich als ‹Verschriftlichung› kennzeichnen läßt. Etwa seit dem Ersten Punischen Krieg begannen die großen ‹öffentlichen Priesterschaften› mit Aufzeichnungen: *Protokolle*, nicht normative oder systematische Texte, die gleichwohl mit ihren Präzedenzfällen und ihrer Dokumentation von Eintritten und Austritten von Kollegiumsmitgliedern (in der Regel durch Tod) kontrollierende, regelnde Funktion ausüben konnten. Während diese Texte überall sonst allenfalls in kleinen Zitaten auf uns gekommen sind, erlaubt uns die aufwendige Umschrift der Protokolle auf Stein, die die Arvalbrüder alljährlich vornahmen, einen solchen Text für fast dreihundert Jahre (mit großen Lücken) zu lesen.

Nachdem am Ende des dritten Jahrhunderts v. Chr. die Systematisierung römischer ‹Mythen› und Ansprüche auf konsularische Vorfahren in einer an griechische *Geschichtsschreibung* angelehnten Form begonnen hatte (zunächst griechisch, also zur privaten Lektüre bestimmt, bald auch durch öffentliche Listen von Amtsinhabern und Kalendern mit Tempelstiftungstagen ergänzt), tauchen seit dem zweiten Drittel des zweiten Jahrhunderts systematische Abhandlungen auf, die detaillierter die mit bestimmten Ämtern (*Über Pontifikalrecht*, *Über Zensoren*, *Über Ämterbefugnisse*) verbundenen Regelungen zu beschreiben suchen. Nach den wenigen und vorrangig aus späterer Zeit erhaltenen Texten geht es hier aber nicht um Handbücher für die Praxis, sondern um Traditionssicherung, faktisch oft genug Interpretation und Modifikation. Die Verfasser stammen durchweg aus dem Kreise der Senatoren. Das trifft auch für den bedeutendsten *Antiquar*, Marcus Terentius Varro, zu, der Traditionen sichern oder ausgraben will: Obwohl im zwanzigsten Jahrhundert vielfach behauptet, stellen seine *Antiquitates rerum divinarum* kein Reformprogramm dar.

Daß auch diese Literatur spekulative Kraft entfalten konnte, sei wenigstens an einem Beispiel gezeigt, der geheimen Schutzgottheit Roms. Dem römischen Heer, das eine feindliche Stadt belagerte, stand ein ungewöhnliches Ritual zur Verfügung: Der Feldherr versprach der Gottheit dieser Stadt in einem Gelübde einen Tempel (anfangs in Rom), wenn sie ihre Funktion als Schutzgottheit der feindlichen Stadt aufgäbe und den Römern so die Einnahme ermögliche. Daß die Gottheit auf dieses Geschäft eingegangen ist, wird durch die Eroberung deutlich, und dann wird das Kultbild abtransportiert (*evocare*).

Der Hintergrund dieses Rituals war, daß Städte üblicherweise Schutzgottheiten aufwiesen. In vielen italischen Städten übte Iuno diese Funktion aus; sie wurde in einem besonders prächtigen Tempel, in einem Tempel auf dem Burgberg oder dergleichen verehrt. Macrobius, ein Vergil-Kommentator des frühen fünften Jahrhunderts und vielleicht schon Christ formuliert den Umkehrschluß, der besagt: ‹Wenn jede Stadt eine Schutzgottheit hat und diese Schutzgottheit evoziert werden kann, dann wäre es eigentlich besser, wenn niemand den Namen dieser Schutzgottheit kennte. Denn wenn wir als Römer belagert werden und die Feinde den Namen unserer Schutzgottheit nicht kennen, können sie sie auch nicht herausrufen. Also wird Rom nicht erobert werden.› Dieser Gedankengang (*Saturnalien* 3,9,2 f.), der einzig durch den Hunnen-Einfall des Jahres 410 n. Chr., ganz kurz zuvor, widerlegt worden war, ist völlig plausibel vor dem Hintergrund antiker Annahmen über Namen. Mit der Kenntnis eines Namens erlangt man die Verfügbarkeit über eine Person. Das Märchen vom ‹Rumpelstilzchen› ist in unserem Kulturkreis das beste Beispiel dafür, daß solche Vorstellungen nicht nur auf Rom beschränkt gewesen sind.

Die Idee mit der Geheimhaltung findet sich aber auch in früheren Texten, aus denen Macrobius sie entnommen zu haben scheint, nämlich in den Vergil-Kommentaren des Servius, die wohl auf die Kommentare des Donat des späten vierten Jahrhunderts zurückgehen (indem ich zeitlich langsam zurückschreite, versuche ich ausfindig zu machen, wo der Ansatzpunkt zu diesen Spekulationen gegeben ist, und gebe gleichzeitig Einblick in eine für religiöse Daten nicht untypische Überlieferungslage).

In der Mitte des dritten Jahrhunderts finden wir den Polyhistor, man könnte auch Buntschriftsteller sagen, Solin. Auch Solin kommt auf den Geheimnamen zu sprechen und behauptet, daß ein Politiker der späten Römischen Republik, ein Valerius Soranus, diesen Geheimnamen gewußt habe. Solin behauptet, der Geheimname sei Diva Angerona, eine ansonsten nicht sonderlich hervortretende Göttin des römischen Kultes mit einem Fest, den Angeronalia, das am 21. Dezember wohl in einem Zusammenhang mit der Wintersonnenwende steht.

Diese Konstellation führt nun zurück auf Plinius den Älteren in seiner *Naturgeschichte*, in der zweiten Hälfte des ersten Jahrhunderts n. Chr. Auch Plinius bietet die beschriebene Kombination von Informationen. Er geht noch weiter, indem er behauptet, Valerius Soranus sei dafür, daß er den geheimen Namen verraten habe, hingerichtet worden, und zwar auf eine schreckliche Weise; er sei gekreuzigt worden – nicht gerade der Typ von Hinrichtung, der einem Angehörigen der römischen Oberschicht angemessen ist. Die historische Kontextualisierung läßt aber erkennen, daß der Volkstribun Quintus Valerius aus Sora 82 v. Chr. auf der Flucht vor Sulla von Pompeius in Sizilien ermordet worden ist. Eine ganz aktuelle politische Konstellation, die nichts mit irgendwelchen sakralen Gründen zu tun haben kann. Zugleich ist bekannt, daß Valerius Soranus Schriften religiös-antiquarischen Inhalts verfaßt hat. Darauf scheint die Kombination zurückzugehen. Der Geheimname bietet das verknüpfende Band.

Schaut man, was hinter diesen Spekulationen steht, kommt man über die frühe Kaiserzeit nicht weiter in die Vergangenheit zurück. Die Vorstellung entsteht zu einem Zeitpunkt, an dem man über das Ritual des ‹Herausrufens von Göttern› noch Bescheid wußte, es aber nicht mehr praktizierte. Alle uns bekannten Schutzgötter, die evoziert worden sind, waren auch namentlich bekannt. Die Schutzgottheit wird im größten Tempel der Stadt, an der sichtbarsten Stelle verehrt. Dem religionshistorischen Befund nach ist die Annahme, daß der

Name der Schutzgottheit geheimgehalten wurde und ihren Kult niemand kennte, absurd.

Das Zweite: Für Diva Angerona, die Hauptkandidatin für die geheime Schutzgottheit, gibt es keinerlei Überlieferungen, die sie in einen derartigen Zusammenhang hineinstellten. Wir wissen aber, daß die Statue dieser Göttin mit einem vor dem Mund erhobenen Finger dargestellt worden ist. Und offensichtlich scheint dieses Bild – als Schweigegestus wohl richtig interpretiert – mit den Vorstellungen über den geheimen Namen zusammengebracht worden zu sein. Es gibt weitere Spekulationen, die etwa mit der Umkehrung des Namens Roma arbeiten: Amor (‹Liebe›) sei der geheime Name der Schutzgottheit. Mit dem Namen wird noch weiter gespielt, Flora ist eine andere Kandidatin. In Anknüpfung an konkretem Kult wird hier spekuliert und rekonstruiert, in einer Weise, die durchaus gewissen Anforderungen an rationale Kohärenz genüge tut, aber weder in den Bereich der philosophischen Reflexion hineinfällt noch in den Bereich der Mythenbildung. Für diesen Typ von Diskurs ist Schriftlichkeit wohl konstitutiv; es ist ein Diskurs, der sich in der Lektüre und dem erneuten Verfassen von antiquarischen und unterhaltenden Werken abspielt.

Theorie der Praxis

Die zuletzt gezeigten Gedankengebäude sind nicht das, worauf der antike Begriff der *theologia civilis* zielt: Diese spricht den konkreten, nicht den versprachlichten Kult an. Es ist denkbar, daß Varro diesen Begriff gerade deswegen so intensiv aufgriff, weil er auch der unter philosophisch-literarischem Rechtfertigungsdruck stehenden rituellen Praxis – muß der einem Eingeweideschauer begegnende Eingeweideschauer nicht lachen? – ‹theoretischen› Status verlieh, sie in den Begriff der ‹Theologie› hinein- und damit (hin-)aufhob. Der römische Weg, das Festhalten an der *mos maiorum*, der Tradition (das sich mit beiden, der direkten philosophischen Unterstützung wie dem Festhalten aus staatspolitischer Nützlichkeit, vertrug), war damit auch im universalistischen Horizont griechischer Philosophie (die nicht mit der Praxis griechischer Städte zu verwechseln ist) legitimiert.

II Leistungen

6 Soziale Ordnungen: Opfer und Bankett

Beispiele

Jeder nähere Blick auf rituelle Praxis führt zum Opfer. In seinen verschiedenen Formen ist es die Bildchiffre für eine Frömmigkeit, die die traditionellen Grundwerte der römischen Gesellschaft akzeptiert – erst in der späteren Kaiserzeit wird sich das für das blutige Tieropfer ändern. Der Chiffre-Charakter der zentralen Handlungen unmittelbar vor und nach der Tötung läßt leicht vergessen, daß es hier nur um Ausschnitte aus einer viel längeren Handlungssequenz geht. Daher seien zunächst einige der wenigen normativen Texte zur Durchführung von Opfern vorgestellt, die einen weiteren Blickwinkel zeigen – im Vergleich zum griechischen Opfer ist die Quellenlage im römischen Bereich dramatisch schlecht. Die Beispiele, die aus Catos Werk *Über die Landwirtschaft* stammen, haben zugleich den Vorteil, den in den meisten Quellentypen unterrepräsentierten Privatkult zu zeigen. Sie haben den Nachteil, daß sie die Ortsveränderungen übergehen können, die zu den permanenten Orten des Opfers, den Tempelarealen, offenen Kultplätzen und Hainen führen: Jedes größere Opfer ist mit einer kaum weniger kleinen Prozession verbunden.

Wie bereits erwähnt, weist Cato den religiösen Vorschriften keinen separaten Abschnitt in seinen Ausführungen zu, die Vorschriften für den Landbau sind eng mit den religiösen Anweisungen verzahnt und gehen ineinander über. Zunächst geht es um den ‹Schmaus›, die *daps* (Kapitel 132):

> *Der Schmaus soll auf diese Weise gemacht werden: Dem Schmaus-Iuppiter sollst Du einen kleinen Becher von Wein darbringen, wie groß du willst. An diesem Tage ist Ruhe für die Arbeitsrinder, die Ochsenknechte und diejenigen, die den Schmaus bereiten sollen: Wenn Du es darbringen sollst, mache es*

> *so: ‹Schmaus-Iuppiter, weil Dir in meinem Haus, in meiner Sklavenschaft* (familia) *ein kleiner Becher von Wein für den Schmaus gemacht werden soll, deshalb sei geehrt* (macte) *durch diesen jenen Schmaus da, der Dir darzubringen ist.› Wasche die Hände, anschließend nimm den Wein: ‹Schmaus-Iuppiter, sei geehrt durch jenen Schmaus, der Dir darzubringen ist, sei geehrt durch den auf die Erde gegossenen Wein.› Wenn Du willst, gib der Vesta. Der Schmaus für Iuppiter sei ein Opfer im Wert von einem As (oder: ein geröstetes Schaf) und eine Urne voll Wein* (12,5 Liter). *Dem Iuppiter profaniere es in rituell korrekter Weise durch deine Berührung. Anschließend, nachdem der Schmaus gemacht worden ist, sollst Du italienische Hirse, Lauch und Linsen säen.*

Profanare hat pragmatisch die Bedeutung von ‹opfern›, konkret steckt aber die Vorstellung dahinter, daß etwas aus dem Heiligtum (*fanum*) vor (*pro*) das Heiligtum gebracht wird – ins ‹Profane›. Hier wird innerhalb des Bereichs des Sakralen profaniert, und das heißt ganz konkret, daß es dem menschlichen Gebrauch freigegeben wird. Die zwölfeinhalb Liter dürfen von den menschlichen Teilnehmern getrunken werden, während Iuppiter sich mit einem beliebig kleinen Becher Wein, der ihm auf die Erde geschüttet wird, zufrieden geben soll.

Das nächste Beispiel erscheint im übernächsten Kapitel (134). Zeitlich bewegte man sich zuvor im Bereich der Aussaat, zwischenzeitlich wurde der Baumschnitt besprochen und jetzt befindet man sich im Herbst unmittelbar vor der Ernte:

> *Bevor Du erntest, soll der Ceres eine porca praecidanea* (ein ‹vorher zu tötendes Schwein›) *auf diese Weise dargebracht werden: Der Ceres ein vorher zu schlachtendes Schwein mit einem weiblichen Schwein, bevor diese Feldfrüchte eingefahren werden: Spelt, Nacktweizen, Gerste, Bohnen, Rüben. Spreche mit Weihrauch und Wein dem Ianus, dem Iuppiter und der Iuno die Einleitung, bevor Du das weibliche Schwein opferst. Dem Ianus setze einen Kuchen so vor: ‹Vater Ianus, ich bitte Dich durch diesen Dir vorzusetzenden Kuchen mit diesen guten Bitten, daß Du wohlgesonnen, gnädig seiest mir, meinen Kindern, dem Haus und meiner Sklavenschaft.› Setze dem Iuppiter einen (anderen Typ von Opfer-) Kuchen vor und opfere so: ‹Iuppiter, ich bitte Dich, durch diesen Dir vorzusetzenden Opferkuchen mit guten Bitten, daß Du wohlgesonnen, gnädig seiest mir, meinen Kindern, dem*

Haus, meiner Sklavenschaft. Sei geehrt durch diesen Kuchen.› Anschließend sollst Du dem Ianus so Wein geben: ‹Vater Ianus, wie ich Dich durch den vorzusetzenden Kuchen mit guten Bitten gut angefleht habe, aus diesem Grund sei geehrt durch den auf den Boden gegossenen Wein.› Anschließend zu Iuppiter so: ‹Iuppiter, sei geehrt durch diesen Kuchen, sei geehrt durch den zu Boden gegossenen Wein.› Danach sollst du das ‹vorher zu schlachtende Schwein› töten. Sobald die Innereien abgeschnitten sind, setze dem Ianus einen Kuchen vor und opfere ihn auf dieselbe Weise, wie du ihn vorher vorgesetzt hast. Dem Iuppiter setze einen (anderen Typ von Opfer-) Kuchen vor und opfere auf dieselbe Weise, wie Du es vorher gemacht hast. Ebenso gib dem Ianus Wein und gib dem Iuppiter Wein, ebenso wie vorher gegeben worden ist, wegen des vorzusetzenden einen Typs von Opferkuchen und dem darzubringenden anderen Typ von Opferkuchen. Anschließend gib der Ceres die Innereien und Wein.

Ein recht komplexes Ritual. Etliche Begleitrituale richten sich gar nicht an die eigentliche Adressatin des Opfers, nämlich Ceres, sondern beziehen andere Götter ein. Ianus, den Gott der Anfänge. In späteren Texten wird verlangt, Ianus immer zuerst anzusprechen, weil er der Gott des guten Anfangs sei. Ferner Iuppiter, den höchsten politischen Gott, im Vorspruch um Iuno erweitert. In der Beschreibung der *lustratio agri*, der ‹Musterung des Landes› (Kapitel 141), werden in einem Opfer an Mars wiederum Ianus und Iuppiter im Vorspruch berücksichtigt. Wichtig bei jenem Opfer, das aus Schwein, Schaf und Stier – freilich alle Tiere im säugenden Alter (und entsprechend billig) – besteht, sind die Regelungen für den Fall, daß es zu keiner *litatio* kommt. Die Untersuchung der Eingeweide der frisch geschlachteten Tiere muß positiv ausfallen, muß Fehlerfreiheit ergeben, wenn der Gott das Opfer annimmt. Cato schreibt für den Fall, daß dem Gott ‹nicht Genüge getan› worden sei, ein differenziertes Sühnopfer vor: ein Schwein, wenn es in ein oder zwei Fällen Zweifel gab; eine Wiederholung des ganzen, wenn in keinem Fall *litatio* erreicht wurde. Es fällt auf, daß es verboten ist, im letzteren Fall die Opfertiere ‹Lamm› und ‹Kälbchen› zu nennen; gefordert wird, allein die Sammelbezeichnung Suovetauriia zu verwenden, die in ihrer Bildung ausgewachsene Tiere voraussetzt. Auch ‹Mars› ist im letzten Fall nicht anzusprechen: Hier wird rituell dramatisiert und eine Störung von dritter Seite einbezogen – die Kontrollebene Divination läuft mit.

12. Decennalienbasis (Forum Romanum)

Eine der fünf Säulenbasen, die im Jahr 303 n. Chr. aus Anlaß des zwanzigjährigen Herrschaftsjubiläums Diokletians (20. November 284 n. Chr.) – zugleich zehnjähriges Jubiläum der Tetrarchie (Vierkaiserherrschaft, 1. März 293) – aufgestellt wurden. Sie zeigt die Opferprozession für Suovetaurilia; die Tiere sind geschmückt und werden von *popae* begleitet. Ursprünglich trugen vier Säulen Kaiserstatuen, wie die Darstellung auf dem späteren Konstantinsbogen ausweist.

Foto: Jörg Rüpke

Ich möchte noch ein Gegenbeispiel anführen, das zeigt, wie einfach ein Opfer sein kann. Das ist die Regelung des Kapitels 143, die insbesondere dem Hausgott, dem *Lar*, gilt: ‹An den Kalenden, an den Iden, an den Nonen und wenn ein Festtag sein wird, setze einen Kranz auf den Herd, und an denselben Tagen soll man den Familienlar um Fülle des Vorrats bitten.› Religion kann auch einfach sein.

Opfer und Bankett

Die Catonischen Beispiele belegen eine früher gemachte Beobachtung: Es geht nichts ohne Gebet, aber das Gebet tritt fast nie allein auf. In der Regel ist es von einer Gabe, einer ‹Aufmerksamkeit›, besser vielleicht: einem ‹Aufmerksamkeitserreger› begleitet. Das kann wenig sein, aber es ist regelmäßig – auch wenn größere Weihegaben im Zentrum stehen – Weihrauch, der zu duftendem Rauch verbrannt wird, oder Blumen – hier ist der (An-) Reiz visuell – oder Verzehrbares. Verzehrbares wird dem Gott vorgesetzt (‹dargebracht›) oder vergossen oder verbrannt. Die Physik der Nahrungsaufnahme ist nicht wichtig, dem Iuppiter wird Wein auf die Erde gegossen, obwohl er ein Himmelsgott ist. Offensichtlich sind die Vorstellungen inkohärent. Das zeigt sich auch an der kultischen ‹Infrastruktur›.

Der Altar dient zum Verbrennen des Anteils des Opfers, der den Göttern zufällt. Daneben findet ein kleiner tragbarer Altar (*foculus*) Verwendung. Dieser wird für jedes Opfer benötigt (Servius, *Aeneis* 3,134). Er dient der Durchführung der Voropfer, jener unblutigen Weihrauch- und Lebensmittelgaben, die der Schlachtung des Tieres vorangehen. Neben Altar und Tragaltar werden natürlich Kücheneinrichtungen benötigt. Das Fleisch muß präpariert und gekocht werden.

Der Altar selbst kann auch ohne den räumlichen Bezug auf einen Tempel gedacht werden, etwa bei einer Aufstellung in einem Hain. Wenn die Situation es verlangt, läßt sich ein Altar auch aus Rasenstükken improvisieren. Die zentrale Rolle, die der Altar in der Durchführung des Rituals einnimmt, spiegelt sich in seiner Verwendung als Symbol, als zusammenfassendes Zeichen für das komplexe Gesamtritual wider. Altäre sind eine sehr häufige Form von Weihegeschenken; in dieser Funktion wird die klassische Form des Altares auch in christlichen Kultgebrauch hinübergenommen.

Charakteristisch für die gesamte Antike ist aber ein doppeltes Opfersystem. Dieses doppelte System existiert auch im Vorderen Orient; es kombiniert das blutige Tieropfer am Altar außerhalb des Tempels mit dem Speiseopfer im Tempel. Vor dem Kultbild wird ein Tisch aufgebaut. Auf diesem Tisch werden Speiseopfer, werden Gaben (nicht nur verzehrbare Gaben, sondern selbst eine Geldspende) die für den Gott bestimmt sind, niedergelegt. Hier ist die Kommunikation mit dem Gott eine ganz andere als die, die auf dem Altar draußen stattfindet. Die Gaben, die Speiseopfer werden dem Gott in der Form präsentiert, in der sie auch einem Menschen präsentiert würden, der anthromorphe Umgang mit dem Gott ist hier sehr stark ausgeprägt. Was mit diesen Opfergaben geschieht, ist unklar. Vermutlich werden sie aber nicht verbrannt, sondern von den Tempelangehörigen, den Priestern, abgeräumt und verzehrt.

Im Altarritus besteht kein Bezug auf ein Kultbild, auch wenn man in der späteren Theorie das Kultbild und die Türöffnung des Tempels zumindest in eine Sichtachse mit dem Außenaltar zu bringen versucht.

13. Imaginärer Tempel auf einem beschnittenen Ladenschild (Marmorrelief, Musei Vaticani, Galleria delle statue, Inv. 568).

Das große kreisförmige Gefäß in der Bildmitte des rechts und links beschnittenen Reliefs liefert den Schlüssel für den Zweck der Darstellung und der Inschrift, die wohl als ‹In diesem Geschäft des Sabinius Maternus werden Hohlmaße verliehen› zu verstehen ist (Helbig Nr. 140). Die als Amazone gekleidete Roma mit einer Lanze (links) und Annona mit dem Füllhorn (rechts, oder Fortuna?) werden als Schutzgottheiten der Getreideversorgung in einem Tempel imaginiert, aus dem sie als Eigentümerinnen herausschauen. Auf den brennenden Altar in der Mitte wird eine Weinspende gegossen. Die Fiktion weist die römische Wahrnehmung von Tempeln aus: das hoch über Straßenniveau liegende Haus von Gottheiten und Ort kontinuierlichen Kultes. Die frühere Identifizierung mit dem Concordiatempel auf dem Forum (siehe *Corpus Inscriptionum Latinarum* 6,29816) ist abzulehnen (Hinweis Richard Gordon).

Foto: DAI Rom (Anger). Inst. Neg. 97 Vat. 471

Aber prinzipiell kommt der Altar ohne Tempel und Kultbild aus. Die Gaben für die Götter werden verbrannt, während die Menschen den Rest verspeisen. Nur ein ausgesuchter Teil kann im Tempelinneren auf den Tisch kommen – ein verklammerndes Element dieses ‹doppelten Opfersystems›.

Bei größeren Lebensmittelmengen – Catos Wein – und bei Tieropfern – die vollständige Verbrennung ist seltene Ausnahme – partizipieren die Menschen am Opfer. Auf das Opfer folgt das Bankett.

Tempelanlagen weisen sehr häufig Kücheneinrichtungen und Speisesäle auf, dasselbe gilt für aufwendigere Grabanlagen, wie man etwa in Ostia sehen kann: herdartige Einrichtungen, Bereiche, in denen wie in einem Speisesaal einer Villa Bänke aufgemauert sind, auf denen man dann speisen kann, in wenigen Fällen feste Tische in der Mitte.

Die Verbindung von Opfer und Bankett ist stereotyp, aber der zeitliche Zusammenhang ist nicht eng. Nach der kleineren oder größeren Prozession zum Altar in einem Tempelareal (der Normalfall auch für private städtische Tieropfer) findet eine zeichenhafte Reinigung durch Besprengen mit Wasser statt. Nach den unblutigen Voropfern wird das Tier mit der *mola salsa*, der schon erwähnten Salzlake, bestreut. Der Opferleiter, der in der Regel die Kosten trägt, streicht dem Tier mit dem Messer über den Rücken. Der Schlächter (*victimarius* oder allgemeiner, im Sinne von ‹Opferdiener›, *popa*) fragt: *Agone*, ‹soll ich handeln?› Die Antwort *Age* gibt das Signal zur Tötung. Das Tier muß getötet werden, es muß ausbluten, es wird seziert, die Innereien werden angeschaut. Das Tier muß kleingeschnitten werden. Es muß auf Kochtöpfe verteilt werden. Es muß gar gekocht werden. Bis zu dem Moment, da man sich hinsetzen kann und das gekochte Tier verspeist, können Stunden vergehen. An manchen Feiertagen dürfen in der Zeit zwischen *exta caesa*, dem Herausschneiden der Innereien und dem Darbringen der gekochten Innereien an die Götter, *inter caesa et porrecta*, profane Handlungen, Rechtsprozesse und dergleichen, stattfinden. Dann folgt das Essen. Aber wie?

Drei Möglichkeiten existieren. Die erste ist die sogenannte *cena recta*, die richtige Mahlzeit. Das heißt, man setzt sich zusammen, ißt, trinkt und feiert. Eine Alternative stellen die sogenannten *sportulae* (daher ‹Sporteln›). Anteile des Opfers werden gar nicht an Ort und Stelle verzehrt, sondern in kleine Körbchen (*sportulae*) abgefüllt und den Teilnehmern mitgegeben; die Größe der Körbchen kann variieren. Die dritte Möglichkeit (die mit beiden anderen kombiniert werden kann) heißt Verkauf von Opferfleisch. Opferanteile werden gegen Geld abgegeben – in Rom, wie wir sehen werden, aus bestimmten Gründen der Normalfall für die Teilnahme der breiten Bevölkerung an den ‹öffentlichen Opfern› (auch wenn die Römer selbst dazu neigen, das für späteren Einfluß zu halten).

Der Verkauf kann Probleme bereiten. Im ersten Brief an die Korinther (10,25 ff.), also einem christlichen Text, beschäftigt sich Paulus mit der Frage des Verzehrs von Opferfleisch. Seine Empfehlung: Alles, was auf dem Fleischmarkt verkauft wird, eßt, ohne aus Gewissen-

14. Antoninischer Feldherrnsarkophag
(Mantua, Palazzo Ducale Inv. g. 6727)

Die Stirnseite des Sarkophags zeigt in der mittleren der drei Szenen (links und rechts der Feldherr) eine detaillierte Darstellung eines Rinderopfers. Im Hintergrund erkennt man einen Tempel, die Handlung konzentriert sich aber auf den tragbaren *foculus,* den kleinen Herd vor den rechts des Herdfußes noch gerade erkennbaren Stufen, die zum Tempelpodium hinaufführen. Hinter dem Altar wird intensiv eine Doppelpfeife, *tibia,* gespielt. Links davon steht der Leiter des *sacrificium,* durch seinen Speer als Militär ausgewiesen. Er gießt aus einer Spendeschale (*patera*) in seiner Rechten Wein ins Feuer; links hinter ihm trägt ein Opferdiener eine kleine Kanne (*gutus*, als antiker Spezialbegriff nicht gesichert), er ist wie der Tibiaspieler bekränzt. Rechts des Altars wird das Tier getötet: Ein *popa* oder *victimarius* in aufwendig gesäumtem Schurz zieht den Kopf des Tieres an einem Horn und an den Nüstern herunter, an einem Gürtel ist die Scheide für das Opfermesser (*culter*) zu erkennen. Der andere hat die Axt (*securis*) zum Schlag erhoben.

Foto: DAI Rom (Koppermann). Inst. Neg. 62. 126

haftigkeit nachzuforschen. Wenn Ihr aber explizit etwa von Euren Gastgebern darauf hingewiesen werdet, daß es sich um Opferfleisch handelt, dann sollt Ihr den Genuß dieses Fleisches verweigern. Die Begründung wird dazwischen geschaltet: Alles was auf der Welt ist, ist von Gott gegeben. Und insofern sind auch diese Opfertiere, selbst wenn sie das Pech hatten, durch irgendwelche heidnischen Rituale gegangen zu sein, letztlich eine Gottesgabe. Nur wenn das gegen Euch ausgelegt wird oder das Argument kommt, daß damit andere in Versuchung gebracht werden (die Schwachen spielen in den Korinther-Briefen immer eine große Rolle), verweigert den Genuß von Opferfleisch.

Es fällt auf, daß in römischen Quellen – in deutlichem Unterschied zum griechischen Befund – der Zusammenhang zwischen Opfer und Bankett kaum angesprochen wird. Zwei Möglichkeiten bestehen, damit umzugehen. Die eine liegt darin, auf einigen wenigen römischen

Zeugnissen aufbauend, die griechische Idee, daß die Menschen die Götter einladen und gemeinsam mit ihnen speisen, auch für Rom zu unterstellen. Unzweifelhaft gehört diese Idee zur altorientalisch-altmediterranen Opferpraxis, gehört auch zu der Art und Weise, wie in Rom das Fleisch aufgeteilt wird, wie John Scheid in einem brillanten Artikel gezeigt hat. Alternativ kann man das Opfer-Bankett mit anderen römischen Banketten vergleichen und – wie schon beim ‹doppelten Opfersystem› – erneut Inkonsistenzen festhalten. Ich wähle den zweiten Weg.

Wer lädt wen ein? Bankette sind das A und O der römischen Aristokratie. Der Speiseraum (*triclinium*) ist der Fluchtpunkt des klassischen römischen Hauses, die namengebende Grundausstattung mit drei Liegen ist für drei mal drei männliche Teilnehmer bestimmt, dient also nicht primär den Familienmahlzeiten. Man lädt sich gegenseitig ein, ißt und spricht miteinander, singt und hört Lieder, die im Lob der Vorfahren die gemeinsamen Werte festigen. Die öffentlichen Priesterschaften waren durch ihre aufwendigen Mähler sprichwörtlich; als der Kult der Mater magna eingeführt wurde, hatte die Oberschicht nichts Eiligeres zu tun, als einen neuen Typ von Banketten, *mutationes*, ‹wechselseitige Einladungen›, zu erfinden. Das alles sorgt für Kommunikation und Konsens, bietet aber auch eine neue Ebene des Wettbewerbs. Wertvolles Tafelgeschirr ist schon im archäologischen Befund der orientalisierenden Phase auffällig häufig vertreten (herausragend: Ficana); im zweiten Jahrhundert v. Chr. mußten Luxusgesetze die Exzesse bremsen. Warum dann nicht auch mit den Göttern tafeln?

Auf eine entscheidende Frage des Speisens scheint sich im Opferbankett aus römischer Sicht keine klare Antwort zu finden: Wer lädt wen ein? Die Götter laden die Menschen ein: Das ist von Plautus bis Martial, von 200 v. Chr. bis 100 n. Chr. ironisch gemeint, als Einladung zum Tod. Die Menschen laden die Götter ein: Das ist im Normalfall als Einladung zum Wohnen, als das Anbieten eines Tempels gemeint. Dazu paßt Wort- und Sprachgebrauch von *lectisternium*: Nicht ‹Götter-Bewirtung›, sondern ‹Bettenbauen› wäre die bessere Übersetzung. Es wird die Infrastruktur für ein Bankett eingerichtet, das *lectisternium* wird gemacht oder abgehalten, nicht Götter dazu ‹eingeladen›: Das Bankett führen die Götter selbst durch (ich rede von Vorstellungen, nicht davon, ob Menschen auch noch Götterfiguren und Speisen heranschleppen). Auch zum *epulum Iovis* wird Iuppiter nicht ‹eingeladen›, es wird ihm von den Epulonen ‹angesetzt›. Die Menschen als Gastgeber, die auf göttlichem Grund und Boden, mit

Hilfe der dortigen Infrastruktur tafeln? Schwer vorstellbar. Gegessen wird – und doch wohl zusätzlich zum sonst Mitgebrachten – auch vom ‹Sacer-Gemachten› und dann vom Gott Freigegebenen, vom ‹Profanierten›.

Die Schwierigkeit, von gegenseitiger Einladung zu reden, hängt sicher damit zusammen, daß Römer nur mit Ihresgleichen tafeln. Diese Gleichheit – ein erneuter Unterschied zu griechischen Verfahren – ist nicht durch das Bürgerrecht hergestellt; nicht rechtliche, sondern soziale Gleichheit ist erforderlich. Selbst die Frage, wer *ex sacrificio*, ‹vom› Opfer essen darf, wird damit zum Problem. Das kostenlose Speisen von Opfern, die vom Gemeinwesen ausgerichtet und finanziert werden, kann damit nicht – ein dritter Unterschied zu Griechenland – Sache der Vollbürger sein, sondern ist ein (gehütetes) Privileg. Dieses *ius publice epulandi* ist auf (Ex-) Magistrate und ‹öffentliche Priester› beschränkt. Die ‹Staatsreligion› der durch das neunzehnte Jahrhundert geprägten Religionsgeschichten hat sich einmal mehr als ‹Privatreligion› der Führungsschicht entpuppt, die ihr soziales Prestige gerade durch politische Funktionen definiert.

Hierarchien

Sind schon die institutionalisierten Vorstellungen des römischen Opfers inkonsistent, so steht die Frage nach ‹Funktionen› noch stärker unter dem Vorbehalt zeitlicher, sozialer, ja individueller Unterschiede: Das Beispiel der geheimen Schutzgottheit Roms hat gezeigt, wie weit die durch keine kanonisierte ‹Lehre› kontrollierten Deutungen auseinander laufen können.

Eine erste Funktion des Opfers ist Hierarchien abzustecken. Das geschieht auf mehreren Ebenen. Die erste und offensichtlichste Ebene ist das Hierarchiegefälle zwischen Gottheiten und Menschen. Das zeigt sich vor allem in zwei Punkten. Die Gottheit oder die beteiligten Götter essen zuerst. Die Einzelteile werden gekocht, und dann sind es zunächst die Götter, die ihren Anteil auf dem großen Altar zur Verbrennung erhalten, der nun, Stunden nach der Tötung des Tieres, wichtig wird. Die Gottheit ißt zuerst: Das ist, wenn man sich eine Tischgesellschaft vorstellt, auch heute noch ein deutliches Zeichen des Vorranges. Zweitens, die Gottheit erhält die wichtigsten Stücke, die Innereien. Das sind in römischer Terminologie die *Vitalia*, die lebensnotwendigen Teile: die Leber, die Galle, die Lunge, das Bauchfell, seit dem dritten Jahrhundert v. Chr., präzisiert die Überlieferung, auch das Herz. Der Rest, vom Filet bis zu den Haxen sind Dreingaben, die das Tier zufällig hat, die aber nicht eigentlich notwendig sind. Das Eigentliche bilden die inneren Organe, und diese bekommt die Gottheit. Dazu können noch einzelne Teile kommen, ‹Erhöhungen› (*augmenta*); einzelne Heiligtümer – es hängt also vom Ort ab – verlangen noch ‹Vermehrungen› (*magmenta*). Die ‹Topographie› des Opfertieres ist kompliziert, in jedem fünften Jahr wird für das Kollegium von den Pontifices in einem besonderen Opfer auch der Schwanzansatz dargebracht (*caviares hostiae*). Trotz des erhöhten Cholesteringehalts der Innereien erscheint das Vorgehen etwas merkwürdig. Es hat schon in der griechischen Antike, in deren Opferregeln die Zusammensetzung dessen, was die Götter erhalten, noch einmal etwas anders ist, Kritik gefunden: der ‹Opfertrug› des Prometheus.

Hierarchien werden aber nicht nur zwischen Menschen und Gottheit, sondern auch zwischen Menschen und Menschen abgesteckt. Wer das Opfer leitet, muß nicht identisch sein mit demjenigen, der das Tier tötet. Auch hier fallen vermeintlicher Höhepunkt der Opferhandlung und die Hierarchie der handelnden Personen auseinander. Das Töten von großen Tieren zumindest wird von Spezialisten, von *victimarii* vorgenommen. Diese sind auf den Reliefdarstellungen meistens nur mit einem Lendenschurz bekleidet und tragen die lange Axt oder auch einen Dolch. Weitere Opferdiener, *ministri*, sind oft Jugendliche oder gar Kinder, die etwa das Weihrauchkästchen oder anderes tragen, halten oder zureichen; auch sie sind an Kleidungsdetails erkennbar, der Opferherr verhüllt seinen Kopf und setzt sich dadurch von allen anderen ab.

Die wichtige Rolle, die Rangstufen beim Opfer spielten, wird darüber hinaus nur in wenigen Fällen greifbar. Eines dieser Rituale sind die *feriae latinae* mit dem Opfer am Albaner Berg – ein Ritual, an dem die alten latinischen Bundesstaaten teilnahmen. Für die Anerkennung als Bündnispartner war es sehr wichtig, wer am Opferfleisch partizipieren – *particeps*, ‹Teil-Nehmer sein› – durfte. In welcher Reihenfolge durfte genommen werden? Das lateinische Wort *princeps* benennt denjenigen, der als erster nimmt; die Metapher scheint dem Bereich des Opfers und Banketts zu enstammen.

Eine Alternative zur Reihenfolge des Nehmens ist, die Größe der Portion zu variieren. So etwas findet sich in verschiedenen Vereinsgesetzen. Dort erhalten die Vorsitzenden der Vereine, die *Quinquennales* etwa die doppelte Portion, die niederen Funktionäre der Vereine, etwa Kassenwart und Schreiber, bekommen die anderthalbfache Portion und die einfachen Mitglieder erhalten die einfache Portion. Diese Portion kann man mit nach Hause nehmen: in *sportulae*, in ‹Körbchen›. Das kann zu einer regelrechten Quelle der Alimentierung christlicher Kultfunktionäre, von Priestern, von Diakonen werden, die an jedem Mahl in der Form von solchen doppelten oder erhöhten Portionen beteiligt werden können.

Eine letzte Hierarchie, die im Opfer abgesteckt und in verschiedenen Mythen, die mit dem Opfer zusammenhängen, auch durchgespielt wird, ist die Hierarchie zwischen Menschen und Tieren. Der Mensch ist derjenige, der töten darf. Das Tier ist dasjenige, das getötet wird. Ovid deutet das ‹erste› Schweineopfer als Bestrafung, als Übergabe des Schuldigen (*deditio noxae*) an die betroffene Gottheit, an Ceres. Ähnlich scheint der Umgang mit Frevlern, ihre Überlassung (sie werden nicht getötet!) an die Götter, verstanden worden zu sein. Der Fall zeigt aber, daß die Differenz Mensch–Tier nicht im Ritual problematisiert wird, sondern im Nachdenken über das Ritual; die attischen *Buphonia* (‹Stieropfer›), die die Reflexion im Medium des Rituals bezeugen, fehlen in Rom. Für die römische Kultur ist die Grenze zwischen Menschen und Sklaven, zwischen Dein und Mein wichtiger – das findet Niederschlag in rituellen Bestimmungen.

Gabe

Als Gabe schafft das Opfer Verpflichtungen. Die Phrase des *do ut des*, ‹ich gebe, damit du gibst›, ist in der modernen Analyse häufig auf die Interpretation römischer Opfer angewandt worden. Derjenige, der das Opfer durchführt, gibt der Gottheit etwas. Diese Perspektive wird in bildlichen Darstellungen, die auf den zweiten Teil des ‹doppelten Opfersystems› bezug nehmen, deutlicher – in Rom im Vergleich zu Ägypten und dem Alten Orient durchaus seltener. Menschen treten vor eine Götterstatue mit irgendetwas in den Händen, tragen es auf Tabletts oder weisen auf einen Tisch, auf dem Gaben vor dieser Gottheit aufgehäuft sind. Ich gebe der Gottheit etwas, damit sie mir etwas gibt. Ich erwarte dann typischerweise nicht das Schwein zurück, das ich gerade für die Gottheit geschlachtet habe, sondern erwarte als Gegengabe gutes Gelingen der Ernte – so bei Cato –, gutes Gelingen der Aussaat, eine gute Geburt, eine Reinigung, eine Beruhigung nach Trauerfällen oder Erfolg in meinen Handelsgeschäften. In dieser Perspektive gewinnt das Opfer etwas von einem Vertragsabschluß, gewinnt eine rechtliche Komponente; dadurch, daß ich gegeben habe, ist die Gottheit in eine Verpflichtung geraten, mir etwas zurückzugeben. Eine gegenseitige Verpflichtung: Ich danke der Gottheit natürlich auch wiederum mit dem nächsten Opfer, wenn sie mir etwas gegeben hat. Ein ständiges Wechselspiel, und man verengt die Perspektive, wenn man sich nur auf den einen Schritt aus einer Vielzahl von Schritten, das ‹ich gebe, damit du gibst›, konzentriert. Es gibt eine Kette von Akten, eine Reziprozität, eine Wechselseitigkeit des Gebens. Das ist der Normalfall.

Es kann nun sein, daß die Gegengabe der Gottheit ausbleibt. Das ist vielleicht eine Frage der Zeit oder das Problem eines rituellen Fehlers. Es gibt über dieses spätere Ausbleiben der Gegengabe hinaus aber noch eine Form der Dramatisierung dieser Beziehungen, ein rituelles Spiel, das deutlich macht, daß es nicht selbstverständlich ist, daß die Gottheit die dargebotene Gabe annimmt und sich damit selbst verpflichtet. Diese Dramatisierung geschieht über die sogenannte *litatio*, die Analyse der Innereien.

Die Eingeweideschau hat den Zweck festzustellen, ob das äußerlich fehlerfreie Tier innerlich in Ordnung ist oder nicht. Nach der antiken Vorstellung manifestiert sich in den Eingeweiden des Tieres die Annahme oder Ablehnung des Opfers. Bei einem äußerlich unauffälligen Tier erwartet man also nicht von vornherein, daß es auch innerlich gesund ist. Im Moment der Konsekration, der Tötung, in dem das Tier aus dem menschlichen Bereich in den Bereich der Gottheit überführt wird, macht die Gottheit deutlich: Ich will das Tier haben oder nicht. Diese Antwort wird in krankhaften Veränderungen der Innereien bis hin zum Fehlen des Herzens – ein wirklich schlimmes Zeichen – niedergelegt. Der Befund wird von dem Opfernden interpretiert, selten und ohne das Verfahren prinzipiell zu ändern, werden etruskische Eingeweideschauer, *Haruspices*, herangezogen. Die Innereien werden bei positivem Befund separat gekocht und später für die Götter verbrannt. Es sind also die der Gottheit am engsten zugehörigen Teile, in denen die Botschaft ‹kodiert› wird – es gibt sogar eine Etymologie, die das Wort *exta*, ‹Eingeweide›, von den Göttern, den ‹Herausragenden› ableitet.

Mit der Eingeweideschau wird die Annahme der Gabe dramatisiert. Es muß nicht sein, daß die *litatio*, die Feststellung, daß das Tier von der Gottheit angenommen worden ist, sofort eintritt. Scheitert sie, ergeben sich zwei Möglichkeiten. Die eine ist, das Opfer abzubrechen, da es sich offensichtlich nicht um den Moment oder den Anlaß handelt, zu dem der Gottheit das Opfer angenehm ist. Alternativ können solange Tiere geschlachtet werden, bis die Gottheit das Opfer annimmt (*usque ad litationem*); Catos Regeln zeigen Details. Eine kostspielige Angelegenheit. Und insofern kann das durchaus zu einem Prozeß werden, der kommunikative Formen annimmt. Man kann darüber kommunizieren, wie wichtig das Anliegen des Opferherrn ist, wieviel Nachdruck er dahinter setzt: demonstrativ, vor anderen, mit sich selbst oder im Dialog mit den beteiligten Kollegen, Gleichstehenden. Wenn der General in den Krieg ausziehen will, dann läßt er auch noch den fünften und zehnten Ochsen über die Klinge springen; wenn er an dem Senatsauftrag zur Kriegführung Zweifel hat, kann er nach dem ersten Tier sagen: Tut mir leid, ich hätte gerne euren Krieg geführt, aber die Götter wollen das nicht, wir brechen es mal für heute ab. Wie oft das so war, wissen wir nicht. Aber nochmals: Das Entscheidende ist die Dramatisierung der Annäherung an die nur über Zeichen greifbare Gottheit, sie wird durch den Verzicht auf automatische Wirkung der Gabe entscheidend personalisiert, mit einem unberechenbaren (und gerade daher Unberechenbares erklärenden) Eigenwillen ausgestattet.

Ordnungen

Die dritte Funktion heißt ganz allgemein: Das Opfer stellt Ordnungen her, in verschiedenen Bereichen. Die anfangs vorgestellten sozialen und anthropologischen Ordnungen sind davon nur ein Sonderfall. Verschiedene Opfertiere können verschiedenen Göttern zugeordnet werden, das heißt, über die Gabe bestimmt man den Adressaten. Etwas, was alltäglich geläufig ist: Je besser man jemanden kennt, um so eher sucht man ein sehr persönliches Geschenk für den Betreffenden aus – bis hin zu Scherzgeschenken, deren Witz genau darauf beruht, daß mit dem Geschenk einer Person eine Rolle zugeschrieben wird, die jene nicht haben möchte oder die einzunehmen ihr in der Öffentlichkeit peinlich ist. Als Strategie zur Personalisierung der Götter wurde das Grundprinzip bereits vorgestellt. Bestimmten Göttern werden bestimmte Opfertiere zugeordnet. Gegen den Getreiderost, also einer zur Vernichtung der Ernte führenden Krankheit, wird ein rötlicher Hund geopfert. Zwischen Opfer und dem hier nicht genannten Gott (Robigo?) wird eine Beziehung über die Farbe Rot hergestellt. Eine bereits mehrfach erwähnte, zentrale Regel ist, daß männlichen Gottheiten männliche Opfertiere, weiblichen Gottheiten weibliche Opfertiere geopfert werden. Die Gottheit kann weiterhin über die Größe, die Anzahl der Opfertiere, über das Alter der Opfer genauer bestimmt werden. Der Text aus den Protokollaufzeichnungen der Arvalbrüder aus dem Jahr 60 n. Chr. veranschaulicht das Gesagte:

> *Unter denselben Consuln, an den Nonen des April* (7. April), *opferte* (immolavit) *Lucius Calpurnius, der Sohn des Lucius, mit Beinamen Piso, der Magister des Kollegiums im Namen der Arvalbrüder auf dem Kapitol aufgrund eines Senatsbeschlusses wegen der angesetzten Bittfeste für die Gesundheit des Nero Claudius Caesar Augustus mit dem Beinamen Germanicus dem Iuppiter ein männliches Rind, der Juno eine Kuh, der Minerva eine Kuh, der öffentlichen Gesundheit* (salus publica) *eine Kuh, der Vorsehung eine Kuh, seinem Genius einen Stier, dem vergöttlichten Augustus ein männliches Rind.*
> *Acta arvalia* 28a–c, 10–14 Scheid

Die Opferliste enthält dezidierte Zuordnungen: Iuppiter bekommt das männliche Rind, Iuno und Minerva als weibliche Gottheiten weibliche Rinder, Kühe, der Genius des lebenden Kaisers einen Stier, also ein nicht kastriertes männliches Rind, der verstorbene Kaiser Augustus wiederum ein männliches Rind. Rinderopfer sind sehr groß und aufwendig, liefern hundert bis zweihundert Kilogramm Fleisch. Über das Alter der Tiere wird hier nichts gesagt. Herausgehoben ist der Genius des lebenden Kaisers, Nero selbst, der einen Stier erhält. Aus dieser Differenzierung ist zu entnehmen, daß ansonsten die männlichen Rinder allesamt Ochsen sind, also kastrierte männliche Rinder, die wesentlich einfacher zu handhaben sind. Wir haben hier eine, wenn auch sehr grobe Klassifikation der Götter, die aber gerade in diesem groben Profil doch in der Lage ist, sehr wirkungsvoll einen bestimmten Typ von Gottheit, nämlich den Genius des lebenden Kaisers, herauszuheben.

Religionsökonomie

Ohne Blick auf die ökonomische Dimension des Opferwesens wäre die Darstellung unvollständig. Im privaten Bereich sind die Opfer zumeist Schweine- und Schafopfer. Im öffentlichen Bereich dagegen dominieren die wesentlich teureren, wesentlich größeren Rinder. Auch das Alter der Tiere ist wichtig. Im privaten Bereich sind es überwiegend Jungtiere, die Fleischportionen liefern, die mengenmäßig noch von einer kleinen Gruppe verzehrt werden können und gleichzeitig finanziell im Rahmen bleiben. Es ist ein Unterschied, ob ein ausgesuchtes Mastschwein oder ein kleines Spanferkel gekauft und konsumiert werden soll. Die *sacra publica* besitzen Vorbildfunktion, demonstrieren ‹perfektes› Ritual, aber die Regeln enthalten Schlupflöcher: Catos Umgang mit den *Suovetaurilia*, einem dreifachen Opfer von Schwein, Schaf und Stier, bei dem er ausgewachsene Tiere durch Milchtiere ersetzt, demonstriert das – in einem Werk, das für die Investition von Kapital in die Landwirtschaft werben will.

Die Opfer fallen nicht vom Himmel, im Gegenteil, man nimmt sie ja, damit irgendetwas anderes vom Himmel fällt. Opfertiere müssen gezüchtet, gekauft und an die Stelle transportiert werden, an der das Opfer dargebracht wird. Das setzt einen ganzen Wirtschaftszweig voraus. Solange die typische Fleischmahlzeit in der Form des Opfers erfolgt, ist es wichtig, sich klarzumachen, daß die Opferregeln – wir haben bislang die ‹theologische› Seite betrachtet, für männliche Götter männliche Opfertiere und dergleichen – in einem langfristig funktionierenden Regelkreis auf die Grundsätze der Viehzucht abgestimmt sein müssen. Wenn die Wirtschaft nicht in der Lage ist, die Tiere, die geopfert werden müssen, zu liefern, brechen die Opfer zusammen. Umgekehrt, wenn die Opferregeln nicht die Tiere verlangen, die die Wirtschaft produziert, hat man überall an Altersschwäche sterbende Rinder und Schweine herumliegen. Auch das ist kein Wirtschaften, das in Verhältnissen dicht über der Grenze der Subsistenz, über dem Überleben aller, dauerhaft aufrecht zu erhalten wäre. Solche Kulturen wären zum Untergang verurteilt.

Ich möchte nur an einigen ganz wenigen Punkten mögliche Konsequenzen sichtbar machen. Wenn man eine Viehzucht betreibt, die auf Fleischproduktion aus ist, wird man verhältnismäßig junge, aber nicht ganz junge Tiere verzehren. Bei der Rinder- wie bei der Schweinemast gelangt man nach einer gewissen Zeit (zwölf bis achtzehn Monate für Schweine) an einen Punkt, an dem der Einsatz von Futtermittel, die Kosten der Aufzucht und der Fleischertrag ein Optimum erreicht haben. Wenn man das Tier länger hält, füttert man es mehr zum Lebenserhalt als zur Gewichtszunahme. Die Opferregeln müßten also Tiere in diesem optimalen Mastalter verlangen. Für die reine Fleischzucht ist das Schwein ein besonders attraktives Tier. Für die Milchproduktion sehen die Verhältnisse anders aus. Man tötet junge männliche Tiere (fleischreich, sonst unnütz), weibliche Tiere erst in hohem Alter, um so ein möglichst hohes Verhältnis von Milchkühen zu den wenigen Bullen, die die Zucht aufrecht erhalten, zu erreichen. Wenn man Arbeitstiere haben will, werden die mittelalten Tiere geschlachtet, man strebt nach einem ausgewogenen Verhältnis von männlichen und weiblichen Tieren, wobei die männlichen kastriert werden. Unter diesen Bedingungen ist ein Stieropfer ein besonders aufwendiges Opfer, denn ein Stier ist schwer zu disziplinieren und muß länger in der Herde verweilen, als es die Zucht notwendig macht.

Für die Antike können wir die Verhältnisse nur an wenigen Punkten überprüfen. Die Überprüfung setzt voraus, daß man über einen archäologischen Fundkomplex verfügt, der viele Überreste von Opfertieren aufweist. Die wenigen archäologischen Daten, die wir haben, bestätigen für Griechenland, daß Milchproduktion und auch Wollproduktion die bedeutendsten Aspekte gewesen zu sein scheinen. Das stimmt mit der Summe der Opferregeln, die wir überschauen können, überein, oder diese widersprechen dem Befund zumindest nicht; Schafopfer bilden die Standardopfer schlechthin. Der Fleischverbrauch durch Verzehr ist insgesamt sehr gering. Man hat für Griechenland in der Antike Größenordnungen von weniger als einem Kilo Fleisch pro Jahr auf der Basis der Opfer ausgerechnet. Wenn man die offiziellen öffentlichen Opfer, die man für Athen kennt, auf die Zahl der berechtigten Teilnehmer umlegt, dann kommt man etwa auf eine Größenordnung von zwei Kilo pro Kopf und Jahr, und das ist für antike Verhältnisse schon sehr viel. Athen dürfte zu den wenigen Orten gehört haben, die mehr Tiere geopfert haben, als im unmittelbaren Umland aufgezogen wurden. Ohne den aufwendigen Import von lebenden Tieren wären diese Zahlen nicht zustande gekommen. In Rom weisen frühe Funde im Komplex von San Omobono einen hohen Schweineanteil auf. Das Athener Muster erhöhten Fleischverbrauchs scheint sich auch für die aufstrebende Großstadt Rom zu bestätigen, die griechische und anderweitige ‹Schafdominanz› wird aber durch das Schwein abgelöst (wie auch spätere römische Quellen bestätigen).

Aber auch Wirtschaft hat ihren gesellschaftlichen Aspekt. Wenn der Händler den Zehnten seines Gewinnes an der *Ara maxima*, dem ‹Groß-Altar› des Hercules als Opfer unters Volk bringt, sozusagen Ertragssteuer zahlt, dann mag der Prozentsatz niedriger liegen als für den Feldherrn, der seinen Gewinn in Form eines Tempelbaus (wiederum: selbst) besteuert. Aber welche Steuerform langfristig mehr Prestige erzeugt, bedarf wohl keiner Diskussion.

7 Entstören und bewußtes Stören: Gelübde und Verfluchungen

Bestandsaufnahme

Wenn Archäologen in Tempelarealen graben, stoßen sie häufig auf eine große oder viele kleine Gruben mit zahlreichen, oft miniaturisierten Figuren oder Gegenständen – noch intakt oder zerbrochen. In Lavinium, einem latinischen Ort nicht allzu weit weg von Rom, wo der Sage nach Aeneas landete, um dann die latinische Königstochter Lavinia zu heiraten, sind in einem Komplex, der aus dem späten siebten Jahrhundert v. Chr. zu stammen scheint, insgesamt dreißigtausend Miniaturgefäße gefunden worden. Das zeigt, daß sich dort zu dieser Zeit bereits ein städtisches Heiligtum befand, in dessen Nähe eine Ansiedlung von allenfalls wenigen tausend Personen stand. Die Zahl der Miniaturgefäße aus einem Zeitraum von vielleicht einem halben Jahrhundert läßt erkennen, wie häufig das zugehörige Ritual vollzogen wurde. Bezieht man andere Fundkomplexe mit ein, erweitert sich das Spektrum beträchtlich. Es finden sich Statuen oder ganz stark miniaturisierte Statuetten von Menschen oder Göttern, die Köpfe zumeist aus Ton; die Statuen sind eher aus Terrakotta, die Statuetten oft aus Bronze. Man findet daneben bildliche Darstellungen von Opferszenen, Darbringungen und von Gebetszenen.

Die beschriebenen Gegenstände wurden in Tempeln und deren Arealen aufgestellt, und sie sind – eine Notwendigkeit, die sich aus ihrer hohen Anzahl ergab – von Zeit von Zeit von dem Kultpersonal, das für diese Tempel zuständig war, abgeräumt und in Gruben deponiert worden. Deswegen sind die tönernen Stücke oft defekt. Objekte aus Edelmetall sind vielfach nicht vergraben, sondern eingeschmolzen worden, um dann in anderer Form in dem Heiligtum wieder Verwendung zu finden, etwa als Leuchter. Aus griechischen Funden wissen wir, daß bei diesen Abräum- oder Einschmelzaktionen die Priester Listen führten, um einen Nachweis zu haben, daß bei solchen Aktionen das Kultpersonal nicht selbst etwas zurückhielt, aber wohl auch, um der Gottheit zu dokumentieren, was ihr gestiftet worden war, aus Raumgründen aber nicht magaziniert werden konnte.

Die Objekte stammen vielfach aus Massenproduktion. Die Köpfe etwa scheinen in einer Art Stempelverfahren mit Matrize hergestellt worden zu sein. Ihre Gestaltung ist also nicht individuell, vielmehr kehren gewisse Grundmuster mit geringen Variationen wieder. Anhand einiger vollständig ergrabener Fundkomplexe sind Untersuchungen über die Verbreitung solcher Produkte aus derselben Matrize durchgeführt worden. Sie zeigen, daß im sechsten und fünften Jahrhundert v. Chr. wandernde Künstler solche Formen besaßen und an einem Heiligtum eine Zeitlang produziert haben. Zu Zeiten der mittleren Republik überwog die lokale Produktion, das heißt, jeder Ort wies einen begrenzten Umfang eigener Typen auf, die sich leicht unterscheiden von dem, was man in entfernteren Gegenden finden konnte. Die Produktion war lokal stabil geworden, ein Handwerker konnte also von dem Verkauf der Votivbilder leben, wenn er sich in der Nähe eines Tempels ansiedelte – eine erneute Bestätigung der Massenhaftigkeit des Phänomens.

Massenhaftigkeit zeigt sich auch in den Motiven. Viele Typen finden sich ganz unabhängig davon, welcher Gottheit der Tempel gehörte: Statuen, Köpfe, Miniaturdarstellungen von Tieren. Die Zusammensetzung wechselt durchaus von Ort zu Ort. Der eine Ort weist mehr Statuetten auf, der andere mehr Köpfe, in anderen sind spezifischere Darstellungen häufiger, aber im großen und ganzen sind letztere eher selten.

Es gibt allerdings deutlich regionale und zeitliche Differenzen. Vom vierten bis zum ersten Jahrhundert v. Chr. finden sich im nördlichen Italien hohe Anteile von Bronzestatuetten von Opfernden oder Gottheiten. Köpfe sind eher selten. Südlich von Kampanien zeichnen sich die Funde durch eine hohe Anzahl von Statuetten und Miniaturterrakotten – Eroten, Tiere, auch Früchte – aus. Diese Typen von Miniaturterrakotten sind im griechischen Bereich häufig, die starke Präsenz der Griechen in diesem Bereich ist nicht zufällig. Latium, Kampanien und Südetrurien sind charakterisiert durch das Überwiegen von Terrakotten (häufig fast lebensgroße Statuen), darunter viele Köpfe, und darüber hinaus durch einen besonders spannenden Bereich, nämlich die Körpervotive. Auch dieser Typ stammt aus Griechenland, wo er seit dem fünften Jahrhundert nachzuweisen ist; in Italien wurde er erst ein Jahrhundert später präsent. Aber der italische und besonders der zentralitalische Bereich zeichnet sich sehr viel stärker durch diese Körpervotive aus, auch die Darstellung innerer Organe ist hier sehr viel häufiger. Am häufigsten kommen Füße

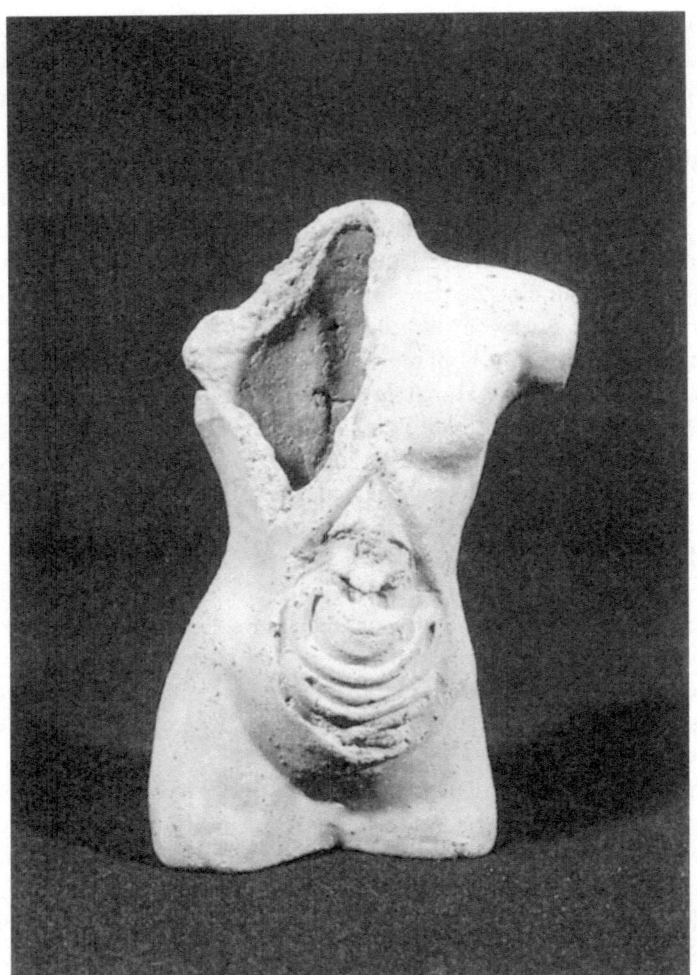

15. Tonmodell eines Oberkörpertorsos mit offenliegenden Eingeweiden

Unter den Hunderten von Körpervotiven, die allein unter den Funden im stadtrömischen Tiberabschnitt zu verzeichnen sind, nehmen Darstellungen innerer Organe (etwa von Därmen oder – häufig – der Gebärmutter) und insbesondere Darstellungen, die solche Organe im körperlichen Kontext zeigen, eine besondere Stellung ein. Es handelt sich hier nicht um anatomische Modelle, die um exakte Abbildung bemüht sind, sondern um ‹Interpretationshilfen› sicherlich häufig unklarer Krankheitsbilder, die im sakralen Kontext von Heilkulten zur Vereindeutigung und damit Kommunizierbarkeit beitragen.

Foto: Il Museo Archeologico di Palestrina, Rom

und Beine vor, mit etwas Abstand folgen dann Oberarme und Darstellungen von Augen, auch Darstellungen von Geschlechtsorganen und inneren Organen.

Eine letzte Beobachtung läßt sich an die Köpfe anknüpfen. Diese in Veji heimische Form verbreitet sich – wohl durch die römische Eroberung der Stadt Anfang des vierten Jahrhunderts – in Mittelitalien, zumal im Bereich römischen Einflusses. In Rom kommt es aber zu einer charakteristischen Umgestaltung: Die Köpfe, egal ob männlich oder weiblich, werden mit bedecktem Haar dargestellt. Das entspricht der römischen Praxis, Rituale *capite velato*, ‹mit verhülltem Haupt›, durchzuführen (und bezeugt diesen Gestus damit schon für diese Zeit). Auch in der Dokumentation eines Rituals wird also – trotz fehlender Individualität der Darstellung – eine Abbildung ritueller Details und eine entsprechende Anpassung importierter Formen vorgenommen.

Aber nicht diese Details sind jetzt zu vertreten. Viel drängender stellt sich die Frage: Was soll das alles?

Situationen

Die beschriebenen Funde sind Zeugnisse einer weit verbreiteten individuellen religiösen Praxis, die nur geringen Niederschlag in der Literatur gefunden hat. Gleichwohl ist sie im organisatorischen Rahmen öffentlichen Kultes angesiedelt, nämlich in Heiligtümern. Aber nicht nur der Ort verschafft dem privaten Ritual ein Publikum: Die Dokumentation in Form der Weihegaben vergrößert das Publikum noch über den Augenblick hinweg, mehr und mehr auch durch Schriftgebrauch. Weihinschriften machen neben Grabinschriften einen großen Teil des epigraphischen Materials überhaupt aus, sie begleiten gerade größere gestiftete Objekte, einen Altar, eine Statue. In dieser Form erfährt der spätere Leser etwa eine kurze Krankengeschichte, die Leistung der (Heil-) Gottheit und – im Unterschied zu vielen zeitgenössischen Votivtäfelchen, die man in katholischen Kirchen Europas sehen kann – den Namen des oder der Stifterin. Letzteres eine Möglichkeit, Zugehörigkeit und Engagement in einem System zu dokumentieren, das keine Mitgliedschaft kennt.

Einlösung eines Gelübdes

> *Felix Asinianus, ein öffentlicher Sklave der Pontifices, löst der ländlichen ‹Guten Gottheit›* (Bona dea) *mit dem Beinamen ‹die Glückliche› das Gelübde mit einer weißen jungen Kuh ein, mit freudigem Gemüt: wegen der Wiederherstellung des Augenlichts, von den Ärzten zurückgelassen, geheilt durch die Göttin nach zehn Monaten durch die Wohltat der Heilmittel der Herrin.* [Späterer Eintrag der Inschrift:] *Alles ist wiederhergestellt worden durch den Dienst der Cannia Fortunata.*
> *Inscriptiones Latinae Selectae* 3515 = *Corpus Inscriptionum Latinarum* 6,68

Diese kaiserzeitliche stadtrömische Inschrift war, wie der letzte Eintrag lehrt, zerstört, und es hat sich jemand darum gekümmert, daß dieses Zeugnis wieder aufgestellt worden ist, vielleicht eine Funktionsträgerin im Bona-Dea-Kult, die Interesse an der Dokumentation der erstaunlichen Heilung hatte. Die junge weiße Kuh ist ein relativ aufwendiges Opfer für ein privates Ritual. Aus dieser Inschrift, in der nicht nur das Heilmittel genannt wird, sondern auch die Situation, «*von den Ärzten* (ungeheilt natürlich) *verlassen*», kann man die psychologische oder medizinische Situation einer Person ersehen, die von den ihr erreichbaren (und sicherlich nicht billigen) Fachleuten aufgegeben worden ist und sich in dieser Situation an die Göttin gewandt hat. Felix wurde erhört, was auch immer die ‹Heilmittel› gewesen sein mögen.

Von solchen Inschriften läßt sich eine Linie ziehen zu den sogenannten Körpervotiven, den schon genannten Kopf-, Brust-, Fuß- und ähnlichen Darstellungen. Da es sich um Objekte handelt, die in Massen hergestellt wurden, konnten auf das der Form nach gesunde Glied mit Farbe – dafür gibt es einzelne Indizien – erkrankte Stellen aufgemalt und insofern Spezifizierungen der Krankheit vorgenommen werden. In einigen Fällen ist es eindeutig, daß es sich um kranke Körperteile handelt, wobei wir davon ausgehen müssen, daß sie von den Betreffenden selbst aufgestellt worden sind, also nicht den pathologischen Befund des Verstorbenen im Nachhinein dokumentieren. Das sagt etwas über medizinhistorische Verwendbarkeit dieser Objekte aus. Wenn man davon ausgeht, daß eine Person, die ihren Uterus mit einer Geschwulst darstellte, zu diesen Zeitpunkt noch lebte, können wir sicher sein, daß weder sie noch ein Arzt überhaupt eine präzise Vorstellung von dem gehabt haben können, wie der innere Befund

16. Votivgabe in Gestalt eines kleinen Kindes (Rom, Museo Etrusco della Villa Giulia)

Votivgaben gehören zu den Massenmedien individueller religiöser Praxis, zumeist Produkte einer darauf spezialisierten ‹Industrie› kleiner Handwerksbetriebe. Unterschiedlichste individuelle Nöte und deren Beseitigung dank der erflehten und gewährten göttlichen Unterstützung werden so in ein enges Raster von Ausdrucksmöglichkeiten überführt. Das hier dargestellte Kleinkind (nach der Schädel- und Muskelgestaltung) trägt um den Hals eine *bulla,* ein Schutzzeichen (Amulett), das mit Erreichen der ‹Volljährigkeit›, das heißt dem Anlegen der weißen *toga virilis* (Männertoga) gemeinsam mit der purpurgesäumten *toga praetexta* abgelegt wurde.

Foto: Jörg Rüpke

aussah. Es werden mithin diffuse Symptome in ein Bild umgesetzt, das tradierte Darstellungsformen aufgreifen kann oder ganz individuelle Konstruktionen vornimmt; bei den Bemalungsresten sieht man zum Teil ganz undefinierte Flecken, die man auch im Nachhinein nicht mit irgendwelchen näher beschreibbaren Befunden zusammenbringen kann.

Das hat zwei Aspekte. Zunächst weist es darauf hin, daß ein von einem Körpervotiv begleitetes Gelübde – wobei wir nicht wissen, ob das Objekt das Gelübde des Kranken bekräftigt oder die Einlösung nach erfolgter Genesung dokumentiert – mehr als ein kurzer religiöser Akt ist. Er kann in einem auf Heilung spezialisierten Heiligtum viele Vorbereitungsschritte und Konsultationen vorweg verlangen. Selbst ohne religiöse Spezialisten ist die Wahl des Tempels und der Kauf oder die Anfertigung des Objektes nur eingebettet in einen längeren Prozeß von Gesprächen im sozialen Nahbereich denkbar.

Zweitens: Die Produktion von Votivgaben kann ein bedeutender Wirtschaftszweig für einen Ort werden. Iuvenal spricht an der Wende vom ersten zum zweiten Jahrhundert n. Chr. in einer Satire (12, 27 f.) von den Malern, die sich von der Isis ernähren, was sich im Kontext nur auf die Vielzahl von Aufträgen beziehen kann, Votive zur Aufstellung im Isis-Tempel herzustellen. Als Paulus zur Verbreitung der neuen Lehre des Christentums in die Stadt Ephesus kommt, sind es die lokalen Handwerker, die am Artemis-Tempel angesiedelt sind, die den Protest tragen. Kein Protest gegen eine unvereinbare Gottesvorstellung, sondern sozialer Protest: Mit Deiner Lehre und Deinem Gott machst du unsere Wirtschaftsgrundlagen kaputt, da wir für Menschen arbeiten, die Artemis mit ihren Weihegaben ehren.

Die Situationen für Gelübde gehen weit über Krankheit hinaus. Wenn ein in Windeln eng eingewickeltes Baby dargestellt wird, ist die Wahrscheinlichkeit, daß es sich hier um einen erfüllten Kinderwunsch handelt, relativ hoch. Weniger deutlich ist die Situation bei Darstellungen von Schlüsseln, die ebenfalls als ein Zeichen für den Kinderwunsch verwendet werden. Das zeigt, daß metaphorisch gedacht wurde, nicht immer Körperorgane, etwa ein Uterus, dargestellt werden mußten.

Bei Miniaturdarstellungen von Rindern, von Tieren geht es um die Sicherung von Herden, um Vermehrung, Schutz vor Krankheiten – Näheres bleibt unklar. Entsprechend läßt sich aus den Darstellungen allein fast nie die zugehörige Gottheit erschließen. Sie bleibt bei rein archäologisch erschlossenen Heiligtümern und fragmentarischen Funden oft ungewiß. Man findet bei einem typischen Heilgott dasselbe Spektrum von Darstellungen wie bei irgendeiner beliebigen Stadtgöttin, allerdings in unterschiedlichen Zahlenverhältnissen. Körpervotive überwiegen in Heil-Heiligtümern, Rinder in ländlichen Heiligtümern, aber das sind lediglich Tendenzen. Es gibt keine eindeutigen nur für Iuno, Ceres, Diana oder Apollo gestifteten Gaben.

Die breiten Funktionsspektren haben auch topographische Gründe. Im Normalfall richtet man sich mit Kopfschmerzen, Kinderwunsch, Fußkrankheiten, Schutz vor der Schweineseuche und dergleichen an einen Tempel, der in der Nähe liegt. Gerade Heilkulte sind vorzüglich im ländlichen Raum angesiedelt – mit entsprechenden Konsequenzen für die Abstände. Für Heiligtümer des griechischen Gottes Asklepios scheint die außerstädtische Lage programmatisch gewesen zu sein, das Vorhandensein von Quellen war oft wichtig.

In Rom wurde der importierte Aesculapius-Kult auf der noch unbesiedelten Tiberinsel eingerichtet; ihm dürften viele der Körpervotive, die im Tiber gefunden wurden, zuzuweisen sein. Im engeren Umkreis von Rom ist darüber hinaus natürlich Lavinium (bis zum Ende des dritten Jahrhunderts v. Chr.) zu nennen sowie Ponte di Nona als großer Fundkomplex zu erwähnen. Die Blüte des zuletzt genannten Heiligtums, das Quellen, vielleicht sogar eine Thermenanlage aufwies, lag um 250 bis 150 v. Chr; Gliedervotive überwiegen, dazu kommen Augen und Köpfe. Die Qualität ist eher schlecht; gemeinsam mit den vielen Tiervotiven deutet das eher auf ländliche denn städtische Kundschaft.

Aber auch in Rom selbst finden sich bedeutende Fundkomplexe. Funde auf dem Esquilin werden mit dem dort zu suchenden Tempelareal der Minerva Medica, der ‹Ärztin Minerva›, zusammengebracht. Keine Körpervotive enthält das Votivdepot im Bereich der sogenannten *Meta sudans*, heute zwischen Kollosseum und Konstantinsbogen. Wohl seit dem sechsten Jahrhundert bis in die Mitte des zweiten Jahrhunderts v. Chr. benutzt, zeigt es eher bescheidene Inhalte, die auf familiäre und wirtschaftliche Nöte weisen: Paare und Frauen mit Kindern, das übliche Spektrum an Votiven, viele Lebensmittel. Die oberschichtliche Ausweitung des Pantheons führt hier zu keiner erkennbaren Veränderung religiösen Massenverhaltens.

Das Ritual des Gelübdes

Auf dem Großen Sankt Bernhard, einem der wichtigsten, wenn auch schwierigen Alpenübergänge in der Antike, stand ein Heiligtum für Iuppiter Poeninus. Dieses Heiligtum war mit einem Herbergsbetrieb verbunden. Unter den Inschriften, die auf der Paßhöhe entdeckt wurden, befand sich auch folgende: ‹*Dem Iuppiter Poeninus Lucius Paccius, der Sohn der Lucius, der eingeschrieben ist in der palatinischen Tribus* (ein eindeutiges Signal: Ich bin römischer Bürger) *mit dem Beinamen Nonianus aus Fundae, Centurio der 6. Legion, Victrix pia fidelis, aufgrund eines Gelübdes*› (*CIL* 5,6881). Hier wird nicht spezifiziert, um was Lucius gebeten hatte, dennoch macht der Fundort klar, um was es geht. Niemand steigt auf etwas über zweitausend Meter Paßhöhe, um für ein gebrochenes Bein eine Bittgabe darzubringen. Es geht – in manchen Texten wird das auch expliziert – um die Gefahren, die mit dem Weg selbst verbunden waren: Aufstieg und Abstieg. Nun fällt auf, daß das Gelübde eingelöst wird, obwohl der Betreffende noch unterwegs war. Er kann ja nicht auf der Paßhöhe wohnen. Vermutlich legte er beim ersten Erklimmen der Paßhöhe oder aber schon bei der Abreise sein Gelübde ab: Wenn ich glücklich über den Paß hin und zurück komme, stifte ich dem Iuppiter Poeninus eine kleine Statue oder einen kleinen Altar oder gebe ein Geldgeschenk. Glücklich zurückgekehrt, brachte der Mann das Dankopfer dar – aber schon in dem Moment, als er zum zweiten Mal auf der Paßhöhe stand und nur noch den Abstieg vor sich hatte. Ein solches Gelübde muß also nicht unbedingt am allerersten Punkt gelobt und am allerletzten Punkt eingelöst werden, man kann durchaus symbolträchtige Stationen dazwischen zum Anlaß für ein Gelübde und für die Feststellung der Erfüllung des Gelübdes nehmen.

Das Beispiel macht die Grundstruktur sehr deutlich: Das Gelübde ist die Bitte an eine Gottheit um eine bestimmte Leistung; für die Erfüllung der Leistung wird vom Bittenden eine bestimmte Gegenleistung in Aussicht gestellt. ‹Bestimmt› ist dabei sehr wörtlich zu nehmen. Die Pontifices debattierten darüber, ob ein Gelübde, das ohne präzise Summenangabe ‹aus der Kriegsbeute› – etwas in seiner Höhe durchaus Unbekanntem – abgelegt worden war, gültig sein könne. Der springende Punkt der rituellen Konstruktion: Trat das Erwünschte ein, war das Versprochene ohne Wenn und Aber fällig. Der Betreffende war *voti damnatus*, zur Zahlung des Gelübdes ‹verurteilt› (und gegebenenfalls verliehen die Götter ihrer Position mit den schon erwähnten ‹Forderungsblitzen› Ausdruck). Ein spätantiker Vergil-Kommentator, Servius, trieb die Rechtsmetaphorik noch weiter und bezeichnete den Beter schon unmittelbar nach seinem Gelübde als *voti reus*, ‹des Gelübdes Angeklagter›. Das aber schießt über das Ziel hinaus. Vor der göttlichen Leistung war das Gelobte jeder Bindung frei; der Ausgang war offen und auch das Nichteintreffen der Leistung – der Weitergang des Krieges, der Tod des Kaisers – mochte festgestellt werden. Dann fiel die Gegenleistung am Termin aus.

Die letzte Bemerkung führt auf eine verbreitete Sonderform. Es gab periodische Gelübde. Jeweils am Jahresanfang (in der Kaiserzeit am 3. Januar) wurde in großen ‹öffentlichen Gelübden› (*vota publica*) für das Wohl des Gemeinwesens (dann primär des Kaisers) ein großes Opfer – wohl überhaupt der Standardinhalt von Gelübden – gelobt und zugleich das letztjährige Gelübde eingelöst. Bitte und Dank verbinden sich und scheinen gelegentlich nicht mehr präzise am Wortlaut des Vorjahresgelübdes gemessen worden zu sein: Die regelmäßige Durchführung der Opfer während der Wirren des Vierkaiserjahrs 69 n. Chr. spricht dafür. Aber es gibt auch hier das zu Erwartende, die Feststellung des Fehlens der Gottheit. Die Opfer fallen aus. Immerhin wird verständlich, daß die Interpretation des Gelübdes als Krisenritual an ihre Grenzen stößt. In der Kaiserzeit treten noch fünf-, zehn- und gar zwanzigjährige Gelübde hinzu (*Quinquennalia*, *Decennalia*, *Vicennalia*), die zugleich Feiern der Regierungsjubiläen eines Kaisers waren.

Es lohnt sich, noch einmal die Konstruktion des Gelübdes vor Augen zu stellen. Es gibt zwei Gebete, das Bittgebet am Anfang, das Dankgebet am Ende. Letzteres war möglicherweise mit einer Gabe verbunden, die noch heute erhalten oder inschriftlich dokumentiert ist. Die ‹Votivgabe› selbst ist unter Umständen nur ein Gebetsverstärker, häufiger die Gabe oder eine Repräsentation der Gabe. Bei einer Opferdarstellung dürfte der Gottheit tatsächlich das abgebildete Tier geopfert worden sein und nicht nur die bildliche Darstellung des Opfers eines Tieres.

Die materielle oder inschriftliche Dokumentation bezeugt für die nicht am Ritual Beteiligten den Erfolg des Gottes, ein überzeugendes Werbemittel also. Freilich hat sich daran schon in der Antike Kritik geknüpft. Der griechische Philosoph und Atheist Diagoras soll (nach Ciceros *Über die Natur der Götter* 3,93) auf der Insel Samothrake, im berühmten Heiligtum der kabirischen Gottheiten, einem überregionalen Wallfahrtsort, von einem Freund angesprochen worden sein: ‹Du, der du glaubst, daß die Götter die menschlichen Dinge vernachlässigen, siehst du denn nicht aus so vielen Gemälden (*tabulis pictis*), wieviele durch Gelübde der Kraft des Sturmes entflohen sind und heil in einen Hafen sich flüchten konnten?› Dem hält Diagoras kritisch entgegen: ‹Das ist richtig, denn diejenigen werden niemals bildlich dargestellt, die wirklich Schiffbruch erlitten haben und im Meer untergegangen sind.› Der Mißerfolg produziert keine Weihgaben.

Wenn man sich den der Anrede zugrunde liegenden psychologischen Mechanismus klarmacht, dann beruht die Attraktivität des Gelübdes darauf, daß es in einer Notsituation Ressourcen verfügbar macht, die unter pragmatischen Gesichtspunkten eigentlich gar nicht zur Verfügung stehen. Wer in schwerer Seenot ist, dem nützt reicher Landbesitz nichts. Aber mit dem Gelübde kann er genau diese Möglichkeiten für die Situation verfügbar machen und für Rettung ein gewaltiges Opfer geloben.

Voraussetzung auch für das ‹psychologische Funktionieren› war wiederum ein kulturelles Datum: die verbreitete Überzeugung, daß Krankheit und Not Formen göttlichen Strafens waren – wie vage auch immer der Zusammenhang vorgestellt worden sein mag. Bei aller Rechtsförmigkeit des menschlich-göttlichen Umgangs im Votum – der Ausdruck *freudiger* Erfüllung des Verdienten fehlt fast nie: *VSLM*, *votum solvit lubens merito* ist die Standardformel vieler Weihinschriften: *Er hat sein Gelübde gern und verdientermaßen eingelöst.*

Sonderformen

Eine ganze Reihe großer öffentlicher Rituale stellen im rituellen Kern Gelübde und Gelübdeerfüllungen dar. Ein bekanntes Beispiel ist der Triumphzug: Der Feldherr gelobt beim Auszug aus Rom im Tempel des Iuppiter Optimus Maximus für den Fall des Sieges etwas, und wenn er zurückkommt, besteht der Triumphzug in der feierlichen Prozession des Heeres zum Kapitol; Höhepunkt des Aktes ist, daß der Feldherr auf das Kapitol hochsteigt und seinen eigenen Lorbeerkranz dem Iuppiter Optimus Maximus in den Schoß legt und ihm Rinder schlachtet. Damit ist das Gelübde, das beim Auszug gesprochen wurde, erfüllt. Ähnliches gilt für das ‹Herausrufen der Götter› bei der Belagerung (*evocare*) und der sich anschließenden Tempelstiftung.

Eine andere Form des Gelübdes, aber in charakteristischer Weise verändert, bildet die *devotio*, das ‹Hinabweihen›. Hier handelt es sich um eine Art des Selbstopfers. Der römische Feldherr kehrt das Prozedere des Gelübdes um: Ich opfere mich, und dafür sollen die römischen Götter unserer Seite den Sieg schenken. Es wird sozusagen erst das Votum eingelöst und damit die Gottheit unter die Verpflichtung gebracht, den Wunsch auch zu erfüllen. Erst die Einlösung, dann der Wunsch. Die Selbstopferung erfolgt dadurch, daß sich der Befehlshaber in den feindlichen Haufen hineinwirft, was üblicherweise den Tod zur Folge hat. Wenn dieser aus irgendeinem Grund überlebt und trotzdem die Römer gewinnen, dann darf er – aber das ist augusteische Theorie – nicht mehr in die römische Gemeinschaft aufgenommen werden. Eine Puppe, die ihn darstellt, wird verbrannt, er selbst wird aber am Leben gelassen, als Nichtbürger behandelt. Insofern ist aus der Sicht des Gemeinwesens das Opfer erfüllt worden.

Alternativen

Das Gelübde kann eine sehr persönliche Form der Kommunikation zwischen Menschen und Gottheiten vertreten. Traumerscheinungen von Göttern unterstreichen diese persönliche Komponente. In manchen Gelübdeinschriften findet sich die Formulierung *ex visu*, aus einem Gesicht heraus, aufgrund eines Traums. Die Gottheit selbst hat aufgetragen, ihr eine Statue zu errichten oder hat im Traum eine bestimmte Form der Heilung offenbart – in Heilkulten wurde das durch das Schlafen des Erkrankten im Tempel (Inkubation) sogar provoziert. Wir haben aus der Antike eine Quelle, die diese Form der persönlichen Kommunikation bis zum massiven Hypochondertum vorführt. Sie stammt aus dem zweiten Jahrhundert n. Chr. Publius Ailius Aristides verfaßte *Hieroi logoi*, ‹heilige Berichte›, die insbesondere seine eigene Krankengeschichte und seine Heilungsgeschichte mit dem Gott Asklepios umfaßte: die Anweisungen, die er bekam, seinen Leiden zu entgehen, ihr Erfolg, immer wieder Rückfälle. Das ist die Verlängerung, die Intensivierung der Beziehung, die über das Gelübde konstituiert wird. Sie konnte soweit gehen, daß sich jemand für einige Zeit oder sogar dauerhaft in der Nähe oder gar in einem Heiligtum ansiedelte. Ein Asklepios-Heiligtum etwa stellte auch entsprechende Unterkunftsmöglichkeiten zur Verfügung.

Es gab aber auch andere Verfahren, um mit Krankheit umzugehen, Verfahren, die auf bestimmte Formeln Wert legen und nicht so sehr die Frage dramatisieren: Erfüllt mir der Gott die Bitte oder nicht? In ihrem Zentrum stehen eher technische Aspekte: Habe ich die richtige Formel gesprochen? Sie richtig angewandt? Solche Formeln werden in der Fachliteratur überliefert, wiederum von Catos landwirtschaftlichem Traktat bis zu den spätantiken Handbüchern der Human- und Tiermedizin.

Genesungssprüche

Gibt es eine Zerrung, wird er durch dieses Lied geheilt. Nimm dir einen grünen Pfeilschaft, vier oder fünf Fuß lang, spalte ihn in der Mitte und zwei Menschen sollen ihn an die Hüftknochen halten. Fang an zu singen: ‹Moetas vaeta / daries dardaries asiadarides / una pe tes› bis sie zusammengehen. Leg ein Messer darauf. Sobald sie zusammengegangen sind und eine Schafthälfte die

andere berührt hat, packe das Messer und schneide rechts und links etwas ab, binde es auf die Zerrung oder den Bruch, sie wird geheilt. Und singe dem, der die Zerrung hatte, trotzdem täglich so: ‹huat havat huat / ista pista sista / dannabo dannaustra.›
Cato, *Über die Landwirtschaft* 160 (lateinischer Text nach J. Blänsdorf)

Die nicht übersetzten Wörter sind sogenannte ‹magische Wörter›, vielleicht ein völlig unverstandener etruskischer Text, möglicherweise aber auch überhaupt keine sinnvollen Silben: typische Bestandteile solcher Formeln, zumal in römischer Zeit.

Heilung ist ein Prozeß, in dem dem Kranken von einer von ihm akzeptierten Autorität eine Interpretation seines Zustandes gegeben wird, die akzeptabel ist. Therapien und eine langfristige Beschwerdefreiheit mögen sich anschließen. Benutzt man dieses Modell zur Interpretation des Erfolges (wir wissen nichts Gegenteiliges) der vorgeführten Formeln, rücken viele Faktoren außerhalb des Textes in den Blick: Wer spricht, woher die Formel stammt, wie es zum ausgesprochenen Befund kommt. Diese soziale Dimension bleibt uns verschlossen. Nur aus einer solchen Kenntnis heraus könnte man aber dem Verhältnis von Medizin und Religion weiter nachgehen. Das Fehlen von Götternamen gerade in den hier zitierten Texten ist zufällig.

Heilung oder Schutz vor Krankheit – neben Übelabwehr – ist auch das Anliegen vieler als ‹Amulette› verwendeter bildlicher oder plastischer Darstellungen, die in vielleicht fünftausend Exemplaren vor allem des zweiten bis fünften Jahrhunderts n. Chr. erhalten sind. Die Farbe des Steines oder der Glaspaste, die Darstellung der Gottheit (etwa des Chnoubis, einer löwenköpfigen Schlange) und der – meist, aber nicht immer – kurze Text sind aufeinander abgestimmt und sollen dem Träger oder der Trägerin Heilung von Blindheit, Schutz vor Fehlgeburten oder gute Verdauung bringen.

Verfluchungen

Wer immer meint, zur Charakterisierung solcher Befunde auf einen Begriff wie ‹Magie› zurückgreifen zu müssen, geht fehl: Die Römer selbst operierten mit dem Wort *magia* (abgeleitet von den *magi*, den persischen ‹Zauberern›), aber sie benutzten es nicht zur Charakterisierung solcher Verfahren. Worauf es Anwendung fand, zeigt das nächste Beispiel – und es zeigt zugleich, daß der evolutionistische Magiebegriff von der falschen Naturerklärung der Primitiven, die durch Religion (bittende Zuwendung an persönliche Mächte in unerklärbaren Dingen) und schließlich Wissenschaft (Erkenntnis von Kausalbeziehungen) abgelöst worden sei, schlicht unbrauchbar ist. Nicht nur, daß solche Vorstellungen von Religion und Wissenschaft selbst längst überholt sind. Der römische Befund (wie der griechische auch) zeigt eindeutig, daß alle drei Systeme bei denselben Personen nebeneinander bestehen konnten und daß anstelle eines ‹magischen Weltbildes› nur einzelne, traditionelle und zugleich hoch spezialisierte Handlungsmuster zu finden sind. Das Handlungsrepertoire ist insgesamt bescheiden, die Masse aller uns erhaltenen entsprechenden Texte kommt mit sehr wenigen Formulierungen aus.

In rund eintausendfünfhundert Exemplaren liegen Texte zum wohl wichtigsten Ritual vor, die *tabellae defixionum*, die Fluchtäfelchen. Jemand wird verflucht in der Formulierung (griechisch) *katado*, ‹ich binde dich hinab›, oder (lateinisch) *defigo*, ‹ich fixiere, ich nagle hinab›. Die erhaltenen Täfelchen sind vielfach aus Blei, oft weisen sie Einschlaglöcher oder gar Nägel auf. Was hier formuliert wird, wird gleichzeitig mit entsprechenden Zeichenhandlungen unterstützt. Es sind expressive Handlungen, ‹performative Akte›, bei denen man versucht durch sein Sprechen selbst den Inhalt des Gesprochenen ins Werk zu setzen. ‹Ich grüße Sie› (statt: ‹Guten Morgen›) und ‹Ich ernenne Sie zum …› (statt: ‹Sie sind jetzt …›) sind geläufige Beispiele dafür. Damit das gelingt, unterstreicht man es durch entsprechende Handlungen. Das Interessante im Falle der *defixiones* liegt darin, daß diese performativen Akte nicht in der Öffentlichkeit, sondern, jedenfalls in vielen Bereichen, im Nichtöffentlichen, im Dunklen vollzogen wurden.

In der zweiten Hälfte des ersten Jahrhunderts n. Chr. behauptet Plinius, daß es niemanden gäbe, der sich nicht fürchte, durch irgendwelche schaurigen Beschwörungen *(diris deprecationibus)* verflucht zu werden (*Naturgeschichte* 28, 19). Wo besteht die Gefahr? Überall. Es drohen gesundheitliche Schäden, mangelnde Konzentrationsfähigkeit in intellektuellen Berufen (fatal für plädierende Anwälte und Lehrer), wirtschaftlicher Mißerfolg, Liebeszwang zu einer Person hin, Frigidität gegenüber anderen, schließlich: Verlust der Fähigkeit zum erfolgreichen Opfer *(litatio)*!

17. Weibliches Modell aus ungebranntem Ton
(Paris, Louvre, Inv. E 27145 A)

Das nur 9 Zentimeter hohe Modell einer nackten Frau mit nach hinten gebundenen Gliedmaßen ist mehrfach – 12 Nägel sind erhalten –, in Kopfoberseite, Augen, Nase und Mund, zwischen den Brüsten, in der Vulva, im After und an Fußsohlen wie Handgelenk mit Nägeln eingestochen. Die Figur begleitet und realisiert symbolisch eine an die Unterweltsgötter gerichtete Verfluchung, die der widerstrebenden Geliebten Ptolemaïs Liebesunfähigkeit gegenüber anderen und Unwohlsein wünscht, bis sie sich dem Sprecher, der sich als Sarapammon sogar namentlich zu erkennen gibt, hingibt. Figur und das zugehörige Bleitäfelchen, beides verwahrt in einem kleinen Tongefäß (Inv. E 27145 C und B), stammen vermutlich aus Antinoopolis in Ägypten (3./4. Jh. n. Chr.).

An Typhon Seth gerichtete Verfluchung aus Rom (2./3. Jh. n. Chr.)

> *... von dieser Stunde, diesem Tag, dieser Nacht an zerreibe, zerquetsche, zermalme, liefere dem Tode den Sohn der Aselle, Praesetius, aus, den Besitzer der Stampfmühle, der im 9. Stadtbezirk wohnt, wo er, wie man sehen kann, seinem Beruf nachgeht, ja, liefere ihn dem Herrn der Toten, Pluto, aus; und wenn er dich verachtet, dann sollen ihn befallen Fieber, Frost, Kolik, Todesblässe, Ströme von Schweiß, Fieberschauer morgens, am Tage, abends und nachts, von dieser Stunde, diesem Tag, dieser Nacht an, und verwirre ihn, damit er keine Genesung bekommt; aber wenn er nun doch eine Gelegenheit dazu findet, dann erwürge ihn, Praesetius, Aselles Sohn, im warmen Bad, im kalten Bad, ja überall. Brich dem Praesetius, Aselles Sohn, sein Leckermaul, und wenn er dich durch irgendwelche Tricks betrügen und über dich lachen und triumphieren sollte, dann besiege ihn, mach ihm völlig den Garaus, jenem Schurken, dem Stampfmüller Praesetius, Aselles Sohn, der im 9. Stadtbezirk wohnt – jetzt, jetzt, schnell, schnell.*
>
> *Corpus Inscriptionum Latinarum* 6,33899 (Übers. A. Önnerfors)

Gegner können bis zur physischen Vernichtung ausgeschaltet werden. Es geht damit um Handlungen, die, wenn man sie nachweisen kann, strafrechtliche Konsequenzen haben konnten.

Solche Gerichtsverfahren gab es. Sie wurden angestrengt von Personen, die meinten, daß ihre Tochter oder Schwester oder ihre Erbtante durch Liebeszauber verführt und sie damit geschädigt worden seien, von Personen, deren Acker voll Unkraut war oder ohne Ertrag blieb. Näher bekannt sind nur ganz wenige Verfahren, aber wir besitzen eine komplette Verteidigungsrede aus einem solchen Verfahren, die Apologie des Apuleius aus Madaura, der den Roman *Metamorphosen* oder *Der goldene Esel* verfaßte. Weil er eine reiche Witwe geheiratet hatte, wurde er von deren in ihren Erbhoffnungen getrogenen Verwandten der Zauberei angeklagt. Zum Glück für die Romanfreunde und Religionswissenschaftler konnte er sich mit Erfolg dagegen verteidigen; solche Vorwürfe waren immer kritisch, die Todesstrafe schnell zur Hand. Die Instrumentalisierung des Magievorwurfs in Hexenverfolgungen bleibt noch im Europa der Neuzeit und im Afrika der Gegenwart erhalten – soziale Spannungen in Umbruchszeiten und ein Minimum an Dämonenglauben bei den für die Verfolgung relevanten Personengruppen reichen völlig aus. Das kann Ausdruck einer kollektiven Hysterie sein, kann aber auch, wie beispielsweise im *Hexenhammer*, zu einem spekulativen Gerüst werden, in dem man in Gedankenexperimenten die Möglichkeiten magischer Manipulation systematisch durchdenkt und daraus dann Vorwürfe in konkreten Fällen ableitet.

Die Gerichtsverfahren sind aber nicht der Grund, warum diese Texte nicht laut rezitiert, nicht in offen kursierenden Büchern überliefert wurden – sie sind lediglich die zweite Seite derselben Medaille. Unter der Perspektive des geltenden Wertesystems sind die Wünsche asozial. Auch wo gebetsweise an die Götter appelliert, vor ihnen die eigene Unschuld und gegnerische Schuld argumentativ dargelegt wird, weicht der Sprecher dem gesellschaftlich sanktionierten Instanzenweg aus. Dem einzelnen eröffnen sich Wege, die die Gemeinschaft bewußt ausgeschlossen hat, an deren Funktionieren aber niemand zweifelt. ‹Mogeln› ist der bessere Vergleich als ‹falsche Erklärung›. ‹Mogeln› funktioniert, man darf sich nur nicht erwischen lassen. Genauso bei der Verfluchung. Mogeln ist teuer: manipulierbare Würfel, gezinkte Karten, Falschgeld – die Anfangsinvestitionen sind hoch. Genauso bei der Verfluchung: Will man sicher sein, so wird ein Spezialist eingeschaltet, der die Formeln kennt, Täfelchen schreibt, für die wirksamste Plazierung sorgt – schon das ist leicht kriminell, nicht selten mit Grabschändung oder Einbruch verbunden. Die Bleitäfelchen wurden gerne in Gräbern jung Verstorbener vergraben, wenn man es schaffte, auch unter dem Kopfkissen des zu Schädigenden – in Karthago wurde heimlich eine Verfluchung in der Startanlage einer Rennbahn angebracht.

Die fehlende Öffentlichkeit verstärkt noch einmal die Notwendigkeit, die Äußerung performativ zu machen. Da allenfalls der Magier Zeuge ist, muß die Handlung selbst, soweit es irgendwie geht, materialisiert, schriftlich formuliert werden. Diesem Bedürfnis, aber auch der Professionalisierung der Dienstleister ist die in römischer Zeit wachsende Länge der Texte, ihre Auffüllung mit (dem Auftraggeber) unverständlichen Silben und die Hinzufügung von Bildern zu verdanken, im Extremfall auch kleine Plastiken, die mit Nägeln durchstochen werden – keine Erfindung des Voodoo! Heilsprüche erklingen vor dem Kranken, im Kreise von Freunden, Familie, Ärzten – die Verfluchung aber nicht. Damit korrespondierend, bleiben – im Gegensatz zu den Weihinschriften, wo sehr häufig die Namen der Stifter verzeichnet sind – die Nutznießer auf den Fluchtäfelchen anonym, obwohl sie aufgrund der Orte, an denen diese Täfelchen deponiert wurden, nicht damit rechnen mußten, erkannt und zur Rechenschaft gezogen zu werden.

Mogeln hilft. Genauso die Verfluchung. John Gager hat in einer vorzüglichen Analyse des Materials vorgeschlagen, daß man den Geschädigten indirekt wissen ließ, was man gegen ihn ins Werk gesetzt hatte. Das könnte eher auf den professionellen Stolz des Verfluchungsspezialisten zutreffen, der Selbstbestätigung und Werbung braucht. Nein, den Beweis für die Wirksamkeit liefern nicht die wahren, sondern die potentiellen Opfer: die, die sich mit Amuletten schützen zu müssen glauben, die, die am Eingang ihres Hauses, ihres Versammlungsraumes, ja, ihrer christlichen Kultstätte ein ‹böses Auge› als Schutz anbringen – also alle! Und schließlich die, die eigene Mißerfolge und Probleme lauthals auf fremde Verfluchungen zurückführen. Im Extremfall – etwa wenn einer viele oder sehr intensive Feinde hat – lassen sie sogar ihr Haus durchsuchen, Wandverkleidungen abreißen; und wenn sie diese Feinde wirklich haben (wie der Redner Libanios in Antiochia), muß man nicht überrascht sein, daß dann auch etwas gefunden wird. Das System hat seine Abschreckungskomponente – reize niemanden bis zur Weißglut, sonst greift oder klagt er dich an –, aber in Zeiten oder gesellschaftlichen Segmenten hoher sozialer Spannungen kann das Gleichgewicht verloren gehen, Mord (auch eine Alternative) oder Magieprozesse können zur Regel werden. Aber auch das setzt passende Weltbilder und Traditionen voraus.

8 Orientierung: Wege und Grenzen

Raum und Richtung

Kultureller Raum ist nicht mathematischer Raum. Ob man einen Kubus auf die eine oder die andere Seite, auf den Kopf oder auf den Bauch stellt, sollte völlig egal sein. Aber die alltägliche Raumwahrnehmung stimmt nicht mit dem euklidischen Raum überein. Entfernungen zu schätzen, gelingt Menschen ab einem gewissen Alter relativ zuverlässig für die Ebene, während sich große Schwierigkeiten bei der Höhenschätzung ergeben. Das ist eine Mangelerscheinung, die den *homo sapiens* auszeichnet. Diese schon in ganz einfachem Bereich mangelhafte Adaption an den mathematischen Raum ist bei anderen Spezies noch sehr viel ausgeprägter. Im großen und ganzen sind Tiere, die in Steppen leben, überhaupt nicht in der Lage, mit Hindernissen, die sich in der Vertikale vor ihnen aufbauen, umzugehen, die einzige Technik besteht darin, sie zu umgehen. Insofern ist der Mensch noch relativ gut zur dreidimensionalen Wahrnehmung des Raumes ausgestattet. Die Grundlagen dafür sind zum einen die beiden vorne liegenden Augen, die ein vernünftiges räumliches Sehen, Stereoskopie, überhaupt ermöglichen. Mit der für tierische Verhältnisse extrem ausgebildeten Greifhand, die sich durch die Beweglichkeit der Finger und den entgegengestellten Daumen auszeichnet, hat der Mensch die Fähigkeit, in sehr viel stärkerem Maße als andere Tiere Raum zu *begreifen* und damit seine Welt in ihrer Räumlichkeit wahrzunehmen. Voraussetzung zu beidem ist der aufrechte Gang des Menschen, der die Hände für diese Ausbildung freistellt und mit sehr weit vorne liegenden Augen korreliert ist.

In der konkreten Orientierung spielt das eigene Körperschema die wichtigste Rolle, wie so oft macht sich der Mensch zum Maß aller Dinge. Wo meine Augen sind, ist vorne, wo sie nicht sind, ist hinten. Die Paarigkeit der Gliedmaßen organisiert rechts und links. Oben und unten werden durch den aufrechten Gang hergestellt. Bewegte man sich nur auf allen Vieren, träte die Oben-Unten-Relation in ihrer Bedeutung hinter den anderen Raumrichtungen zurück. Diese Orientierungen relativ zum Körper werden in historisch zu beobachtenden

Kulturen fixiert und mitteilbar gemacht, indem man sich auf eine ausgezeichnete Richtung einigt. Hier kommt Religion ins Spiel. Die Körperwendung nach rechts schließt in Rom das Gebet ab, der Blitz von links ist günstig: *Sinister*, links, scheint nach spätrepublikanischer Auguralllehre die bessere Seite zu bezeichnen, aber man weiß, daß es bei den Griechen und Barbaren umgekehrt ist. Im Alltag finden sich beide Positionen: So funktioniert Divination.

Oben ist, wo die Götter sind, dorthin richten sich die Handflächen, dorthin steigt der Opferdampf. Die ‹unteren Götter› gibt es auch, aber sie sind nicht die üblichen Ansprechpartner. Unter der Erde sind die Toten, und man beeilt sich, die Leichen dorthin zu bringen; nur für rechtlich selbständige Erwachsene, insbesondere herausragende Männer, die Eckpfeiler des Soziallebens, nimmt man sich vielleicht mehr Zeit. Verzögert sich die Bestattung absehbar, muß wenigstens ein Finger, das *os resectum*, mit Erde bedeckt werden – so die Theorie.

Viele Kulturen zeichnen die Ostorientierung aus, die Richtung, in der die Sonne aufgeht. In Rom scheint das keine große Rolle gespielt zu haben, vielleicht weil Gestirnkulte in republikanischer Zeit keine große Bedeutung besaßen, vielleicht weil die komplizierte Topographie der Siedlung Rom und des Flusses Tiber keine Richtung auszeichneten. Römische Muster der Raumorganisation werden von konkreten Geländepunkten her und auf sie hin entwickelt, ständig geübte Rituale kodieren diese Praxis, Vogelschau formt Landvermessung.

Auch wenn die Abstraktionshöhe schwindelig macht, soll der Flug doch noch einen Moment fortgesetzt werden. Symmetrievorstellungen und damit einfachste geometrische Figuren basieren im europäischen und nordamerikanischen Raum auf eckigen Figuren. Die Folge davon ist, daß Europäer auf bestimmte optische Täuschungen hereinfallen. Sie neigen dazu, die Länge der kürzeren Parallele in Trapezen, eben weil es ja die ‹kürzere› Seite eines Trapezes ist, im Vergleich zu einer gleich langen Strecke, die die lange Seite eines Trapezes darstellt, zu unterschätzen. Solche optischen Täuschungen sind kulturell erlernt. Buschmänner aus der Kalahari in Afrika würden auf optische Täuschungen, die mit Parallelogrammen arbeiten, nicht hereinfallen, weil sie einer Kultur angehören, in der Kreise dominieren.

Der Erklärungswert solcher Charakterisierungen ist gering, aber manche Eigenheit gewinnt erst in der Überspitzung der Karikatur angemessene Beachtung. Die Römer – vielleicht gilt das auch für alle Italiker des ersten Jahrhunderts v. Chr.: die Trennschärfe der Aussagen ist gering –, die spätrepublikanischen Römer jedenfalls organisierten Raum nicht durch Flächen, sondern Wege, Grenzlinien, Sichtlinien. Stereotype religöse Handlungen, Rituale, ziehen solche Grenzen und schaffen Eindeutigkeit, wo es sie nicht gibt. Aber es sind materielle Zeichen, oft Architekturelemente, die solche (und andere, nicht sakral konstituierte) Grenzen und Achsen auf Dauer stellen. Den römischen (italischen) Bogen, späthellenistische Symmetrie, die Erfindung des Betons und damit riesiger Kuppelbauten, die im Pantheon auch zum Sakralbau werden, erklärt das postulierte kulturell erlernte Sehen nicht, aber gerade diese Entwicklungen prägen die architektonischen Räume römischer Städte und Siedlungen. Mentalitäten zu isolieren, ist ein schwieriges Unterfangen.

Sakraltopographie: Monument und Ritual

Die Rede von sakraler Ordnung wird in der Großstadt Rom durch die Sakralbauten selbst ad absurdum geführt. Das Forum Romanum hat sich seit dem Beginn der Monumentalisierungsphase, seit der Stadtwerdung beständig gefüllt. Neben den großen Basiliken und der Kurie, dem Senatsversammlungshaus, prägen sakrale Bauwerke oder auch nur sakral ausgesparte Flächen (der *lapis niger*, das schwarze Pflaster etwa) das Forum, eine Vielzahl zentraler Symbole: die *Regia*, Kultlokal des *Rex Sacrorum*, der Vestatempel mit dem nie erlöschenden Feuer und den – so will es kaiserzeitliche Theorie – Unterpfändern des Reiches, die dort aufbewahrt wurden, der Saturntempel, der zu den ältesten Tempeln der Stadt gehört, der *Lacus Curtius*, in den sich im vierten Jahrhundert v. Chr. ein junger römischer Adliger hineingestürzt haben soll, um die Stadt zu retten, das *Volkanal*, ein uraltes Volkanheiligtum, der gewaltige Tempel der Castores; in der Kaiserzeit kommen große Tempel für vergöttlichte Kaiser hinzu. Diese sakrale Landschaft ist kein einheitliches Zeichensystem, sie ist historisch gewachsen, die Bedeutung der einzelnen Zeichen können im Laufe der Zeit wechseln.

Auf dem Marsfeld wiederholt sich der Prozeß. Zunehmend dicht gedrängt, entstehen hier seit dem zweiten Jahrhundert v. Chr. öffentliche Gebäude, Tempel, eine Stein-, bald Mamorlandschaft, die mehr von der Religion der um Ruhm konkurrierenden Adligen als von flächendeckender religöser Grundversorgung kündet.

In weiten Teilen der übrigen Stadt (den noch nicht erwähnten Palatin ausgenommen) ist die Konzentration von Tempelbauten dünn. An ihre Stelle treten aber zahlreiche offene Kultplätze, *sacella* und *luci*, kleine Kultareale mit Altar und zumeist ebenfalls mit Altar versehene Haine – gelegentlich werden die Begriffe synonym gebraucht. Auf diese religiöse Infrastruktur griff die Bevölkerung noch im Prinzipat zurück, folgt man dem Satiriker Iuvenal (10, 354–356; 13, 232–235). Die räumliche Logik der selten lokalisierbaren Heiligtümer entgeht uns zumeist, nur gelegentlich fügen sie sich in größere Strukturen, so der *lucus Libitinae*, Sitz des städtischen Bestattungspersonals unmittelbar an einer großen Verbrennungs- und Bestattungsfläche, und der nahegelegene *lucus* der Iuno Lucina, Hain einer Geburtsgöttin, in dem – unklar wie – Geburten registiert und eine kleine Abgabe geleistet wurde. Vitruv (*Über die Architektur* 1,7,1) lokalisiert Isis- und Serapis-Tempel in den Händlerquartieren mit ihrem hohen Anteil an Zuwanderern und Fremden: In der Tat rekrutierten sich viele neue Kulte zunächst aus diesen Gruppen.

Architektonisch (zunächst noch) ähnlich unaufwendige Heiligtümer finden sich am Rande der Stadt, schon deutlich außerhalb des bewohnten Bereiches, aber oft an jenen Ausfallstraßen, die in ihrem Verlauf immer weiter von prunkvollen Grabstätten gesäumt wurden. Einige archäologisch sicher nachgewiesene Heiligtümer kann man als Markierungen von Grenzen verstehen. Vielleicht das interessanteste und seit Augusteischer Zeit am stärksten architektonisch aufgewertete lag am Tiber, das Heiligtum der Dea Dia, in dem die schon mehrfach genannten Arvalbrüder ihren Kult ausübten.

Räume können auch durch Sichtlinien strukturiert werden. Was sich im öffentlichen Raum Roms finden läßt, sind keine durch monumentale Architektur – man denke an Paris – ausgezeichneten Achsen. Es handelt sich vielmehr um Linien, die nur wenige Spezialisten realisierten. Entsprechend dürftig ist unser Wissen darum. Die Auguren, Priester, die sich mit dem Vogelflug und dessen Interpretation beschäftigten, besaßen *auguracula*, Beobachtungsstätten, auf dem Kapitol und auf dem Palatin. Von dort aus ergaben sich vielleicht Sichtlinien auf ausgezeichnete Erhebungen in dem Kranz der umliegenden Berge. Überlieferung existiert nur zu Konfliktfällen, etwa als der mehrfache Konsul Marius gezwungen wurde, eines seiner Häuser abzureißen, weil es eine Sichtlinie vom Auguratorium auf dem Kapitol beeinträchtigte; dabei könnte es sich um eine Sichtlinie auf den Mons Albanus mit seinem Iuppiter-Heiligtum gehandelt haben, die wichtigste Erhebung in den Albaner Bergen.

Das bislang Vorgestellte waren statische Elemente, Architektur zumeist. Räume können auch dynamisch erzeugt werden, durch Bewegung. Ein Mittel, Orte miteinander zu verbinden und so eine neue oder übergeordnete Rauminterpretation zu erzeugen, sind Rituale, in besonderem Maße Prozessionen – so der Triumphzug, der vom Marsfeld auf das Kapitol führt, aber mit einem großen Umweg, der zunächst durch das Tal zwischen Kapitol und Palatin, später sogar durch das Tal des Circus Maximus in einem weiten Bogen um den Palatin herumleitet. In diesem Zug wird der Endpunkt durch Opfer auf dem Kapitol und durch Hinrichtungen von Gefangenen unter dem Kapitol sehr stark markiert. Markiert wird auch der Ausgangspunkt durch die möglicherweise improvisierte *porta triumphalis*, die die Überschreitung der sakralen Stadtgrenze, des Pomeriums, anzeigt.

Ein weiteres raummarkierendes Ritual ist das Fest der Lupercalia am 15. Februar, ein Ritual, in dem die halbnackten, nur mit einem Lendenschurz bekleideten römischen Adligen (in der Republik) – aus Gründen gestiegenen moralischen Anstands in der Kaiserzeit nur noch junge römische Ritter – eine größere Strecke liefen. Der schnelle Lauf führte durch das *Lupercal*, das für die Höhle stand, in der nach Erzählungen eine Wölfin die beiden Zwillinge Romulus und Remus gesäugt haben soll. Diese Höhle ist archäologisch nicht eindeutig nachgewiesen, daher könnte man sich das *Lupercal* auch als kleinen Hain mit künstlicher Grotte vorstellen. Von diesem vielleicht am Eingang zum Circustal gelegenen Ort führte der Lauf entweder teilweise bis zur anderen Seite oder sogar ganz um den Palatin herum und markierte so möglicherweise die – in der Vorstellung der Römer – älteste römische Siedlung überhaupt. Hier werden Vergangenheitskonstruktionen mit Raumkonstruktionen verbunden oder umgekehrt, Vergangenheit wird räumlich konstruiert. In den Vordergrund drängt sich für die Zeitgenossen allerdings eine andere Interpretation: Die Schläge mit Fellstreifen, die die jungen Männer an junge Mädchen, die den Weg säumen, austeilen, fördern die Fruchtbarkeit. Es ist vor allem diese ‹Gaudi›, gegen die noch am Ende des fünften Jahrhunderts n. Chr. Gelasius, Bischof von Rom, predigt.

Ein sehr viel großflächiger ausgedehntes städtisches Ritual stellen die Umzüge der Argei dar, Strohpuppen, die am Ende des Rituals in den Tiber geworfen werden. Die Deutungen variierten schon in der Antike. Natürlich ist die am leichtesten nachvollziehbare Deutung jene, daß früher einmal Menschen, nämlich die Sechzigjährigen und Ältere, von der Brücke in den Tiber geworfen wurden (*sexagenarii de ponte*); in historischer Zeit vollzog man nur noch das Ersatzopfer von Puppen. Hier interessiert, daß siebenundzwanzig kleine Kultplätze über die Stadt verteilt waren, die in einer sehr komplizierten Reihenfolge abgeschritten wurden. Vielleicht wurden in ihnen die Strohbündel aus Gemähtem verfertigt, in jedem Fall aber gelagert, von dort aus mitgenommen und an den Tiber gebracht. Bei Varro ist die Liste dieser *sacella* (nach Festus, *Über die Bedeutung der Wörter* p. 422 L ‹den Göttern geweihte Orte ohne Dach›) der Argeer erhalten: Das Ritual bezieht in intensiver Weise die wichtigsten Hügel im Stadtgebiet ein und schließt sie zu einem kohärenten Ganzen zusammen.

Räumliche Bezüge stellten auch die Umzüge der *Salier* her, wohl erst seit Augustus zwei Gruppen vor allem jüngerer Adliger, die einmal im Jahr, nämlich im Laufe des Monats März aktiv wurden. Wohl aus der Regia und dann einem weiteren Lagerschuppen, einem *sacrarium*, holten sie Schilde in Form einer Acht, also hoch archaisch vorgestellte Schilde, und stumpfe Lanzen hervor und zogen mit dieser Ausrüstung unter Absingen von Liedern und Tanzen durch die Stadt. An ausgewählten Plätzen machten sie halt für weitere Rituale, an denen teilweise auch junge Frauen beteiligt wurden; gespeist wurde in Tempeln und an anderen öffentlichen Orten. Die beiden Gruppen waren zwei unterschiedlichen Hügeln, nämlich dem Palatin und dem Quirinal zugeordnet, *Salii Palatini* und *Salii Quirini.* Das Ritual scheint sich Zeitgenossen so dargestellt zu haben, daß bewaffnete junge Krieger im Monat des Kriegsgottes Mars durch die ganze Stadt zogen, um die Bereitschaft zur militärischen Mobilisierung, zur Verteidigung der Stadt zu demonstrieren. Dabei nahmen sie die Stadt als in die Fläche gewachsenes urbanes Gebilde ernst und führten nicht nur irgendein Ritual im Zentrum auf. Noch im vierten Jahrhundert (*Corpus Inscriptionum Latinarum* 6, 2158) wurde eine ihrer ‹Bleiben› restauriert. Das läßt auf das Fortbestehen des Rituals schließen.

Die Reihe einschlägiger Rituale ließe sich fortsetzen mit dem *Septimontium*, dem (nach der wahrscheinlichsten Etymologie) ‹Sieben-Hügel-Fest›, das jährlich am 11. Dezember für die ‹Bergbewohner› (*montani*) stattfand und öffentlich finanziert wurde; die rituelle Gestaltung bleibt ganz im Dunkeln. Ein weiteres wichtiges Ritual – weil es über die Stadtgrenzen hinausgriff – war das Ritual der *Ambarvalia*, das ‹Um-die-Felder-herum›, im Mai an verschiedenen Punkten auf der Außenlinie des Stadtgebietes gefeiert; die zeitlichen und räumlichen Zusammenhänge zum Kult der Dea Dia sind auffällig.

Zu erwähnen bleibt schließlich noch der kleinräumig organisierte Kult der *Lares Compitales*, kleine Schreine an Wegkreuzungen. Die von Augustus, vielleicht in seiner ganz neuen Kompetenz als Pontifex maximus ins Werk gesetzte Reform des Jahres 12 v. Chr. strukturierte das ganze Stadtgebiet in vierzehn ‹Regionen› mit zweihundertfünfundsechzig *vici*, ‹Vierteln› oder ‹Straßenzügen›. Je vier jährlich wechselnde und mit hohen Ehrensymbolen (darunter die von hohen Beamten getragene, mit Purpursaum versehene *toga praetexta*) versehene *magistri* und ebensoviele *ministri* (‹Diener›, zumeist Sklaven) versahen diesen lokalen Kult und hielten das Amt für so wichtig, daß sie – mehrfach bezeugt – eigene Ären, eigene Jahreszählungen ab Neugründung des Kollegiums benutzten und die Produktion von Schmuckaltären anregten. In welcher Form dieses ‹Auspunktieren› der Stadtfläche rituell zu größeren Einheiten verbunden wurde, wissen wir nicht, aber ‹Regionenfürsorger›, *curatores regionum*, sind bezeugt.

Es darf schließlich der Hinweis nicht fehlen, daß Rom als Stadt nicht isoliert war. Die grundlegend agrarische und antik immer kleinräumige Wirtschaft verschmolz Rom mit dem latinischen Umland zu einer großen Einheit. Das gilt auch dann, wenn man einräumen muß, daß das kaiserzeitliche Rom als Beinahe-Millionenstadt lebensfähig war nur aufgrund der traditionellen stadtbezogenen Orientierung der senatorischen Elite (und immer ausschließlicher des Kaisers), Prestige durch Investitionen in hauptstädtische Infrastruktur und Konsum zu erwerben. Dieser Vorgang blieb aber nicht auf Rom beschränkt. Schon im zweiten Jahrhundert v. Chr., aber auch nach dem ‹Bundesgenossenkrieg› (90/89 v. Chr.), der Italien die direkte römische Herrschaft und das römische Bürgerrecht brachte, flossen die Erträge der mittelmeerischen Expansion in gewaltige Heiligtümer benachbarter etruskischer und latinischer Städte wie Tusculum (Herkules) und Lavinium (Iuno Sospita). Die Terrassenanlage von Praeneste/Palestrina (Fortuna) vermittelt davon heute den besten Eindruck. Neben diesen privaten beziehungsweise lokalen Aktivitäten traten auch öffentliche Rituale des Zentrums Rom, die die Vernetzung Roms mit Latium und den römischen Herrschaftsanspruch unterstreichen. Es handelt sich dabei um Rituale, die aus der Sicht der Akteure Zeugnisse römischer Frühgeschichte darstellten und Zeugnisse der Ehrerbietung gegenüber selbständigen ‹Stadtstaaten›, die tatsächlich oft nur noch für diese Rituale selbst als politische Gebilde in Form von (römisch besetzten) Ehrenämtern fingiert wurden (Diktatoren und Priester von Lanuvium, Sacerdotes Cabenses, Sacerdotes Suciniani, Vestales Albanae und weitere). So eilten unmittelbar nach Amtsantritt die Konsuln zu einem Opfer nach Lavinium; und für das Bundesfest am Mons Albanus wurde alljährlich eigens ein Diktator in Rom eingesetzt, da die Spitze des Gemeinwesens an den von dreißig zum größten Teil fiktiven latinischen Gemeinden beschickten *feriae latinae* teilnahm.

Systematisierung

Über die bisher erwähnten, nebeneinander stehenden und nur durch den Kalender koordinierten Rituale hinaus gab es Formen der Grenzziehung, die in grundsätzlicher, permamenter und (der Intention nach) erschöpfender Form Räume systematisierten. Bodenrecht und sakrale Grenzziehung wirkten hier zusammen, zum Teil mit einschneidenden Folgen für persönliche Freiheit und legitime Macht. Die Begriffe *sacer* und *religiosus, publicus* und *privatus*, die primär das Bodenrecht betreffen, seien in Erinnerung gerufen.

Das erste Beispiel bildet das Ritual der Stadtgründung, das man so in der Antike für Rom unterstellt hat, das aber historisch allenfalls bei der Gründung von Kolonien zelebriert wurde. Antiquarische Überlieferung, nicht historische Rekonstruktion gibt vor: Zunächst wird eine Grube gegraben, in die Speiseopfer eingebracht werden, aber auch Erdschollen aus den Orten, aus denen die zukünftigen Bewohner stammen. Die spätere Bezeichnung für diese Grube ist *mundus*, doch gibt es für den stadtrömischen Mundus auf dem Palatin auch konkurrierende und wohl ältere Deutungen. Wichtiger ist das Ziehen des *sulcus primigenius*, der ‹Urfurche›. Ein weißes Gespann aus Kuh und Ochse beschreibt mit einem Pflug genau die Linie, die später die Stadtmauer bezeichnen soll. Man achtet darauf, daß an den vorgesehenen Toren der Pflug angehoben wird, damit keine Furche gezogen wird. Am Ende dieses (für Rom fiktiven) Rituals ergibt sich eine durchgehende Linie um die Stadt herum, die einen Miniaturgraben schafft und einen Miniaturwall mit einigen freien Durchgängen, die später die Tore einnehmen sollen. Innen liegt das Stadtgebiet, *domi* (‹zu Hause›), außen das Gebiet *militiae*, ‹Kriegsrechtsgebiet› könnte man mit Hinblick auf die rechtlichen Konsequenzen sagen.

In der späten römischen Republik sah man als Konsequenz der Furche nicht mehr eine Mauer. Stadtmauern existierten zu diesem Zeitpunkt nur in Überresten, wurden auch nicht mehr errichtet. Was man statt dessen mit dieser Urfurche verband, war die Vorstellung des *pomerium*, einer durch kleine Pfähle markierten Grenze innerhalb der eigentlichen Stadt, die gleichwohl das eigentlich sakrale, als Stadt definierte Gebiet von all dem, was jenseits lag, abgrenzen sollte. Das Gebiet im Inneren war nicht konsekriert. Es war der Bereich, in dem Soldaten nicht offen Waffen tragen durften, in der frühen Kaiserzeit trugen deshalb Soldaten in der Stadt eine lange Toga. Es war der Bereich, in dem gegen Akte eines römischen Magistrats die Anrufung der Tribunen und des Volkes als Appellinstanzen möglich war. Seit der späten Republik wurde diese Stadtlinie mit der Außengrenze des Imperiums gedanklich verknüpft, eine Außengrenze, die eigentlich über Jahrhunderte hinweg bis in die frühe Kaiserzeit überhaupt nicht definiert wurde: Nur derjenige Feldherr, der das Imperium, das ‹Befehlsgebiet›, vergrößert, ist auch berechtigt, die sakrale Grenze im Stadtinneren ein wenig nach außen zu schieben, also faktisch schon längst bewohnte Gebiete einzubeziehen. Territorialstaatsbildung ist in Europa erst ein Phänomen der frühen Neuzeit, die römischen Grenzanlagen, die *limites*, hatten den Charakter von Wegen, auf denen Truppen schnell verlegt werden konnten, von Öffnungen, in denen Personenbewegungen kontrolliert werden konnten. Auch das römische Bodenrecht entwickelte kaum ‹harte› Rechtsqualitäten für dieses riesige Gebiet; selbst für italischen Boden oder Heiligtümer auf provinzialem Boden wurden nur Analogien formuliert.

Für die Ausweisung sakraler Flächen in Rom ist zentral, daß Orte bestimmten Ansprüchen von Göttern oder Menschen unterliegen, die klarzustellen oder abzulösen sind. Letzteres leistet die *liberatio*; einen Ort in eindeutiger Form bestimmten Ansprüchen zuzusprechen, leistet die *consecratio*, die Überführung in das Eigentum der Götter. Ortsqualitäten können sich aber immer nur mit präzise definierten Räumen verbinden, es bedarf daher immer der *effatio*, der verbalen Raumdefinition in aufwendiger ritueller Form.

Während der eigentliche Akt des Eigentümerwechsels den jährlich oder eigens dazu gewählten Repräsentanten des Gemeinwesens obliegt, fällt die rituelle Definition und Vorbereitung der Räume in die Verantwortung der Auguren. Der entscheidende Begriff ist hier der Begriff des *templum*, der kein Gebäude, sondern ein Areal bezeichnet. Das kann ein Kultareal sein, das dann konsekriert und mit einem Haus für Götter (*aedis*) versehen werden kann. Sterne markierten nach den literarischen Quellen einen solchen Raum, beschriftete Grenzsteine wurden im italischen Bantia gefunden. Der Senat muß in einem *templum* tagen. Das ist die eine Variante.

Die zweite – in derselben Weise errichtet – definiert einen Ort, an dem man Vorzeichen wahrnehmen, Auspizien vornehmen will. Dieses

18. Maison Carré aus Nîmes (Narbo)

Der frühkaiserzeitliche Tempel in der Hauptstadt der Provinz Gallia Narbonensis vermittelt das eindrücklichste Bild eines römischen Podiumstempels: Der in der hinteren Hälfte ganz von der Cella (dem Raum für das Kultbild) eingenommene Säulenbau mit Vorhalle ruht auf einem sehr hohen (2,65 Meter), nur durch die frontale Flucht von Stufen zugänglichen Podium.

Foto: Jörg Rüpke

templum ist mit keiner Eigentumsänderung verbunden. Der Augur, mit einem Stab versehen, der die Zeigegesten verstärkt (*lituus*, bildlich als Emblem der Zugehörigkeit zu dieser Priesterschaft benutzt), grenzt durch die eindeutige Definition von Eckpunkten einen viereckigen Beobachtungsraum aus seinem Gesichtsfeld aus, der durch weitere Linien in einen linken und rechten sowie – entfernteren – vorderen (*antica*) und – näherliegendenden – hinteren (*postica*) Teil aufgegliedert wird. Der Position des Auguren auf der Grundlinie des *templum* entspricht die Position des Gottes bzw. seines Kultbildes in seinem *templum* und Tempel; es befindet sich an der Rückwand der nur nach vorne geöffneten *cella*, die sich auf die Treppe und die davorliegende Fläche mit dem Altar hin öffnet. Die Analogien gehen noch weiter. Auch für den Tempel wurden *anticum* und *posticum* unterschieden (mit dem Podiumsabsatz als Trennlinie?), bei fehlenden Grenzsteinen des Areals wurde nur *vor* dem Gebäude ein Geländestreifen (von fünfzehn Fuß) als zugehörig angenommen. Und noch weiter: Der Beobachtungsort des Augurs vor dem eigentlichen Sichtfeld, dem *templum*, wurde als ‹kleines Templum› (*templum minus*) bezeichnet und konnte zur Vermeidung von Störungen zeltartig nach den drei anderen Seiten hin isoliert werden. Das entspricht ganz der *cella*, dem Statuenraum eines Tempels. Wenn das als *templum minus* der Gottheit verstanden werden konnte, erklärt sich leicht, wie *templum* zum Synonym von *aedis*, ‹Haus›, werden konnte.

Auch die unterschiedlichen Erklärungen des Wortes *sacellum* werden so nachvollziehbar. Es stellt offensichtlich eine Verkleinerungsform von *sacer*, ‹einem Gott gehörend› dar, ohne geringe Größe zu implizieren. Solche Orte lassen die genannten Unterscheidungen des auguralen *templum* dank fehlender oder anders strukturierter Gebäude gerade nicht zu. Ob man das dann so beschreibt, daß der ganze Ort eine *cella* sei – so Varro (nach dem Kommentar von Donatus zu Terenz' *Adelphoi* 576) – oder gerade keine *cella* aufweise (‹ohne Dach›) – so Verrius Flaccus (nach Festus p. 422 L) –, ist sachlich gleichermaßen richtig wie etymologisch falsch. Daß richtige Tempelgebäude noch mehr umfassen als eine *cella* für das Kultbild, bleibt in diesem Zusammenhang unwichtig: Die *mensa*, der Tisch für die Speisegaben, die Liegen für Figuren speisender Götter (*pulvinaria* – auch das wird zu einem Synonym für Tempelgebäude), Brennholz, Wasser, Kochgeschirr – all das gehört ohnehin in Nebenräume, die unter dem typisch italischen hohen Podium oder in Nebengebäuden des Areals liegen.

Theorie ist eine Seite. Für die wild wuchernde Großstadt der späten Republik werden mehrere Fälle berichtet, daß gerade die nicht architektonisch gesicherten Kultorte, die *sacella* und Haine, verschwinden. Sie werden in die sich über mehrere Hektar erstreckenden Villenanlagen der Elite eingesogen, werden überbaut – ohne priesterliche *liberatio*, ohne öffentliche Satzung. Das ist pietätslos. Aber die, die das betreiben, sind dieselben, die ihre eigenen Villen in Formen von Sakralarchitektur gestalten – und als Priester wie Magistrate auch sakral nutzen (viele Kollegien tagen reihum in den Privathäusern ihrer Mitglieder). Lucullus scheint seine Villenanlage nicht nur in der Form, sondern auch in der Größe dem Terrassenheiligtum von Praeneste nachgestaltet und so den Aufstieg zu den heutigen Gärten der Villa Medici nördlich (links) der ‹Spanischen Treppe› überwunden zu haben. Die Trennung von Öffentlichem und Privatem ist ein römisches Konstrukt, das die Praktiken der eigenen Kultur nur begrenzt erfaßt.

9 Koordinierung: Zeit und Kalender

Wie können wir etwas erfahren über Handlungsstrukturen, die so verinnerlicht sind wie das Zeitbewußtsein? Den wichtigsten Ansatzpunkt liefert der ‹Kalender›, der gemeinsame zeitliche Rahmen allen Handelns auf Jahresebene – oberhalb dieses Zeitrahmens gab es nur wenige Periodizitäten in Rom: Neben den republikanischen ‹Musterungen› (*lustra*) im (ungenauen) Fünfjahresabstand und den Fünf-, Zehn- und Zwanzigjahresfeiern der Kaiser wären hier vor allen die *ludi saeculares*, die Jahrhundertspiele zu nennen. Doch zurück zum Jahr. Ein solcher Kalender ist zunächst gemeinsames Wissen einer Gesellschaft; eine Verschriftlichung, die wir allzu leicht beim Wort ‹Kalender› mitdenken, ist nicht notwendig. Rom bildet mit der Existenz eines verschriftlichten Kalenders in dieser Hinsicht einen Glücksfall: Was sich im Verlaufe der Republik als schriftliche Darstellung aller Tage eines Jahres herausbildete, blieb im europäischen und mediterranen Raum ohne selbständige Parallele. Das mahnt zur Vorsicht im Umgang mit den schriftlichen Exemplaren. Was ein solcher Kalender enthält und was nicht, ist Produkt der jeweiligen Geschichte dieser Gesellschaft, nicht Folge physikalisch-astronomischer Gegebenheiten.

Quellen

Die römischen Kalendergraphiken wurden in der frühen Kaiserzeit häufig als Mamorinschriften repräsentativ in öffentlichen Räumen von Priesterschaften, Vereinen, Landstädten aufgestellt. Daneben dürften aber ‹Buchkalender› die übliche Form dargestellt haben, wenn uns auch nur ein Exemplar aus dem vierten Jahrhundert n. Chr. – natürlich in Abschriften – erhalten ist.

Die zwölf Monate strukturieren das Jahr. Sie sind selbst durch drei sich stets wiederholende Tage strukturiert: die Kalenden am Monatsanfang, die Nonen, der neunte Tag vor den Iden, am 5. oder 7. eines jeden Monats und schließlich in der Monatsmitte die Iden (*Eidus*), selbst entsprechend am 13. oder 15. unserer Monatsrechnung. Ein

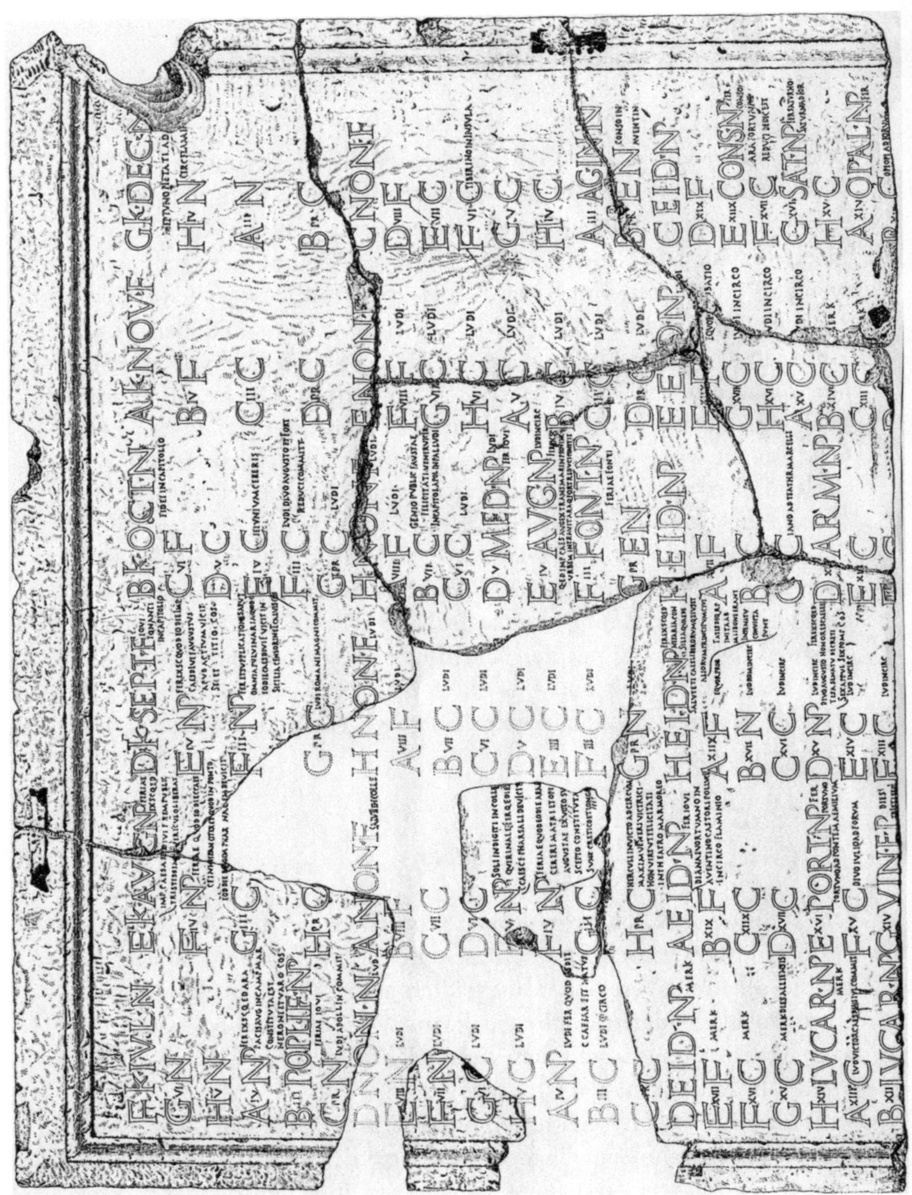

weiteres wiederkehrendes Element bildet das Gerüst der ganzen Kalenderdarstellung. Am Anfang jedes Tageseintrages findet sich ein Buchstabe, der in einer stets wiederholten Folge A, B, C ... bis H steht. Mit diesen ‹Nundinalbuchstaben› wird die achttägige römische Woche gekennzeichnet, eine über Monats- und Jahresgrenzen durchlaufende Woche, deren Wochentage keine Namen tragen. Sie wird durch die sich alle acht, inklusiv gerechnet alle neun Tage wiederholenden *nundinae*, die Markttage, definiert. Diesen *nundinae* entspricht ein jährlich wechselnder Buchstabe, der ihre Position – wie ein grau

◀ 19. Fasti Amiterni (Museo Nazionale d'Abruzzo, L'Aquila)

Dieser Kalender Tiberianischer Zeit, der im sabinischen Amiternum (heute San Vittorino nordwestlich von L'Aquila) gefunden wurde, zeigt in seinen kleingeschriebenen Notizen die Fülle der dem Kaiserhause gewidmeten *feriae* (Feiertage) und *ludi* (Spiele) spätaugusteisch-Tiberianischer Zeit. Allein die hier abgebildete zweite Marmortafel mit den Monaten von Juli bis Dezember war mindestens eineinhalb Meter hoch; in der Breite ist sie mit 1,29 Metern vollständig erhalten. – Im einzelnen bietet der Kalender die *feriae* zum Stiftungstag der Ara Pacis des Augustus zum 4. Juli (kleine Schrift links oben), darunter die *Poplif(ugia)* am 5. Unten in der Spalte zum 19. und 21. Juli die Lucar(ia), das ‹Hainfest›. Zum 1. August, dem Kopf der zweiten Spalte, wird mit der bloßen Umschreibung ‹weil Imp(erator) Caesar, der Sohn des Vergöttlichten, das Gemeinwesen von einer schrecklichen Gefahr befreit hat› auf die *feriae* anläßlich der Einnahme Alexandrias hingewiesen, direkt darunter ein Feiertag zu Ehren von Caesars Sieg über Pharnaces, am 9. des Monats der Feiertag zum Sieg bei Pharsalus (hier wird der Gegner, Pompeius, nicht genannt). Am 17. die Port(unalia), das Fest des Hafengottes Portunus; mit dem üblichen Zweitagesabstand folgen am 19. August die Vin(alia), ein Weinfest. An den Iden (*Eidus*) des September finden sich *feriae* wegen der Aufdeckung einer Verschwörung. Der letzte vergleichbare Eintrag findet sich in der Mitte der vierten Spalte am 12. Oktober: die Aug(ustalia), Feiertag wegen der Gründung des Altars der ‹zurückführenden Fortuna›. Dieser Feiertag mit seinem neuen Kürzel in großen Lettern steht ohne den Abstand der älteren Feste genau zwischen den Med(itrinalia) und den Font(inalia), einem Wein- und einem Brunnenfest. Am 19. des Monats folgt das Arm(ilustrium). Im November sind nach den Nonen die Spieltage (*ludi*) zu erkennen, die mit Zirkusspielen vom 15. bis 17. November schließen. Rechts unten schließlich noch einige Festtage des Dezember: Am 15. die Cons(ualia) des Gottes Consus, die Sat(urnalia) am 17. und die Opal(ia) am 19. – wohl alles Feste, die in älterer Zeit einen deutlichen Bezug zu Getreidespeicherung und daraus gewonnenem Reichtum gehabt haben.

Zeichnung G. Gatti aus: A. Degrassi, *Inscriptiones Italiae 13,2*, Taf. 3.

unterlegter Sonntag in heutigen Kalendern – im ganzen Jahr erkennen läßt.

Das namengebende Element der Tagescharaktere, die C, N oder F, manchmal NP oder EN, möchte ich zunächst aus der Betrachtung heraushalten. Es handelt sich dabei um primär juristische Definitionen, die die Möglichkeit, Prozesse zu eröffnen oder Komitien (beschließende Versammlungen) einzuberufen, regeln. Damit werden ‹Öffnungszeiten› bestimmter und sehr begrenzter gesellschaftlicher Bereiche – wichtig der politische – beschrieben, nicht Muster tatsächlicher Aktivitäten.

Das komplexe Zeichensystem des Kalenders verlangte schon in der Antike nach Erläuterung. Schon um 170 v. Chr. entstand ein Exemplar mit Annotationen, vermutlich in Form einer längeren Überschrift. Regelrechte Kommentare kennen wir erst aus der Kaiserzeit. Ein sehr früher, aber leider nur für die ersten sechs Monate fertiggestellter Kommentar ist erhalten: Ovids *Libri fastorum*, geschrieben in spätaugusteischer Zeit, als die marmornen Schmuckausfertigungen in Mode kamen. Eine Dichtung, aber dennoch eine Fundgrube ritueller Details und zugleich – ‹Theologie der Dichter›! – ein Hauptzeugnis römischer religiöser Reflexion.

Jahr

Neben Kalenden, Nonen und Iden finden sich in den republikanischen *Fasti Antiates* (der einzige erhaltene Kalender aus der Zeit vor der Julianischen Reform) achtundvierzig ‹große› Eintragungen. Sie weisen auf Kultakte hin; in der Kaiserzeit wird die Zahl noch erheblich vermehrt werden. Man hat in dieser Zusammenstellung den ‹Festkalender der Römer› erblicken wollen, doch sind knapp fünfzig Feste neben sechsundreißig Kalenden, Nonen und Iden sowie beweglichen oder privaten, jedenfalls nicht in den *fasti* verzeichneten Feiern etwas viel. Was sollen die Daten? Diese Frage führt auf jene nach der Funktion des verschriftlichten Kalenders. Im Vordergrund des Interesses steht den Informationen nach die juristische beziehungsweise juristisch-politische Qualität der Tage: Einer der Buchstaben F, C oder N fehlt an keinem Tag. Es ist dieser gesellschaftspolitisch brisante Bereich, in dem die Römer durch die Kodifizierung, die Verschriftlichung in Form eines Kalenders, den im mediterranen Vergleich höchsten Rationalitätsgewinn erzielten.

Die zeitliche Strukturierung dieses gesellschaftlichen Bereichs erfolgte aber nicht ohne Rücksicht auf den religiösen Bereich. Die religiöse Qualität mancher Tage hat mehr oder weniger strikte Konsequenzen für ihre juristisch-politische Nutzung – Tage, die Göttern gehören, *feriae* eben (und sie machen den Großteil der erwähnten Eintragungen in großen Buchstaben aus), können nicht durch Volksversammlungen belegt werden. Das ist keine Frage der Volksbeteiligung, sondern des Eigentumsrechts. *Feriae* sind zeitliches Eigentum eines Gottes, so wie ein *locus sacer*, ein konsekrierter Ort, sein räumliches Eigentum darstellt. Es ist bezeichnend für den Status des Kaisers, daß ihm (nach weiterreichenden Experimenten in der Übergangszeit zum etablierten augusteischen System) keine *feriae* direkt zugesprochen wurden, aber die aus Anlässen kaiserlicher Siege oder Amtsübernahmen ‹nach Senatsbeschluß› eingerichteten *feriae* explizit auch keinem anderen Gott zugesprochen werden.

Die Gruppen, die durch kultische Aktivitäten gebunden werden, sind oft sehr klein – ein Einzelpriester in einem unscheinbaren Heiligtum im einen Fall (das Ritual der Robigalia am 25. April), ein Priesterkollegium (Tubicines) in einem kleinen Raum im Stadtzentrum in einem anderen (Tubilustrium, 23. März und Mai). Als Volksfeste lassen sich über antiquarische Nachrichten nur wenige Daten identifizieren: Üppig, wenn auch nicht in zentralisierten Veranstaltungen wurden im ganzen römischen Reich die Januarkalenden gefeiert. Größere Beteiligung an Zuschauern setzt der Lauf der Luperci am 15. Februar voraus; Feralia (21.) und zuvor Quirinalia (17.) im selben Monat sollten in den Familien beziehungsweise in den Kurien, den alten Stadtteilen, begangen werden. Die Matronalia am 1. März fungierten als ‹Umkehrriten›, bei denen soziale Ordnungen auf den Kopf gestellt wurden: Die Sklavinnen wurden in der Theorie von ihren Herrinnen bedient – vermutlich hatten sie kaum mehr als überdurchschnittliches Essen und etwas Freizeit. Gelegenheit zu unblutigen Opfern auf der Straße boten die Liberalia am 17. März, das Fest des Gottes *Liber*, das gerne – aber keineswegs immer – mit der familiären Feier der Übergabe der *toga libera* verknüpft worden sein soll. Öffentliche Beteiligung von Frauen war dann wieder im Juni vorgesehen anläßlich eines Besuches im Tempel der Mater Matuta (11.) und einer Prozession zum Vestatempel (9.–15.); jegliches Zeugnis für eine größere Beteiligung fehlt hier ebenso wie für die Liberalia. Volksfestcharakter scheinen erst wieder die Poplifugia (ein kompliziertes, auf Romulus bezogenes Neujahrsritual) am 5. und die Neptunalia, Neptuns Feiertag und eine Art Laubhüttenfest, am 23. Quinctilis/Juli sowie die Volkanalia (Fest des Volcanus) am 23. Sextilis/August gehabt zu haben; letztere mit großen Feuern begangen. Das einzige weitere zu nennende Volksfest bilden dann die Saturnalien, das mehrtägige Fest des Saturn in der zweiten Dezemberhälfte – große Beteiligung des Volkes ist nun durch zahlreiche Zeugnisse gesichert. Mit diesen Festen sind zugleich Daten genannt, die gerne den fiktiven zeitlichen Rahmen für literarische Dialoge liefern – an solchen Tagen war legitimes *otium*, Zeit für Geselligkeit oder musische oder geistige Aktivität, auch in der Stadt gegeben. Werden, was sehr selten ist, Festnamen für Datierungen, etwa in Briefen, verwendet, läßt sich ebenfalls eine Beschränkung auf die aufgeführten Tage feststellen.

Was in der Aufstellung noch fehlt, sind die großen Spiele im April/Mai, Juli, September und November. Die Teilnahme an diesen traditionellen oder von den Kaisern neu eingerichteten Spielen (oft als permanente Siegesspiele) gehörte zentral zur Identität römischer Bürger. Die immer schon politische Begegnung zwischen den spielgebenden (und zu großen Teilen finanzierenden) Magistraten und dem Senat (der eigene Sitzplätze hatte) mit dem ‹Volk›, das applaudieren, schweigen, zischen oder rufen konnte, wurde in der Kaiserzeit mit dem Rückgang der Volkswahlen mehr und mehr zur zentralen politischen Arena. Der soziale Druck, solche Veranstaltungen zu besuchen, die oft mehrere Tage hintereinander stattfanden, etwa die zweite bis fünfte und siebte bis zehnte Tagesstunde füllend (in der Mittagspause gab es Hinrichtungen), war auch für die führende Schicht beträchtlich; im virtuellen Terminkalender eines Angehörigen der Oberschicht werden solche Anlässe in größerer – aber gänzlich unbekannter – Zahl einen festen Ort gehabt haben. Im Vergleich dazu treten die zuvor genannten Festdaten zurück; allein Saturnalien und Januarkalenden dürften ähnliche Mobilisierungsraten erreicht haben.

Ausgeblendet sind hier alle dezentral gefeierten agrarischen Riten. So sehr sie das Bild ländlicher Idylle bereichern, so wenig haben sie mit dem Alltag der Großstadt Rom zu tun. Zu diesem Ergebnis kommt man auch, wenn man nach den Tätigkeitsverboten der *feriae* fragt, unabhängig von der Teilnahme am konkreten Kultakt des Tages. Die Regelungen betreffen fast ausnahmslos landwirtschaftliche Aktivitäten, insbesondere Eingriffe in den Erdboden wie Graben und Pflügen. Sieht man von der mit *N* wie *nefas* (‹verboten›) angezeigten Beschränkung der Prozeßführung und der Volksversammlungen ab, beschränkt sich städtisches Tätigkeitsverbot auf eine Zeit-Raum-Blase, die mit einigen

Priestern, den Flamines maiores, dem Rex sacrorum und den zum Opfer schreitenden Pontifices, mitwandert: Herolde verlangen für den Moment des Vorübergehens dieser religiösen Spezialisten ein Niederlegen der Arbeit.

Mit einem dem heutigen vergleichbaren Arbeitsbegriff fehlt ein entsprechendes generalisiertes Arbeitsverbot: Auch auf dem Lande obliegt es der Intelligenz des Bauern, selbst unter Beachtung der Tätigkeitsverbote das landwirtschaftliche Geschäft ohne Zwangspause weiterführen zu können. Im Gegensatz zu Catos (manchmal ‹bauernschlauen›) Normen läßt am Ende des ersten Jahrhunderts n. Chr. der Agarschriftsteller Columella erkennen, daß auch religiöses Engagement von Individuum zu Individuum sehr verschieden sein kann. Das ist kein modernes Phänomen. Gleichwohl zeigt die städtische Regelung der *feriae* Ansätze zur umfassenden Analogiebildung, die in der Spätantike gerade handwerkliche Tätigkeit normiert, während landwirtschaftlichen Bedürfnissen Spielraum gegeben wird.

Für die Frage der Verbindlichkeit der kalendarischen Vorgaben ist ein Blick auf private Weihungen, die häufig Tagesdaten tragen, aufschlußreich. Leichte Präferenzen für manche Kaiserfesttage (das Material stammt in der Masse erst aus der Kaiserzeit) scheinen existiert zu haben; die traditionellen Festtage bündeln weniger religiöse Aktivitäten. Zu einem ähnlichen Ergebnis führt die Untersuchung der Versammlungs- und Feierdaten von Kollegien, die in einigen Fällen in Form einer inschriftlichen Stiftungsurkunde oder einer Vereinssatzung (*lex collegii*) erhalten sind. Feiern der offiziellen Schutzgötter des Vereins lehnen sich an stadtrömische Tempelstiftungstage an, doch die Mehrzahl der Daten wird durch gruppeninterne Daten, insbesondere Geburtstage von Stifterinnen und Wohltätern, definiert.

Die Liste der *feriae*, das ergibt sich daraus, bildet nicht den ursprünglichen Festkalender, der in einer zunehmend säkularisierten Gesellschaft allmählich nur noch von religiösen Spezialisten wahrgenommen worden wäre. Die rechtliche Operation der Definition von *feriae* bildet statt dessen eine Form der Ehrung eines Gottes, die in der Übertragung von zeitlichem Eigentum besteht und eine Alternative zur Übertragung von räumlichem Eigentum darstellt.

Das zeitliche Eigentum wird durch Ge- und Verbotsregelungen markiert, die graphische Repräsentation ist sekundär, eher zufällig. Sie wird erst in der Kaiserzeit als eigenständiges Medium genutzt. Die neuen *feriae*, die Geburten, Siege und dergleichen im Kaiserhaus annoncieren, werden oft bewußt ausgewählt und durch die Plazierung von Tempelstiftungstagen gestützt. Klassisches Beispiel ist der Geburtstag des Augustus, der 23. September, der zugleich als Geburtstag von Tempeln des Apollo, des Iuppiter Stator, des Mars, des Neptuns, der Iuno Regina und der Felicitas zu begehen war – der Kaiser feierte sich in bester Gesellschaft.

Monat

Die Ausbildung einer Liste jährlich wiederkehrender Daten in den Vereinen ist sicher auch Folge römischer Vereinsgesetzgebung, die regelrechte Vereinssitzungen auf maximal monatliche Treffen und monatliche Beitragszahlung beschränkte; an der Wende vom zweiten zum dritten Jahrhundert bemüht sich Tertullian – wohl wahrheitswidrig –, die Gesetzeskonformität christlichen Vereins-, sprich: Kirchenlebens (mit seinen sonntäglichen Gottesdiensten und Kollekten!) in diesem Punkte zu betonen. Das Datum solcher monatlicher Treffen nichtchristlicher Vereine, soweit es sie neben den wechselnden Terminen im Jahreskreis gab, kennen wir nicht. Es liegt nahe, einen der monatlichen ‹Orientierungstage›, Kalenden, Nonen oder Iden, zu vermuten.

Auf der religiösen Ebene haben wir es bei den genannten Tagen nur mit Routineritualen zu tun, die wenigstens in historischer Zeit von Spezialisten im engsten Kreis ausgeführt wurden: An den Kalenden opfert die Regina sacrorum (‹Opferkönigin› und Gattin des Rex sacrorum) der Iuno ein weibliches Schwein oder Schaf in der Regia, an den Iden der Flamen Dialis dem Iuppiter ein männliches Tier in einem Iuppitertempel, wohl auf dem Kapitol. An die Öffentlichkeit, zumal vor der Verbreitung schriftlicher Kalender richtete sich an den Kalenden die ‹Ausrufung› des Abstandes zu den Nonen – das gehörte ursprünglich dem empirischen Mondkalender an, wie er vor der Mitte des fünften vorchristlichen Jahrhunderts existierte. Die *kalatio* fand auf dem Kapitol statt und oblag in historischer Zeit einem Gehilfen der Pontifices, einem *pontifex minor.* Diese Form der mündlichen Bekanntmachung der Festdaten muß bis in die späte Republik funktioniert haben; kalendarisch fixierte *feriae stativae* und spontan angesetzte *indictivae* erhielten damit denselben Status. Die politische Funktion der Iden, die für Etrurien berichtet wird, hat in Rom nur im Senat, der sich an diesem Tag regelmäßig traf, Spuren hinterlassen.

Hinzurechnen zu den Kalenden, Nonen und Iden muß man zumindest für die früheste Zeit noch ein monatliches Datum, das in den Kalendern nur noch rudimentär, als ‹Tubilustrium› im März und Mai vertreten ist: der symmetrisch zu den Nonen liegende neunte Tag *nach* den Iden, an dem es ein Schafopfer im Atrium Sutorium und ein Tubablasen zur Stärkung des abnehmenden Mondes gab. Am Folgetag opferte der Rex sacrorum (‹Opferkönig›), und der Pontifex maximus leitete eine Volksversammlung (*comitia calata*), die in historischer Zeit nur noch aus dreißig Liktoren, Amtsdienern der Kurien, bestand.

Klare politische Rhythmen auf monatlicher Basis lassen sich erst seit Augusteischer Zeit wahrnehmen: Mit *senatus legitimus* werden nunmehr zwei feste Sitzungstermine des Senats bezeichnet, an den Kalenden und an den Iden. Im System des Prinzipats – der von Augustus eingeführten Herrschaftsform – zeigt diese explizite, auch in den Kalenden vermerkte Regelung des Tagungsrhythmus eine gewisse Domestizierung des Senats an, der in der Republik im Unterschied zu den Volksversammlungen gerade von jeder zeitlichen Einschränkung befreit war. Dennoch ist schon in der Republik, besonders eindrücklich in Ciceros Briefcorpus, diese Konzentration auf Kalenden und Iden zu erkennen, die einen wichtigen Beitrag zur Rhythmisierung der Bewegungen der senatorischen Oberschicht leistete. Der Senat tagte ja zumeist in Rom – zeitliche Muster sind auch immer raumzeitliche Muster, wie die *rush hour* eindrucksvoll demonstriert.

Für das Leben im sozialen Nahbereich – ich versuche mit dieser umständlichen Formulierung den Begriff ‹Alltagsleben› zu spezifizieren – besitzen die monatlichen Orientierungstage gleich mehrfach Bedeutung. Ich beginne mit dem wirtschaftlichen Sektor. Die Kalenden waren der übliche Zinstermin, wohl auch der Termin zur Auszahlung von Krediten, während die Rückzahlung zu den Iden erfolgte. Die Differenz mutet auf den ersten Blick merkwürdig an, könnte aber durch praktische Probleme einer Kreditgewährung bedingt sein, die auf die physische Präsenz des zurück- und wieder ausgezahlten Kapitals angewiesen ist. Mit Zinshöchstsätzen von achteindrittel, in der Spätantike auch zwölfeinhalb Prozent in einzelnen Regelungen bestätigt das römische Recht diese Praxis von zwölfeinhalbmonatigen Kreditlaufzeiten. Es ist übrigens der Zahlungstermin am Monatsanfang, der zur umgangssprachlichen Rede von den ‹griechischen (also nicht existenten) Kalenden›, an denen jemand zahlen werde, geführt hat – ein stehender Ausdruck des Augustus, wie Sueton tadelnd vermerkt. Auch Mietzahlungen waren an den Kalenden fällig, üblicherweise jedoch nur zweimal jährlich, im Januar und Juli. Über den Tag der monatlichen Ausgabe von Berechtigungsmarken für den Getreidebezug liegen keine Zeugnisse vor; Augustus' Versuch, die Ausgabe auf drei Termine pro Jahr zu bündeln – vielleicht in Analogie zur Auszahlung des Soldatensoldes – scheiterte. Im *Stichus* (60), einem Werk des Komödiendichters Plautus, werden die Lebensmittelmarken für Sklaven an den Kalenden ausgegeben.

Die Anti-Luxus-Gesetzgebung bietet weiteren Einblick in die Nutzung der Orientierungstage. So bestimmt eine *lex Iulia* – ein Gesetz aus der Zeit um 18 v. Chr. – die Obergrenze für den Aufwand beim Essen mit zweihundert Sesterzen an gewöhnlichen Tagen, jedoch mit dreihundert für Kalenden, Nonen, Iden und Feste. Der dem ausgehenden ersten Jahrhundert n. Chr. angehörende Dichter Martial läßt den Mann aus dem Volke die Toga, das beste Kleidungsstück eines jeden Römers, nur an Kalenden und Iden anlegen, ihn also an größeren Festlichkeiten teilnehmen. Texte desselben Dichters führen auf eine weitere, uns im Umgang mit dem Wochenrhythmus vertraute Institution: Einem Feiersüchtigen wird unterstellt, an allen Kalenden des Jahres Geburtstag zu feiern. Daß hier mehr als satirische Übertreibung im Hintergrund steht, zeigt das inschriftliche Testament eines Galliers mit römischem Bürgerrecht aus demselben Jahrhundert: Der Erblasser bestimmt, an allen Kalenden von April bis August sowie an den Kalenden des Oktobers für ihn Totenkult zu verrichten. Deutlich wird in beiden Fällen der konventionelle Charakter der Geburtstagsfeier an den Kalenden, der keineswegs einem Geburtsdatum am Monatsanfang entsprechen muß.

Erneut aufschlußreich ist ein Blick auf datierte Weihinschriften: Eine Bevorzugung der Orientierungstage ist auf den ersten Blick zu erkennen, müßte jedoch statistisch erst noch untermauert werden. Signifikant ist auf alle Fälle die Tendenz, wichtige religiöse Ereignisse wie die Weihung eines Tempels – und damit den dauerhaft begangenen Stiftungstag – mit den Orientierungstagen zu koordinieren. Häufig bedeutet das direkt die Identität mit einem solchen Tag, das gilt gerade für die älteren Stiftungstage und insbesondere für den als Routinedatum untergegangenen Tag (‹Tubilustrium›) zwischen Iden und Kalenden, der in besonderer Weise der Plazierung wichtiger alte Feste – Feralia, Parilia, Neptunalia, Consualia und Divalia – diente. Die Koordination mit den natürlichen Versammlungstagen sollte sicherlich bis in die frühe Republik hinein dem neuen Kult in besonderer Weise öffentliche Beachtung sichern.

An zwei Textcorpora lassen sich die bisherigen Funde überprüfen. Ciceros Korrespondenz zeigt einen Mann, der in Kalenden und Iden denkt: Das sind nicht nur häufige Sitzungstage des Senats, sondern auch die Daten, die längere Reisepläne, Speisepläne, in geringerem Maße auch die Erledigung der Korrespondenz strukturieren. Die Nonen spielen demgegenüber eine schwächere, aber noch spürbare Rolle.

Die Texte des Horazischen Œuvre fingierten Dutzende von Situationen, die zwar keinen Einblick ins Alltagsleben geben können und wollen, aber doch die großen und kleinen Festlichkeiten und darauf reflektierende Augenblicke im Alltag thematisieren. Rhythmen, das ist der erste Befund, fehlen fast völlig; nur wenige Gedichte geben – beinahe absichtslos – überhaupt Datierungen. Aber die Durchmusterung dieser Daten führt zum überraschenden Befund, daß sie sich, soweit identifizierbar, auf Kalenden, Nonen und Iden konzentrieren. Auch die Ereignisse, die sprachlich anderweitig datiert sind, fallen auf diese Tage: Der Tag der Diana (*Ode* 2, 12, 20) sind die Augustiden; die Einnahme Alexandriens (*Ode* 4, 14) fällt auf Augustkalenden. Die Neptunalia (wohl auch im Gedicht an die Quelle Bandusia angesprochen) fallen wie die Terminalia (hier liegt der Sachverhalt etwas komplizierter) auf ein ‹Tubilustrium›-Datum. Die große Ausnahme bildet der Sabbat, an dem die *Satire* 1, 9 spielt. Aber dieser Verweis auf ein gänzlich anderes Zeitschema dient nur dazu, den aufdringlichen Schwätzer, die Hauptfigur des Gedichtes, die der Sprecher nicht loswird, endlich – und endlich erfolgreich – abzuschütteln.

Mit dem ‹dreißigsten›, den Horaz an derselben Stelle nennt, ist wohl ein dreißigster Tag einer Mondphase gemeint – eine astrologische Strukturierung von Zeit, die in der Kaiserzeit überragende Bedeutung gewinnt, gerade auch unter Christen. Tagewählerei ist aber älter: Die *dies postriduani* – also die Nachtage, die auf Kalenden, Nonen und Iden folgten – wurden als *dies atri*, als ‹schwarze Tage› bezeichnet. Reisen, Hochzeiten und andere größere Kultakte sollten an diesen Tagen unterbleiben – vielleicht ein Verbot für den privaten Bereich, das den öffentlichen Charakter des Vortages von der Beeinträchtigung durch umfangreiche Vorbereitungen freihalten sollte. Doch unabhängig von einer ursprünglichen Motivation: Die Regeln besaßen zumindest bis ans Ende der Republik große Wirkungsmacht; unter den zahllosen Tempelweihungen ist keine für einen *dies ater* nachzuweisen, die *dies postriduani* waren zwar in der Regel *dies fasti*, jedoch in keinem Fall *dies comitiales*, also *dies fasti*, die nicht nur Prozeßeröffnungen, sondern auch Volksversammlungen, *comitia*, erlaubten.

In der Mitte des zweiten nachchristlichen Jahrhunderts bezeugt Gellius sogar eine Ausweitung dieser Beachtung der Monatsstruktur: ‹Den vierten Tag vor Kalenden, Nonen und Iden meiden viele als einen gleichsam unglückbringenden Tag› (*Attische Nächte* 5,17,3). Dieser ‹vierte Tag vor› ist der Nachtag nach der ‹Wochenmitte› zwischen Nonen und Iden sowie dem virtuellen vierten Orientierungstag, der die Zeit zwischen Iden und Kalenden teilt – ein Hinweis auf die frühe Entstehung der Praxis.

Unter der Bezeichnung *dies aegyptiaci* finden sich die meisten der eigentlichen *dies atri* noch im Kalender des Polemius Silvius aus der Mitte des fünften Jahrhunderts. Als ‹ägyptische Tage› haben die ‹schwarzen Tage› nun einen exotischen Anstrich und höheren Anspruch – nichts ist älter als ägyptische Religion – bekommen. Es ist aber gerade die institutionelle Leere, das rein auf das Kalendarisch-Technische bezogene Konzept, das ihr Überleben sichert und sie für Umdeutungen frei macht. Was ihre praktische Bedeutung anbelangt, so kann man vielleicht auf Erfahrungen mit vergleichbaren Phänomenen von Tagewählerei in anderen und zeitgenössischen Kulturen verweisen. Nur wenige Handlungen werden tatsächlich in Abhängigkeit solcher Tagesqualitäten verschoben – meistens lassen die Handlungs- bzw. Reaktionszwänge solches ja gar nicht zu. Wichtiger ist daher die Interpretationskapazität. Wenn etwas schief geht, liegen hier einfache Erklärungsmuster bereit. Die Prüfung am Freitag, dem 13., kann ich nicht verschieben, beachte dieses Zusammentreffen von Ereignis und ominösem Datum aber mit erhöhter Aufmerksamkeit und Spannung.

Woche

Von der Geschichte des römischen Kalenders her bildet das den Monat teilende Gerüst aus Nonen, Iden, dem weitgehend verschwundenen Tubilustrium und den Kalenden ein Wochensystem aus drei Achttagewochen, das den Vorläufer der Nundinalwoche bildete und sich nur dadurch von der späteren Woche unterscheidet, daß die Wochenzählung nicht kontinuierlich durchlief. Sie begann am Monatsanfang neu nach einer variablen Periode, die den ‹bürgerlichen› mit dem astronomischen Mondmonat in Einklang brachte. Demgegenüber betrug der Abstand von einem Markttag (*nundinae*) zum nächsten seit der frühen Republik immer genau acht Tage; die Buchstabenfolgen von A bis H ermöglichten das mitzuverfolgen. Das Nebeneinanderfortbestehen beider Systeme (dessen praktische Konsequenzen weitgehend unklar sind) war der Preis, der für die revolutionär frühe, ansonsten nur vom Judentum in der Ausnahmesituation des Exils geleisteten Einführung einer über Monatsgrenzen hinweg durchlaufenden Woche und die praktische Durchsetzung des Monopols eines Sonnenjahrkalenders zu entrichten war. Mit letzterem standen die Römer – ich betone: nicht was die Kenntnis, sondern die großflächige praktische Durchsetzung betraf – im Mittelmeerraum allein da.

Kultisch ausgezeichnet waren von den Tagen der Nundinalwoche allein die Kopftage, die *nundinae.* In Analogie zu und Synthese von Kalenden und Iden wurde in der Regia von der Flaminica, der Frau des Flamen Dialis, dem Iuppiter ein Widder geopfert. Funktional handelt es sich bei den *nundinae* um Markttage; aus der dadurch sichergestellten Öffentlichkeit ergab sich zugleich der Streit um die politische Nutzung der Tage, der in dem Kompromiß der *lex Hortensia*, einem Gesetz des Jahres 287 v. Chr., endete: Reguläre Komitien durften nicht stattfinden – der Tag war *dies fastus*, nicht *comitialis* –, doch erhielten die Beschlüsse der von den Volkstribunen geleiteten und an diesen Tagen legitimen Versammlungen, die *plebiscita*, gleiche Geltung; mit der Kaiserzeit wurde diese Sonderstellung zunehmend unwichtig.

Zumindest aus einer Quelle erfahren wir, daß noch weitere Elemente der Orientierungstage auf die *nundinae* übertragen wurden: Analog zu den ‹schwarzen› Nachtagen ersterer wurden auch die Nachtage der Nundinen für den Beginn wichtiger Aktivitäten gemieden. Es ist Augustus, für den sein Biograph Sueton diese Praxis berichtet (92, 2); neben der zeitlichen Einordnung erlaubt diese Nachricht auch eine soziale Verortung: Die Beobachtung trifft zu bis in höchste Gesellschaftsschichten.

Was die private Gestaltung der Nundinen angeht, so reichen die Hinweise über den schulfreien Tag zur Körperpflege (Rasur und Waschen des gesamten Körpers, Nägelschneiden) bis zur aufwendigeren Küche, unter Umständen durch einen eigens für diesen Tag angestellten Koch; das Luxusgesetz der *lex Fannia* (zweites Jahrhundert v. Chr.) soll eine höhere Zahl von Gästen an diesem Tag – fünf statt drei – gestattet haben. Mit Ausnahme des Nägelschneidens ist allerdings festzuhalten, daß die Zeugnisse die Republik betreffen; spätere Texte befassen sich nur mit der zeitgenössischen Marktfunktion, und das bis in die Spätantike hinein. Eine Erklärung dafür kann man vielleicht in der Hypothese suchen, daß in der spätrepublikanischen und kaiserzeitlichen Metropole die Versorgungslage einen achttägigen

Marktrhythmus völlig obsolet gemacht habe. Gehandelt wurde auf den städtischen Märkten und Großmärkten täglich; eine deutliche Trennung von Stadt und Umland war längst der Einbeziehung der gesamten Rom umgebenden latinischen Ebene in den Konsum- und Produktionsstandort Rom gewichen.

Der Befund ist in universalgeschichtlicher Hinsicht durchaus bemerkenswert. Der deutliche Rationalitätsgewinn der Einführung der durchlaufenden Woche hat in Rom nie das Monopol in der zeitlichen Strukturierung des Alltags errungen; als die Gesellschaft komplexer wurde, war es sogar dieses Wochenkonstrukt, das in der Steuerung privater wie öffentlicher Aktivitäten am deutlichsten aufgegeben wurde, während sich das ‹weiche› Wochengerüst der monatlichen Orientierungstage behauptete.

Die vermutlich größte Bedeutung der *nundinae* lag in ihrer wegbereitenden Funktion für ein anderes durchlaufendes Wochenkonstrukt, nämlich die siebentägige Planetenwoche: In dieser Form und in diesem – astrologischen – Interpretationshorizont fanden auch die jüdische und daraus erwachsend die christliche Woche Aufnahme und errangen schließlich mit Kaiser Konstantin das Monopol in Rom. Als ein astrologisches System von unglaublicher Primitivität – nur sieben Ereignisklassen, eben die Tage –, aber von hoher Trennschärfe – die klar profilierten Planetengötter – und voller Vereinbarkeit mit dem theologischen wie physikalischen Weltbild wurde die Planetenwoche nach ihrem Bekanntwerden in Rom in der zweiten Hälfte des ersten Jahrhunderts v. Chr. schnell populär; schon die früh- bzw. hochaugusteischen Fasti Sabini und Nolani, zwei mittelitalische Kalenderinschriften, fügten eine Spalte für die Buchstaben einer durchlaufenden siebentägigen Woche ein. Wochentagskalender mit Steclöchern wurden massenhaft produziert. Ein konkretes Vorbild für die astrologisch angezeigte Vermeidung von Aktivitäten am Saturnstag lieferte die – allerdings intern anders begründete – jüdische Sabbatpraxis; sie fand jedoch keine breite Nachahmung. Für die Masse der Bevölkerung dürfte das zuvor für die Tagewählerei der *dies atri* Gesagte gelten: Interesse, Kenntnisse der Tage, ja; aber Handlungssteuerung nur in den Ausnahmefällen besonders risikobehafteter Aktivitäten.

Für die Frage der zeitlichen Strukturierung auf wöchentlicher Basis ist ein weiterer negativer Befund festzuhalten. Über häuslichen Kult und Kulthandlungen religiöser Spezialisten hinaus ist selbst der Sabbat in der frühen Kaiserzeit kein Tag religiöser Gemeinschaftsaktivitäten für Juden. Hier betraten die Christen Neuland, ohne daß dies größere Resonanz in der Öffentlichkeit fand. Vor dem Hintergrund römischer Vereinsgesetzgebung lag daran weder den Christen, noch bestand auf römischer Seite ein gesteigertes Interesse an abweichenden kalendarischen Praktiken dieser jüdischen Splittergruppen. Ich möchte an dieser Stelle die Hypothese wagen, daß die auf dem Hintergrund der Planetenwoche plausible, ungewöhnlich dichte, aber auch noch für das normale Vereinsmitglied praktikable Rhythmik des Kultes und damit des Vereinslebens einen wichtigen Faktor für die Attraktivität und organisatorische Schlagkraft des Christentums gebildet hat.

Gesamtcharakter

Die nähere Betrachtung der zeitlichen Strukturen der offensichtlich großstädtischen Gesellschaft Roms bestätigt verschiedene Grundzüge römischer Religion: die enge Verwobenheit mit politischen Institutionen, die besondere Rolle der Oberschicht, die breite Wahlfreiheit im individuellen Bereich. Was der Kalender darstellt, sind die zeitlichen Bedingungen der Möglichkeit bestimmter juristischer und politischer Handlungen; für den religiösen Bereich handelt es sich um eine Zusammenschau der Aktivitäten unterschiedlicher Spezialisten, deren Auswahlkriterien zum einen der technische *feriae*-Charakter des Tages, zum anderen die historischen Assoziationen der zu erinnernden Tempel- und Kultstiftungen sind. Als solches ist der Kalender wenigstens seit der späten Republik vor allem Ausdruck oberschichtlicher Konkurrenzen und einer ‹Staatsreligion›, die weniger als Loyalitätsreligion der Gesamtbevölkerung denn als Religion der Mitglieder der Führungsschicht zu verstehen ist.

Insgesamt zeigen die Befunde eine Gesellschaft, die zwar einerseits hochspezialisierte Teilbereiche mit eigenen zeitlichen Strukturen aufweist, andererseits aber in der Masse und deren wirtschaftlicher Aktivität so stark in kleine Einheiten zerfällt, daß die Ausbildung zeitlicher Raster zur Koordinierung außerhalb des Finanzwesens unnötig wird. Die Feinstruktur des oberschichtlich ausgebildeten kalendarischen Systems geht weit über den gesellschaftlichen Bedarf hinaus. Der Bedarf an noch feineren Differenzierungen wird durch das astrologische Konstrukt der Planetenwoche befriedigt – eine wichtige Traditionslinie europäischer Religionsgeschichte weit über die Antike hinaus.

III Soziale Realität

10 Großstadtreligion

Die beiden vorangehenden Kapitel haben mit einem breiten Begriff von Religion gearbeitet und so die vielfältige Formulierung zeitlicher und räumlicher – und damit auch sozialer und politischer – Strukturen mit Hilfe religiös geprägter Begriffe, Vorstellungen und Rituale für Rom offengelegt. Diese Perspektive soll nun um den Blick des Individuums, eines Bewohners oder einer Bewohnerin Roms ergänzt werden. Schon in der Behandlung der Gelübde und Verfluchungen wurde deutlich, daß sich die religiösen Aktivitäten des einzelnen nicht in der Verbindung von familärem Hauskult und öffentlichen Festen erschöpfen. Diesen drei Bereichen ist ein Spektrum religiöser Aktivitäten von Gruppen an die Seite zu stellen, das zunehmende Wahlmöglichkeiten bietet. Nicht als Mitglied einer politischen Einheit wird der einzelne angesprochen, sondern als Angehöriger einer Sklaven- oder Freigelassenengruppe, als Angehöriger einer bestimmten Berufsgruppe, einer ethnischen Gruppe oder auch nur – oder gerade – als Mensch, der sich seines begrenzten, insbesondere durch den Tod begrenzten Seins bewußt ist.

Die angesprochenen Rollen können miteinander verknüpft sein. Erlösungsreligionen, soteriologische, das heißt auf ‹Rettung› des einzelnen vor einem schlimmen Todesschicksal angelegte Kulte können nicht minder Geselligkeit und Einbettung bieten; derselbe Kult kann von Person zu Person, von Ort zu Ort, eher so oder eher anders ausgelegt und betrieben werden. Im griechischen Raum sind es die Mysterien von Eleusis (nahe Athen) und – spätestens seit dem fünften Jahrhundert v. Chr. – dionysische (bakchische) und orphische Gruppen wie – das ist neu – Texte, die eine deutliche Erweiterung des religiösen Handlungs- und Vorstellungsraums der öffentlichen Kulte und Tempel bieten. Das gilt auch für Rom. Trotz der Bacchanalia-Verfolgung, die die Breite der Anhängerschaft schlaglichtartig erhellt, gilt auch für Rom: Diese Form der Religiosität ist legitim, sie gehört zum religiösen Spektrum antiker Gemeinwesen selbstverständlich dazu. Aber die römische Oberschicht ist gegenüber der eigenen und der Selbst-Organisation Dritter äußerst sensibel. Das legitime Medium, Religiosität zu praktizieren und zugleich zu kontrollieren, heißt – neben der Bildung von ‹Schulen› – ‹Verein›.

Vereinsrecht

Der wohl häufigste lateinische Begriff für Verein lautet Kollegium, daneben existiert vor allem für Berufsverbände der Begriff *corpus*, Körper. Darüber hinaus gibt es noch eine ganze Reihe von griechischen Termini, die mit den *Thiasoi* beginnt und bis zu den Synagogen geht, ein Begriff, der zunächst einmal jüdische Vereinsbildung, aber auch Vereinsbildung über jüdische Kultur hinaus bezeichnet. Die Begriffe sagen fast nie etwas über die interne Struktur der Kollegien aus. Worin sich etwa im Bereich der römischen Priesterschaften die *collegia* von den *sodalitates* unterscheiden, wird nie deutlich ausgesprochen.

Der Begriff des ‹Vereins› ist insofern glücklich, weil er das Element Mitgliedschaft enthält und das der Freiwilligkeit. Zudem handelt es sich um private Organisationen, auch wenn sie über die Rechtsfigur des ‹eingetragenen Vereins› den Status einer juristischen Person gewinnen können. Das inhaltliche Spektrum reicht weit: Sklaven eines größeren Haushaltes bilden einen auf ihre *familia* bezogenen Verein, die großen Berufsvereinigungen versammeln selbständige Handwerker zu sozialen Zwecken, aber auch wie bei den Zünften zu Monopolisierungszwecken. Dazwischen gibt es Vereine, die sich explizit als Kultvereine konstituieren, ohne daß man im Einzelfall Geselligkeitsinteressen und -bedürfnisse gegen religiöse Interessen und Bedürfnisse klar abgrenzen oder gegeneinander aufrechnen könnte.

Nach der römischen Gesetzeslage mußte ein Verein mindestens drei Personen umfassen, *tres faciunt collegium.* Eine Größe von fünfzehn bis einhundert, zweihundert Mitgliedern ist verbreitet. Der größte Verein, den wir kennen, ist ein Verein von Holzhandwerkern in Rom, die *tignarii*; er hat eintausendfünfhundert Mitglieder umfaßt. In Pompei, einer Stadt mit etwa fünfzehn- bis zwanzigtausend Einwohnern, Kindern mitgerechnet, fanden sich fünfundvierzig Vereine. Wenn man eine Durchschnittsgröße von einhundert oder auch nur fünfzig ansetzt, dann wären das wenigstens zweitausendfünfhundert vereinsmäßig organisierte Erwachsene auf eine erwachsene Bevölkerung von etwa acht- bis zehntausend – ein recht hoher Organisationsgrad. Eine Vereinsmitgliedschaft ist ein wichtiger Aspekt der Sozialbeziehungen von Erwachsenen.

Geschlechtsspezifisch sind die Befunde sehr unterschiedlich. Zumal in Handwerksvereinen konnten nur Männer Mitglieder sein, aber gerade im Bereich religiöser Vereine hatten auch Frauen deutlich hervorgehobene Rollen inne, im Isis-Kult zum Beispiel. In den Vereinen, die man konkret fassen kann, finden sich eher Vertreter bessergestellter Schichten, Personen also, die zumeist mit ihren Mitgliedsbeiträgen die Vereinsaktivitäten, die oft aufwendigen Vereinsbauten finanzieren können. Es sind nicht die Allerärmsten, die einem Verein beitreten, damit ihre Bestattung finanziell gesichert wird.

Auch wenn auf den ersten Blick Welten zwischen den Kollegien der Bäcker, Händler und Pontifices zu liegen scheinen, so ist doch festzuhalten, daß die Organisationsstruktur vergleichbar ist. Von den Aufgaben und dem unterschiedlichen Prestige abgesehen, scheint in der Antike selbst kein großer Unterschied gemacht worden zu sein. Natürlich gab es eine ganze Reihe von Regelungen, die nicht auf oberschichtliche Vereine angewandt wurden. Es hieß dann, jene Kollegien seien ausgenommen, die von alters her beständen, oder es wurden Regelungen getroffen, die nur solche Vereine betrafen, die als *collegia tenuiorum*, Kollegien der (ein Rechtsbegriff der Kaiserzeit) ‹Schwächeren›, qualifiziert wurden. Häufig wurden die Vereine ökonomisch von Freigelassenen getragen, die eine besondere soziale Mobilität aufwiesen und zu den einkommensstärksten Gruppen in der Mittelmeergesellschaft der römischen Kaiserzeit gehört haben dürften.

Ein Hinweis auf den Kollegiencharakter auch der ‹öffentlichen› Priesterschaften besteht darin, daß sie nach römischer Vorstellung von Anfang an mindestens drei Mitglieder hatten und im wichtigsten Reformgesetz, das ihre Zahl veränderte, der *lex Ogulnia* (300 v. Chr.), auf neun Mitglieder angehoben wurden: Eine Zahl zwischen drei und neun wird in anderen Zusammenhängen als die günstigste für Mahlgemeinschaften beschrieben – und das Mahl ist eine der wichtigsten Aktivitäten dieser Kollegien. Davon ausgenommen wurde die Priesterschaft, die sich um die Sibyllinischen Bücher kümmerte, (am Ende der Republik) die fünfzehn Männer *sacris faciundis*, für die durchzuführenden Opfer (Quindecimviri sacris faciundis). Diese haben nach der antiken Überlieferung mit zwei Personen begonnen, also unterhalb der Kollegiengröße, und sind mit demselben Reformgesetz auf zehn verstärkt worden, lagen dann also über der Grenze.

Die prinzipielle Unterscheidung von privaten Vereinen, *collegia*, und ‹Staatspriesterschaften› legt ein völlig falsches Verständnis von Staat in der Antike zugrunde. So scheint ein Kollegium wie die *Dendrophori*, die ‹Baumträger›, nicht nur im gleichnamigen Ritual des Mater-magna-Kultes eine Rolle gespielt zu haben, sondern war beispielsweise auch zu so profanen Dingen wie Feuerwehrdiensten verpflichtet. Möglicherweise war aber beides nur Ausfluß einer berufsbedingten Formierung – wir wissen es nicht, stellen aber das Fortbestehen des Vereins auch in christlich dominierten Gemeinwesen fest.

Kult

In allen Vereinen spielt das gemeinsame Mahl eine wichtige Rolle. Regelungen für dieses Vereinsmahl, das periodisch stattfindet – sei es monatlich, sei es an ausgesuchten Tagen im Jahr –, machen oft einen großen Teil der Vereinsstatuten aus. Darin wird geregelt, wann und wie oft man sich trifft, wie das Zusammenkommen finanziert wird, welche Speisen zur Minimalausstattung gehören, wer welche Portionsgröße bekommt (zum Beispiel in der Weinverteilung). Natürlich hofft man, daß ein reiches Vereinsmitglied oder ein(e) Wohltäter(in) von außen die Vereinskasse durch Stiftungen soweit aufbessert, daß über diese Minima deutlich hinausgegangen werden kann. In anderen Zeugnissen wird geklagt, daß Vereinsmitglieder aus Anlaß oder am Ende ihrer Vereinsmähler alkoholbedingt Unruhe stifteten, Zerstörungen vornähmen oder sich ungehörig in der Öffentlichkeit verhielten. Daneben werden immer wieder politischen Aktivitäten unterstellt – ein weiterer Grund für eine restriktive Vereinsgesetzgebung.

Gesetz des Kollegiums des Äsculap und der Hygia

> *Salvia Marcellina, Tochter des Gaius, hat im Gedächtnis an … dem Collegium Aesculapi et Hygiae den Platz eines Kapellchens mit einer Pergola und einer marmornen Aeskulap-Statue und einem anschließenden Sonnendach geschenkt, in dem die Mitglieder des oben genannten Vereins speisen sollen; das Grundstück liegt … Ebenso hat dieselbe Marcellina dem o. g. Collegium gegeben und geschenkt 50.000 Sesterzen für sechzig Männer unter der Bedingung, daß nicht mehr hinzugewählt werden als die o. g.*

Anzahl und daß an die Stelle von Verstorbenen die Stellen verkauft werden und Freigeborene hinzugewählt werden oder wenn jemand seine Stelle seinem Sohn oder Bruder oder Freigelassenen vermachen will, dann nur unter der Bedingung, daß er unserer Kasse die halbe Summe des Sterbegeldes zukommen läßt; und unter der Bedingung, daß die Vereinsmitglieder das o. g. Geld nicht zu anderen Zwecken verwenden, sondern aus den Zinsen des Betrages an den unten angegebenen Tagen den Ort besuchen sollen. Aus dem Ertrag der Summe, wenn sie irgendetwas erworben haben werden, sollen sie den sechzig Männern Sporteln verteilen nach Beschluß der Gesamtheit ...

... am 19. September, dem glücklichsten Geburtstag des Antoninus unseres Augustus Pius ... am 4. November, dem Gründungstag des Kollegiums ... am 4. Januar Geschenke ... am 22. März, dem ‹Tag der lieben Verwandtschaft› (Kara cognatio) *... am 14. März eine Mahlzeit ... am 22. März, dem Veilchentag ... am 11. Mai, dem Rosentag ...*

... daß an den o. g. Tagen diejenigen, die nicht zum Speisen gekommen sind, daß deren Sporteln an Brot wie an Wein verkauft werden und unter den Anwesenden verteilt werden, diejenigen ausgenommen, die in Übersee sein werden oder wer durch eine chronische Krankheit abgehalten wird.

...

Dieser Beschluß fand die Zustimmung der gegliederten Mitgliedschaft in der Vollversammlung, die im Tempelareal der vergöttlichten Kaiser, im Gebäude des vergöttlichten Titus stattfand am 11. März, unter den Konsuln C. Bruttius Praesens und A. Iunius Rufinus, unter dem Fünfjährigen (Vorsteher) C. Ofilius Hermes, und den Verwaltern P. Aelius Onesimus, Freigelassener des Kaisers, und C. Salvius Seleucus.
Corpus inscriptionum Latinarum 6,10234

Das Spektrum des Kultes selbst können wir nur selten aus den Vereinssatzungen, gelegentlich aus den Vereinsnamen entnehmen. Kulte göttlicher Patrone und Totenkult verstorbener Stifter überwiegen bei den nicht im engeren Sinne religiösen Vereinen. Herrscherverehrung scheint für kaiserzeitliche Vereine eine wichtige Aktivität zu sein, weil er das primäre Medium darstellt, sich gegenüber der Öffentlichkeit als einen loyalen Verein darzustellen. Auf Kaiserkultaktivitäten konzentrieren sich die *Augustales* in den italischen Städten außerhalb Roms; eine Mitgliedschaft in solch einem Verein ist oft das Ziel hoch aufgestiegener Freigelassener.

In den Vereinen, die als Priesterschaften oder soteriologische Kulte anzusprechen sind, in jüdischen Synagogen, im Isiskult, in christlichen Hauskirchen, im Mithraskult, kann das gemeinsame Mahl weiter zurücktreten, der Zugriff des Vereins auf die Lebensführung der Mitglieder hingegen weitgehend sein. Dazu gehören auch philosophische Schulen (ebenfalls eine Vereinsform), die etwa vegetarische Ernährung von ihren Mitgliedern verlangen. Christen stellen ethische Maximalforderungen an ihre Mitglieder. Inwieweit der Zugriff dieser Vereine auf ihre Mitglieder erfolgreich ist oder nicht, vermögen wir selten zu sagen. Es gibt im Christentum radikalisierte Gruppen, in denen von allen Mitgliedern extreme Standards der Lebensführung geteilt werden. Wir sehen schon in den Paulinischen Briefen, also in der Mitte des ersten Jahrhunderts n. Chr., Klagen, daß die Mitglieder den Verpflichtungen nicht nachkommen. Wir können bei Philo von Alexandrien, einem jüdischen Philosophen, Klagen darüber lesen, daß sich Juden zu sehr in nichtjüdischen Vereinen, in denen traditionelle Kulte durchgeführt werden, engagieren.

Es gibt Konflikte, und die genannten Fälle zeigen, daß die Konflikte durchaus nicht nach den rigorosen Linien der Vereinssatzung gelöst wurden, sondern es hier einen weiten Spielraum für individuelle Entscheidungen und Mehrfachloyalitäten gab. Natürlich konnten sich die Christen, die mit der Taufe ein sehr aufwendiges Beitrittsritual mit monatelanger Vorbereitung pflegten, die Frage stellen: Wer gehört noch zu uns? Der Ausschluß war die härteste Sanktion, die einem Verein im Rahmen des römischen Rechts zur Verfügung stand. Die Theorie rationalen Handelns (*rational choice*) hat in der Untersuchung heutiger Wahl religiöser Mitgliedschaft gezeigt, daß gerade hohe Einstiegsbarrieren und die besondere Intimität von Außenseitengruppen in Verknüpfung mit weitreichenden Heilszusagen Vereine interessant und ‹Trittbrettfahren› unattraktiv machen kann. Exotik in der Außendarstellung und Beschränkungen in der Gruppengröße (Isis- und Mithraskult) mögen auch in der Antike eine vergleichbare Rolle gespielt haben. Mitgliedschaft selbst kam in sehr unterschiedlicher Form zum Tragen; gerade für einen weiteren Kreis bildeten die verbreiteten, mit Namen gekennzeichneten und im Heiligtum der Gottheit aufgestellten Weihinschriften eine wichtige Möglichkeit, Zugehörigkeit zu realisieren und zu dokumentieren.

Organisation

Vereine benötigen Strukturen, zeitliche, räumliche, funktionale. Was das erste betrifft, scheint die römische Vereinsgesetzgebung Zusammenkünfte häufiger als einmal im Monat untersagt zu haben – die Schwierigkeiten der Christen damit sind schon benannt worden. Was die *Räume* angeht, so kann man zwei Typen von Vereinen grob unterscheiden. Der eine Typ von Verein trifft sich in Privathäusern, das gilt auch für zahlreiche Zusammenkünfte der oberschichtlichen Kollegien der *sacerdotes publici.* Auf die Vereine von Sklaven eines Haushalts wurde bereits verwiesen. Man muß wohl auch viele frühchristliche Gruppenbildungen und ihre ‹Hauskirchen› in diese Kategorie rechnen und damit betuchtere Mitglieder voraussetzen. Daneben gibt es den Typ von Verein, der sich eigene Vereinshäuser baute; *templum* und *aedis*, also religiös aufgeladene Wörter, finden sich jedoch, ohne daß aus diesen Begriffen auf die architektonische Gestalt des so bezeichneten Gebäudes geschlossen werden dürfte. Üblich scheinen relativ große Versammlungsräume gewesen zu sein, die allen Vereinszwecken zugleich dienten, also Speisesäle, Sitzungssäle und Kulträume in einem waren. Eine Apsis konnte ein Götterbild, eine Statue, ein Relief oder Gemälde aufnehmen.

Eine architektonische Sonderform vertreten die Mithräen, langgestreckte rechteckige Räume mit einem Mittelgang und aufgemauerten Liegepodesten auf beiden Seiten, die das Speisen erlaubten. Der tageslichtlose oder gezielte Lichteffekte ermöglichende ‹Höhlenbau› mochte zur Dramatisierung der am Raumende dargestellten Kultlegende von der Stiertötung des Mithras beitragen; er konnte aber auch durch eine ganz dem zeitgenössischen Wohnraumgeschmack verpflichtete Ausmalung konterkariert werden, wie das Mithräum unter San Stefano Rotondo zeigt. Andere Kultanlagen bedienten sich der klassischen Tempelform und paßten sie durch Dekorationsprogramm – Exotik in den öffentlichen Bereichen des Isistempels in Ostia – und Nebengebäuden ihren Bedürfnissen an.

Sklaven scheinen als *aeditui*, als Hausmeister, in manchen Häusern gewohnt zu haben. Zum Teil waren die Vereinshäuser zu den Straßenseiten hin mit Läden ausgestattet, die vielleicht vermietet wurden, um so Einnahmen zu erzielen. Es ist eine in den letzten Jahren am Beispiel der römischen Hafenstadt Ostia erneut diskutierte Frage, inwieweit Vereine als Unternehmen auftraten, etwa Thermenanlagen mit

Gewinnabsicht betrieben – Zurückhaltung ist wohl geboten. Aus der Größe der Räume kann man im übrigen nicht einfach auf die Größe des Vereins schließen. Manche Vereine drangen sehr darauf, daß zu bestimmten Daten alle Mitglieder erschienen. Andere Vereine tagten explizit in Unterabteilungen, *decuriae* oder *centuriae*, eine aus anderen Organisationsformen entnommene Begrifflichkeit.

Die stadtrömischen Vereine zeichneten sich im großen und ganzen durch eine flache Rangstruktur und durch eine breite kollegiale Führungsspitze aus. Typisch für einige oberschichtliche Priesterschaften war es, daß sie einen Magister und einen Promagister hatten, eine kleine Spitze, die jährlich wechselte und typischerweise gerade den neuen, den jüngsten Mitgliedern übertragen wurde. Charakteristische Strukturen sind sonst eine breite Mitgliedschaftsbasis (*plebs, populus* oder *ordo*) und eine Vereinsspitze aus mehreren *magistri*, die jährlich oder auf fünf Jahre (*quinquennales*, ‹Fünfjährige›) gewählt wurden. Dazwischen konnte sich eine Schicht von Spezialfunktionen schieben, Schreiber, Verwalter, Hausmeister, auch ein *flamen* oder *sacerdos* mit religiösen Spezialaufgaben. Eine schärfer ausgeprägte Hierarchie gab es kaum. Dagegen ist eine ganze Reihe von Ehrentiteln zu beobachten, *quinquennales perpetui*, ‹ewige Fünfjährige›, Ehrenmagistrate, designierte Magistri, Väter des Kollegiums, Mütter des Kollegiums, verschiedenste Typen von Verwaltern. Wir wissen zum Teil nicht, ob das noch Vereinsmitglieder waren oder Patrone, die als Geldgeber und Sympathisanten von außen herantreten konnten.

Die relativ flache Struktur zeigt sich auch im religiösen Bereich. Das ist dort spannend, wo sich Kulte in Rom finden, die eigentlich durch ausgeprägtere Hierarchien ausgezeichnet sind. Ein Beispiel dafür liefert der Mithras-Kult. Es gibt hier den Raben, den Bräutigam, den Soldaten, den Löwen, den Perser, den Sonnenläufer und schließlich den Vater, sieben Stufen mit zum Teil aufwendigen Initiationen, Vorbereitungen und Kulthandlungen zum Wechsel in den jeweils höheren Stand. Mit zwei Ausnahmen, die sich beide Male auf die Raben, also die unterste Stufe beziehen, finden sich in Rom unter den Dutzenden von Inschriften, die Mithras-Anhänger mit ihrem Dienstgrad vorstellen, nur zwei verschiedene Grade, nämlich die Löwen und die Patres (Väter). Die anderen Stufen, die sicherlich nicht ganz abgeschafft worden sind, scheinen zeitlich extrem kurze Durchgangsstufen gewesen zu sein. Darauf deuten auch einige datierte Inschriften über solche Initiationen hin. Innerhalb von wenigen Tagen durchlief man mehrere Stufen, wurde dann Leo, Löwe, und schließlich Pater. Die Hierarchie ist als Fiktion oder als Norm zwar erhalten, aber tatsächlich werden – wohlgemerkt in Rom – unter den Anhängern, nur diejenigen, die nichts sind, sowie ‹Löwen› und ‹Väter› unterschieden.

Ein weiteres Beispiel bietet der Kult des Iuppiter Dolichenus, ein aus dem Osten stammender Kult, der in Rom mit einer sehr strengen sakralen Hierarchie auftrat. Er kannte drei Stufen; es gab die einfachen Verehrer, die Kandidaten für das Priesteramt und die Priester selbst. Eine dieser Iuppiter-Dolichenus-Gruppen ist durch zahlreiche Inschriften belegt. In dieser Gruppe, die auf dem Aventin ihr Heiligtum hatte, das auch teilweise archäologisch erschlossen ist, spielte sich seit den 160er Jahren n. Chr. bis zum Beginn des dritten Jahrhunderts ein Prozeß ab, in dem die sakrale Hierarchie mit ihren Priestern syrischen Namens zurückgedrängt und überlagert wurde durch eine Stufung, die sich ganz an römischen Vereinsstrukturen orientierte, die alle als Brüder bezeichnete und eine Gruppe von Patronen heraushob. Die Rolle des Priesters, der zunächst für sämtliche Aktivitäten zuständig war und bei jeder Weihung dabei sein mußte, wurde von einer Person verdrängt, die zunächst ‹Notar›, später sogar ‹Schreiber› hieß: Religiöse Bezeichnungen und Funktionen wurden zugunsten von religiös nicht qualifizierten Funktionen und Funktionsbezeichnungen zurückgedrängt. Auch das Judentum und noch im frühen zweiten Jahrhundert das Christentum erscheinen als vergleichbar strukturierte Gruppen.

Das Wahlspektrum für den einzelnen öffnete sich nicht deswegen, weil mehr Kulte in Rom präsent waren. Diese hätten ja auf ihren ethnischen Hintergrund hin festgelegt sein können. Die Wahlmöglichkeiten erhöhten sich, weil die neuen Kulte sich zumindest auf der Ebene der Organisation öffneten, so daß auch gebürtige Römer an diesen Kulten partizipieren, Verbindungen zu anderen Vereinsmitgliedern herstellen konnten und nicht völlig durch neue soziale Rollenspiele überfordert wurden: Die Wahl konnte sich auf die Ebene der Symbole, der Gottesvorstellungen, der Heilsvorstellungen konzentrieren. Hinsichtlich der sozialen Herkunft ihrer Mitglieder unterschieden sich beispielsweise der Kult des Gottes Silvanus – ein keineswegs auf den Zuständigkeitsbereich ‹Wald› festgelegter und in Rom überaus häufig durch Inschriften geehrter Gott – und der Mithraskult nicht.

11 Spezialisten und Dienstleister

Religiöse Arbeitsteiligkeit

Religiöse Kompetenz war in Rom weit gestreut. Wie bereits die früher vorgestellten Cato-Texte zeigen, bedurften auch blutige Opfer keiner religiösen Spezialisten. Der Pater familias, der absolute Hausherrscher, vermochte sein Tieropfer ebenso selbst darzubringen, wie der Magistrat den öffentlichen Kultakt leitete. Es gehört allerdings zu den Funktionen des öffentlichen Rituals, durch gesteigerte Ausstattung – und dazu zählt auch die Zahl und Vielfalt von Helfern – die gesteigerte Würde der Handlung und ihren Vorbildcharakter für privaten Kult zu unterstreichen. Kinder, subalterne Beamte und Sklaven im Gemeineigentum (*servi publici*) waren als Begleiter, Weihrauchträger, Musikanten und Handlanger hilfreich; die Aufgabe, ein ausgewachsenes Schwein oder Rind zu erschlagen und auszunehmen, war mit Schlächtern und kräftigen Dienern (*victimarii, ministri*) deutlich besser zu bewältigen. Nur gelegentlich kam ein Funktionsträger hinzu, den die Römer als *sacerdos* angesprochen hätten, ein Haruspex zur Eingeweideschau oder ein Pontifex als Souffleur.

Verwunderlich ist das nicht. Die Mitglieder der oberschichtlichen Priesterkollegien besaßen sehr spezifische Aufgaben – und sehr allgemeine soziale Funktionen, wie im letzten Kapitel deutlich wurde. Von den Magistraten unterschieden sie sich kaum, nicht in der Kleidung, nicht in der Ausbildung, nicht in der übrigen politischen Karriere oder sozialen Herkunft, zunehmend weniger sogar im Wahlverfahren. Die schärfste Differenz lag vielmehr darin, daß sie im Normalfall *sacerdotes* auf Lebenszeit waren.

Dankschreiben für Gratulationen zur Wahl zum Augur

> *C. Plinius grüßt seinen Maturus Arrianus.*
> *Du beglückwünschst mich, weil ich das Augurat empfangen habe: zurecht beglückwünschst Du mich, zuerst, weil es schön ist, dem Urteil des würdevollsten Princeps* [das heißt der Kooptationsempfehlung des Kaisers] *auch in kleineren Dingen zu folgen,*

sodann weil das Priesteramt selbst sowohl altertümlich und schauervoll (religiosum) *als auch gerade dieses geradewegs den Göttern zugehörig* (sacrum) *und berühmt ist, weil es einem Lebenden nicht weggenommen wird. Denn andere, obgleich sie an Würde nahezu gleichrangig sind, werden wie zugeteilt so auch entzogen; bei diesem darf das Schicksal nur so weit gehen, daß es verliehen werden kann. Mir aber scheint auch jenes des Glückwunsches würdig zu sein, daß ich dem Iulius Frontinus nachfolge, dem ersten der Männer, der mich am Nominierungstag in den letzten Jahren ständig für ein Priesteramt nominierte, gleichsam um mich auf seinen Platz zu kooptieren. Das hat nun der Ausgang so bestätigt, daß es nicht zufällig erscheint. Dich freut auch, wie Du schreibst, mein Augurat deswegen besonders, weil M. Tullius (Cicero) Augur gewesen ist. Du freust Dich nämlich, weil ich in dessen Ämterlaufbahn eintrete, dem ich in geistigen Dingen gleich zu werden mich bemühe. Aber daß ich doch, wie ich das Priesteramt im selben Alter, wie ich das Konsulat als viel jüngerer als er sogar erreicht habe, so als alter Mann wenigstens sein Genie auf irgendeinem Gebiet erreichen könnte! Allerdings, was in der Hand von Menschen liegt, fällt mir ebenso wie vielen zu; jenes letzte aber ist selbst zu erhoffen maßlos, wenn man bedenkt, wie schwierig zu erlangen es ist – weil es nur von den Göttern gegeben werden kann. Leb wohl.*
Plinius der Jüngere, *Briefe* 4,8

Für ein Bild von Religion in Rom, das über die Konstruktion der Elite hinausgeht, muß auch deren *sacerdos*-Begriff überschritten werden. Dazu dient nicht der Ausdruck ‹Priester›, dessen Assoziationen (Vermittler, Theologe, persönliche Heiligkeit) eher irreführen. Vielmehr soll die Wahl des Begriffs ‹religiöser Spezialist› es erlauben, den Blick auf jene zu werfen, die mit ihrem Expertenwissen und -können die Voraussetzung für Arbeitsteiligkeit im religiösen Handeln schaffen und die Vielfalt religiöser Zeichensysteme wie ihre Anwendung verändern.

Religiöse Spezialisten in Rom

Das mit dem Begriff eingefangene Material ist bunt. Fast alle *sacerdotes publici*, die ich zunächst beleuchten möchte, sind Freizeitpriester, die kein Einkommen aus dieser Aktivität beziehen, sondern im Gegenteil Geld dafür aufwenden müssen. Das ist *honos*, Ehrenamt.

20. Statue einer Virgo Vestalis (Rom, Atrium Vestae)

Die Virgines Vestales gehören zu den ganz wenigen *sacerdotes publici*, deren Leben weitgehend durch die Priester-Rolle geprägt war. Im Alter von sechs Jahren vom Pontifex maximus ‹ergriffen›, waren sie zu mindestens dreißig Jahr Dienst in der Aedes Vestae verpflichtet. Ihr hohes Ansehen, das durch eine Reihe rechtlicher Privilegierungen unterstützt wurde, führte zu einer zunehmenden Aufladung von Kult und Personen mit unterschiedlichsten Vorstellungen von persönlicher Heiligkeit bis zur Garantie der Ewigkeit Roms. In der Kaiserzeit wurden die Vestalinnen durch Statuen geehrt, die im Porticus des *atrium Vestae* aufgestellt wurden. Die heutigen Kombinationen von Inschriftenbasis und Statuen(fragmenten) sind nicht antik.

Foto: Jörg Rüpke

Römische Politiker der Republik denken nicht an Sitzungsgelder, sondern an Kriegsbeute und Provinzverwaltung. Die *sacerdotes* sind nicht dauernd mit dieser Tätigkeit beschäftigt, sie mögen jahrelang auswärts tätig sein. Sie sind keine Seelsorger. Wenn sie Ansprechpartner für Probleme von Individuen sind, dann betrifft das ganz spezifische rechtliche oder kultische Fragen. Die Priesterschaften sind stark differenziert und weisen untereinander nur sehr lockere Verbindungen auf. Hierarchie ist nur schwach ausgeprägt, der Vorsitz routiert in den allermeisten Kollegien jährlich. Der Pontifex Maximus, der Vorsitzende der Pontifikalkollegiums, der auf Lebenszeit gewählt wird, ist eine wirkliche Ausnahme. Das hängt mit seiner besonderen Position im Gesamtsystem zusammen und legt den Kaisern nahe, das Amt zu monopolisieren; aber in den übrigen Kollegien, in denen Kaiser als Mitglieder erscheinen, wechselt der Vorsitz jährlich.

Besetzt werden die Stellen in den Kollegien durch Kooptation, das heißt, die Kollegien finden selbst Nachfolger für freiwerdende Plätze. Das wird für die politisch bedeutsamsten Priesterschaften schon im Laufe der späteren Republik modifiziert. Es tritt ein Element der Volkswahl hinzu, zunächst für den Pontifex maximus (schon im dritten Jahrhundert), durch eine Lex Domitia im Jahr 104 v. Chr. für alle Pontifices, Auguren und Decemviri, wohl auch für die Epulonen – kurz, für die vier angesehendsten Kollegien. Formal bleibt es bei einer Kooptation: Die Priester nominieren die Kandidaten. Etwas weniger als die Hälfte des Volkes, nämlich 17 von 35 Tribus – Gliederungseinheiten der stadtrömischen Bevölkerung –, wählt, reduziert gewissermaßen die Kandidatenliste auf einen Kandidaten; dieser eine Kandidat wird dann formell von den Priestern kooptiert.

Hinzu tritt das Prinzip, daß nur ein Familienmitglied zur gleichen Zeit einem Kollegium angehören darf. Wenn ein Vater seinen Sohn in einem Priesterkollegium unterbringen will – und das wäre ein vorzüglicher Auftakt für die höchsten Ämter, signalisiert es doch Zugehörigkeit zum *inner circle* –, dann kann er sich nur darum bemühen, in einem anderen Priesterkollegium dafür zu werben, daß sein Sohn kooptiert wird. Aus den ganz angesehenen Familien nimmt ein älterer Sohn häufig eine andere Priesterschaft als sein Vater ein. Stirbt der Vater, ist der älteste Sohn schon versorgt, da er nur einer Priesterschaft angehören darf – ein Prinzip, das nur ganz selten durchbrochen wird. Das heißt, ein jüngerer Sohn kann Nachfolger seines Vaters im Kollegium werden. Kein sicherer Erbgang, aber ein Mittel, den *inner*

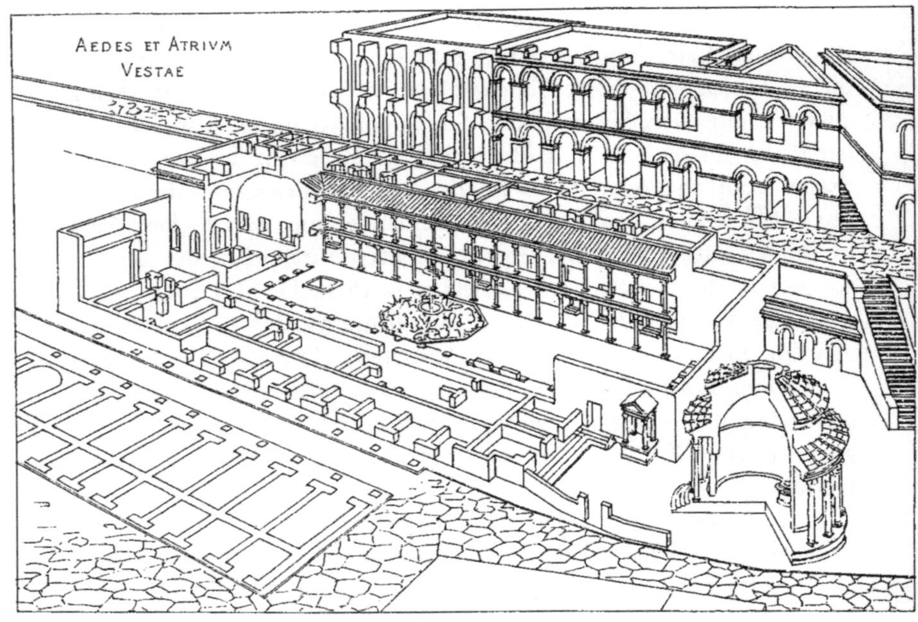

21. Die Architektur des Vesta-Kultes (Rekonstruktionszeichnung)

Blick auf den Rundtempel der Vesta (rechts) und das Atrium Vestae, Aufenthaltsort der sechs ‹Vestalischen Jungfrauen› und Arbeitsstätte der ihnen zugeordneten Sklaven. Im Hintergrund der Anstieg zum Palatin. Der Ausbau des Komplexes gehört wohl erst dem späten 3. Jh. v. Chr. an, die Monumentalisierung beginnt mit Caesar.

Zeichnung von Christian Huelsen [Aus: W. Jordan, *Topographie der Stadt Rom im Alterthum*, Berlin: 1902]

circle, der in einem gegebenen Zeitraum auch die Masse der Konsuln stellt, auf wenige Familien zu beschränken.

Neben den Kollegien gibt es unter den *sacerdotes publici* einige wenige Einzelpriester. Sie heißen *flamines* und sind wie andere Weihegaben – Tage (*feriae*) oder Bauwerke (*aedes*) – einzelnen Göttern zugeordnet. Von den zwölf ‹kleineren Flaminaten› wissen wir so gut wie nichts, kennen zum Teil nicht einmal näher den Kult der von ihnen betreuten Gottheiten oder gar einen Tempel – die feste Anbindung von *sacerdotes* an Tempel ist in Rom untypisch. Die großen Flamines (*maiores*: *Dialis*, *Martialis*, *Quirinalis*) unterlagen strengen Vorschriften, insbesondere der dem zentralen politischen Gott Iuppiter verbundene Flamen Dialis. Er darf sich nicht länger als drei Nächte aus Rom entfernen. Er muß in einem Bett schlafen, dessen Füße in Erde stehen. Er muß, wenn er im sich Freien aufhält, ständig einen *apex* tragen, eine am Kopf anliegende Filzkappe mit einer kleinen Spitze, an der noch einmal ein Wollfaden hängt, das sogenannte *filum* – damit ist er der einzige unter den *sacerdotes publici*, der außerhalb von Kultakten als solcher erkennbar wäre. Die Toga mit dem breiten Purpurstreifen, die allen Männern dieses Kreises zusteht (die vestalischen Jungfrauen tragen Elemente der Brauttracht) teilen sie mit den Magistraten.

Wenn die Kappe des Dialis herunterfällt, muß er zurücktreten und ein Nachfolger wird vom Pontifex maximus ernannt. Das ist aber eine sakralrechtliche Regelung, die in einer Zeit intensiver Konkurrenz um die Priesterschaften formuliert und praktiziert, dann aber nie mehr aufgegriffen wurde, vielleicht weil sich der Konkurrenzdruck verringert hatte: Auch solche Bestimmungen entstammen oft ganz bestimmten sozialen und politischen Konstellationen. Der Flamen muß in einem altertümlichen Typ von Ehe verheiratet sein; seine Frau, die *flaminica*, führt bestimmte Routinerituale aus, muß etwa der Iuno an den Kalenden ein Schaf darbringen. Wenn diese Frau stirbt, muß auch der Flamen von seinem Amt zurücktreten – auch dies eine Vorschrift, die merkwürdigerweise nie zu greifen scheint.

Fragt man nach der spezifisch religiösen Kontrollfunktion der bisher behandelten Gruppe religiöser Spezialisten, muß das, was die Römer als ‹Bewahren der tradierten Disziplin›, der tradierten Regeln bezeichnet haben, im Vordergrund stehen: Entscheidungen über religiöse und religiös-politische Spielregeln. In verschiedenen Fällen besaßen die Kollegiumsmitglieder einzeln oder als Kollegium eine Beratungs- und Assistenzpflicht. Der Augur, der Vogeldeuter, interpretierte nur in besonderen Fällen den Vogelflug selbst – das konnte und mußte jeder Magistrat tun –, aber ein solcher Beamter konnte, wenn er im Morgengrauen die Vögel beobachten ging, einen Auguren mitnehmen und ihn gegebenenfalls bei Problemen befragen. Das betrifft auch die Pontifices in Fragen des sakralen Bodenrechtes. Sie gutachten darüber, die Entscheidung fällt jedoch der Senat. Ähnlich verfahren die Quindecimviri sacris faciundis, die die Sibyllinischen Bücher befragen.

Die Schriften, die in diesen Kollegien produziert wurden, sind durchweg – und das paßt zu dem bisher gezeichneten Bild – keine normativen Schriften. Die Mitglieder haben – soweit die fragmentarischen Zitate das erkennen lassen – weder für sich selbst noch für die

Öffentlichkeit Lehrbücher für Religion oder Opfervorschriften verfaßt. Vielleicht seit der Mitte des dritten Jahrhunderts scheinen sie, beginnend bei den Pontifices, Protokolle geführt zu haben. Protokolle über Kultakte, Protokolle auch über Kooptationen. Das ist eine Quelle für die römische Geschichtsschreibung geworden. Entscheidungen und Ritualbeschreibungen lieferten natürlich Präzedenzfälle, das Faktische wird zur Norm, und genau das ist ein wichtiges Aufzeichnungsinteresse. Aber die Übernahme von Verwaltungsschriftlichkeit stärkt auch als solche die Institution und das daraus gewonnene Selbstbewußtsein ihrer Mitglieder. Die knappen Notizen der einzig umfangreicher erhaltenen *libri sacerdotum*, die Arvalakten, die Umschrift der Protokolle der Arvalbrüder auf Stein, legen diesen Schluß nahe. Eines der längsten Zitate, das wir aus den Büchern der Pontifices haben, betrifft das Amtsantrittsessen eines Flamen etwa im Jahr 69 v. Chr. und dokumentiert die Anwesenheit, die Sitzordnung und die Speisefolge.

Auszug aus den Protokollen der Pontifices

> ... *Am 22. September* [wohl des Jahres 70 v. Chr.], *an dem Lentulus als Flamen Martialis inauguriert wurde, war sein Haus geschmückt, die Speisesofas mit ebenhölzernen Betten gerichtet. Auf zwei Triklinien lagen die Pontifices, Q. Catulus, M. Aemilius Lepidus, D. Silanus, C. Caesar, der Rex sacrorum* [hier ist der Name ausgefallen], *P. [Mucius] Scaevola als sechster;* [nun folgen die Pontifices minores:] *Q. Cornelius, P. Volumnius, P. Albinovanus und der Augur L. Iulius Caesar, der den Flamen inauguriert hatte; auf dem dritten Sofa die vestalischen Jungfrauen Popilia, Perpennia, Licinia und Arruntia und seine eigene Frau, die Flaminica Publicia, sowie Sempronia, seine Schwiegermutter.*
>
> *Das Mahl sah so aus: Vor dem Hauptgang Seeigel, rohe Austern (soviel jeder wollte), Riesenmuscheln, Muscheln, Drosseln unter Spargel, gemästetes Hühnchen, eine Schüssel mit Austern und Riesenmuscheln, schwarze Schalentiere, weiße Schalentiere; wiederum Muscheln, Venusmuscheln, Brennesseln, Feigendrosseln, Ziegen- und Eberlenden, paniertes Mastgeflügel, wieder Feigendrosseln, zwei Sorten Purpurschnecken. Im Hauptgang Schweinseuter, Kopfstück vom Eber, eine Schüssel Fische, eine Schüssel Euter, Enten, gekochte Krickenten, Hasen, gebackenes Mastgeflügel, Weizenmehlgrütze und Picenter-Brot.*
>
> Macrobius, *Saturnalien* 3,13,10–12

Die Kollegien kreisten aber bei aller Geselligkeit nicht nur um sich selbst. Bescheide der Pontifices finden wir in Inschriften, die auch außerhalb Roms, zumindest in Italien gefunden worden sind: Schon seit der späten Republik griffen sie also über die Stadt Rom aus und folgten der Ausbreitung der dünnen Verwaltungsstrukturen des Imperium Romanum, ja, trieben sie etwa mit der Anerkennung italischer Vorzeichen als öffentliche Prodigien voran.

Sacerdotes in Urso

Das schon früher zitierte Stadtgesetz der Colonia Iulia Genitiva Ursonensis bietet angesichts der Fülle religiöser Instutitionen der Großstadt Rom eine Kontrollmöglichkeit, wenn man sie als Ergebnis der Überlegungen stadtrömischer Magistrate liest, wie die minimale Ausstattung einer selbständigen Gemeinde mit religiösen Spezialisten beschaffen sein müsse. Auf was reduzieren sich die Vorstellungen? Neben die politische Spitze und ihren Verwaltungsstab tritt ein Haruspex, ein Opferdeuter, der als untergeordnete Charge den Magistraten zugeordnet wird. Ebenso ein *Tibicen*, ein Pfeifenspieler, der für Opfer benötigt wird, und schließlich noch ein mit einem Schurz bekleideter Sklave in Gemeindeeigentum, der möglicherweise für das Töten von Opfertieren Sorge tragen muß. Diesem politischen Apparat fallen weitere religiöse Aufgaben zu: In der Gründungsversammlung des Stadtrates muß der Kultkalender festgesetzt werden. Die Duoviri, die politische Spitze, organisieren die Wahlversammlungen für die Sacerdotes, sie tragen auch die Verantwortung für die Finanzierung der *sacra publica* dieser Gemeinde. Die Ädilen sind schließlich verantwortlich für die Dramenaufführungen, die *ludi scaenici*, die einen wichtigen Bestandteil öffentlicher Rituale darstellen.

Die Kollegien der Pontifices und Auguren sind aus dem reichen Arsenal der stadtrömischen Sacerdotes die einzigen, die in der Minimalausstattung übrig geblieben sind. Sie verwalten sich selbst nach dem Vorbild der stadtrömischen Kollegien, wie ausdrücklich gesagt wird. Sie müssen mindestens drei Personen umfassen. Sofern sie unter diese Grenze sinken, muß nachgewählt werden. Sie sind gemeinsam, ohne daß dies näher spezifiziert würde, für die öffentlichen Kulthandlungen mit verantwortlich (Kapitel 66). Das Kollegium der Auguren überwacht insbesondere die Auspizien. In welchen Zusammenhängen Vogelschau notwendig wird, etwa für die Duoviri, wird aber nicht

22. Grabstein eines Paares (Nîmes, Musée Lapidaire)

Der Grabstein mit den Porträtbüsten eines Ehepaares (spätes 1. Jh. n. Chr.) zeigt nicht nur die Ausbreitung römischer (und römisch-hellenistischer) Ikonographie in den eroberten Provinzen, sondern auch die geschlechtsspezifisch unterschiedlichen Bedeutungen, die sakrale Funktionen annehmen konnten. Während für die Frau, Licinia L(ucii) f(ilia) Flavilla, das Amt der *Flaminic(a) Aug(usta)* die einzige Möglichkeit einer öffentlichen Rolle bot, wird das Pontifikat des Mannes (*Pontif.*), Sextus Adgennius Macrinus, chronologisch in die militärisch-zivile Karriere eingeordnet. (*Corpus Inscriptionum Latinarum* 12, 3175).

Foto: Jörg Rüpke

formuliert. Und schließlich: Mitglieder des Stadtrates wie die Mitglieder der Kollegien müssen in der Kolonie selbst wohnen. Der Kaiserkult fehlt noch; bald wird ein Flamen divi Augusti die Liste in Urso ergänzen.

Übersicht über religiöse Spezialisten in Rom

Senatorische Priestertümer

Rex sacrorum (1)
Regina sacrorum (1)
Pontifices (9, dann 15, später 16 und mehr; spätantik: Pontifices Vestae/maiores; lebenslanger Pontifex maximus)
Septemviri epulones (3, 7, 10)
virgines Vestales (6, 7, virgo Vestalis maxima, tres maximae)
flamines maiores (Dialis, Martialis, Quirinalis)
Flaminica (Dialis, Martialis, in Analogie zu Narbo auch für die anderen?)
flamines minores (12; senatorisch? Furrinalis, Carmentalis, Volcanalis, Cerealis, Portunalis, Volturnalis, Palatualis, Floralis, Falacer, Pomonalis, Virbialis/Lucularis?)
Augures (9, 15, 16; ältester: Augur maximus)
Quindecimviri sacris faciundis (fallweise 2, 10, 15, mind. 16, zwei bis fünf jährliche Magistri)
Fratres Arvales (12; jährlicher Magister)
sodales Titii (12?)
Fetiales (20, Pater patratum fallweise ernannt?)
Salii (12, seit Augustus: zweimal 12: Palatini, Collini; interne Funktionen: magister, praesul, vates; Durchgangsstation für ‹Jugendliche›)
curio maximus (1)
pontifices Solis (16? spätantik)
damiatrix = sacerdos Bonae Deae (1?)

Ritterliche Priestertümer

Tubicines sacrorum populi Romani Quiritium
Luperci (zweimal 12?: Fabiani, Quinctiales, Iulii [kurzzeitig]; für Jugendliche, aber Ausscheiden nicht bekannt)
Pontifices minores (3; vorher ‹scribae›)
sacerdotes Laurentium Lavinatium (Flamines, Salii, Fetialis/pater patratus, Pontifices, Augures)

sacerdotes Caeninenses (Pontifices)
[sacerdotes] Albani (Pontifices, Virgines Vestales incl. maxima, Salii)
sacerdotes Tusculani (Beziehung zu Sodales sacrorum Tusculanorum unklar)
sacerdotes Cabenses
sacerdotes Suciniani

‹Bürgerliche› Priestertümer
haruspices (Etrusker, ordo LX)
curiones (30)
vicomagistri (265 × 4; auch cultores Larum et imaginum Dominorum nostrorum)
sacerdos bidentalis (2?)
sacerdos confarreationum et diffareationum
harioli, magi, mathematici (alle nicht offiziell)

Herrscherkult (in Rom senatorisch)
sodales Augustales (Claudiales) (21)
sodales Flaviales (Titiales)
sodales Hadrianales
sodales Antoniniani (Veriani Marciani)
flamines divorum (Iulii, Augustalis, Claudialis, Neronis, Flavialis, Titialis, divi Nervae ...)
flaminicae divorum (Iuliae ...)
sacerdos domus Augustae
sacerdos domus divinae
sacerdos Victoriae Britannicae

Funktionspersonal
apparitores
camilli, pueri
lictor Dialis (1)
lictores Vestales (6?)
lictores curiae (30?)
lictores vicomagistrorum (265 × 2?)
flamines curiales (30)
popa
victimarius
cultrarius
strufertarius

fictor
pullarius
calator
praeco
viator
aedituus (aeditumus)
vestiarius
turarius
praefica
fidicines/symphoniaci
publici (allgemein/für Priester: XVviri, Arvales, Pontifices, Vestales)
arcarius (Kassenwart für Priesterkollegien)
a commentariis (Protokollschreiber für Pontifices, XVviri, Arvales)

Selbständige Kulte (in Auswahl)

Isis (sacerdos, cymbalistria, tympanistria, hymnologus)
Magna Mater/Kybele (fanaticus, gallus = sacerdos quindecimviralis?, archigallus)
Iuppiter Dolichenus (kandidatus, pater kandidatorum, patronus, sacerdos, subsacerdos, curator templi)
Judaei (archisynagogus, curator, sacerdos, scriba, patronus)
Christiani (episcopus, diaconus, subdiaconus, lector, ostiarius, fossor, virgines)
Sabazius (sacerdos, pyrphoros)

Krisenmanager

Divination, Erkundung des Willens der Götter für Gegenwart und Zukunft, ist für die Spezialisten, die sich mit den *sacra publica* befassen, eine zentrale Aufgabe. Gerade in Form der Auspizien wird in kleinteiliger Weise politisches Handeln in eine intensive, kontinuierliche Kommunikation mit den Göttern gebettet. In der Eingeweideschau werden die Opfer, selbst schon Kommunikation, noch einmal in einen Rahmen von (Meta-) Kommunikation über den Erfolg der (Primär-) Kommunikation, der Annahme des Opfers, gestellt. Das geht so weit, daß im *Augurium salutis*, einem nur gelegentlich, nach Erreichen eines umfassenden Friedens durchgeführten Ritual der Augur zunächst im Augurium klären muß, ob das Gebet um das Wohl des römischen Volkes überhaupt gebetet werden darf.

Die beschriebene ständige Überprüfung des Handelns beinhaltet routinemäßig Zustimmung, bietet aber an besonders empfindlichen Punkten des politischen Systems Eingriffsmöglichkeiten, die einzelne Magistrate zum Handeln im Konsens der senatorischen Führungsschicht zwingt. Daneben stehen Vorzeichen, Ereignisse, die als Kommunikationsinitiativen, als Offenbarung der Götter angesehen werden und in die Bahnen gewohnter ritueller Kommunikation überführt werden müssen. Die diesbezüglichen Vorschläge, insbesondere der Interpreten der Sibyllinischen Bücher, gehören zu den innovativsten Elementen der Religionsgeschichte der römischen Republik.

Wer meint, dieses System sei offen, irrt. Alle Beteiligten gehören der politischen Elite an, die herangezogenen Haruspices der etrurischen Elite: Beispielerzählungen thematisieren die dennoch mögliche politische Gefahr ihrer Beteiligung (sie könnten Fremdinteressen vertreten) – und die jeweils siegreiche Überwindung. Das Recht zur Auspikation – *auspicium* – ist auf die höchsten Magistraturen beschränkt. Nicht nur die Vorschläge zur rituellen Behandlung der Prodigien bedürfen der Approbation durch den Senat, sondern schon die Meldung der Vorzeichen kann vom zuständigen Prätor abgelehnt werden. Die griechischen Sibyllinensprüche stehen ihren Interpreten erst auf Senatsbeschluß hin zur Einsicht offen. ‹Illegale› Sibyllinen werden mehrmals eingezogen, gesichtet und verbrannt. Die Erforschung des Schicksals des regierenden Kaisers wird schnell zum Kapitalverbrechen.

Wer meint, dieses System sei geschlossen, irrt gleichfalls. Schon die letzten Beispiele zeigen, daß der Versuch, Divination oder (nach dem griechischen Synonym) Mantik in der politischen Führungsschicht und ihren Spezialisten zu monopolisieren, ständig scheiterte. Die von Augustus veranlaßte Einziehung von Orakelbüchern, die die verbrannten Sibyllinen ersetzen sollten, förderte zweitausend ‹Bücher› zutage. Ob diese Zahl auch nur annähernd stimmt, ist unwichtig, da die Dunkelziffer sicher noch höher lag. Orientierungshilfe in kleinen wie großen Angelegenheiten war zweifellos überall gefragt und bot Spezialisten reiche Betätigungsmöglichkeiten.

Im Unterschied zum oberschichtlichen System mit seinen komplizierten Zugangsregeln scheint der Bedarf in tieferen Schichten marktförmig, über Nachfrage und Angebot befriedigt worden zu sein. Entsprechend feindlich sind die erhaltenen Quellen, aber sie lassen erkennen, daß allgemein bekannt war, wo Anbieter entsprechender Dienstleistungen zu finden waren, etwa am Circus maximus (Cicero,

Über die Wahrsagung 1,132). Die Techniken mochten vergleichbar sein – wir hören etwa von *auspicia privata* –, die soziale Wertung war es offensichtlich nicht: Der Haruspex, der seine Leistung allen anbietet, ist für den Angehörigen der Oberschicht ein *hariolus*; der Skeptiker Cotta wundert sich in Ciceros Dialog *Über die Natur der Götter* ohnehin, daß zwei einander begegnende Haruspices nicht lachen müssen (1,71). Aber auch die in immer schärferem Wettbewerb stehende Oberschicht machte von den Möglichkeiten Gebrauch: Seit der Zeit der Gracchen erscheinen mehr und mehr Spitzenpolitiker in Begleitung von Haruspices, Seherinnen und Astrologen.

Der Aufstieg der Kunst der ‹Chaldäer› oder ‹Mathematiker› im gesamten Mittelmeerraum ist in Rom erst seit der zweiten Hälfte des ersten Jahrhunderts v. Chr. nachzuweisen. Astrologie scheint aber binnen kurzem auf allen sozialen Ebenen Anwendung gefunden zu haben. In ihrer popularisierten und vereinfachten Form der Wochentagsgötter und der Mondphasen war sie leicht handhabbar und auch unter Analphabeten massenhaft zu verbreiten. Theologisch besaß sie in den Planetengöttern (Saturn, Sol, Luna, Mars, Mercurius, Iuppiter, Venus), philosophisch in der stoischen Annahme von Entsprechungen des Mikro- und Makrokosmos hohe Plausibilität. Darstellungen des Zodiakus, der Tierkreiszeichen, in Synagogen (etwa Tiberias) und die anhaltende, wirkungslose Polemik der Kirchenväter zeigen ihre erfolgreiche Amalgamierung mit Juden- und Christentümern. Die Nachrichten über die Astrologenvertreibungen und -hinrichtungen wie die spätantiken Verfolgungsgesetze lassen darüber hinaus auf eine beträchtliche Anzahl astrologischer Spezialisten schließen, die in Rom auch kompliziertere Deutungen anboten. Den magischen Praktikern können sie in den Formen ihrer Organisation und ihres Wissenstransfers (und dem immer komplizierteren Ausbau dieser Wissensbestände) an die Seite gestellt werden.

Nur wenige Zeugnisse – die Spitze eines Eisbergs? – zeigen das Auftreten eines weiteren Typs religiöser Spezialisten, zeigen Propheten in Rom. Marcius war der Name zweier ‹Künder› (als ‹Seher›, als Visionäre scheinen sich römische Propheten nicht darzustellen), deren Sprüche (*carmina*) am Ende des dritten Jahrhunderts v. Chr. sogar (positive) politische Beachtung der Nobilität fanden. *Vates* lautet die Bezeichnung solcher Personen; und wenn Horaz, den wir als augusteischen Literaten lesen (und zu einem solchen ist er auch unzweifelhaft durch die Aufnahme in den Maecenaskreis geworden), sich als Unheil verkündender *vates* (Weissager) in seinen frühen politischen

‹Gedichten› vorstellt, scheint er eine bekannte, keineswegs archaische Rolle zu übernehmen. Beiläufige Bemerkungen von Zeitgenossen lassen erkennen, daß in der späten Republik Propheten in größerer Zahl auftraten. Inhaltlich scheinen sie sich durch ethische Aufforderungen, Anstöße zum guten Handeln und zur Ausbildung einer konsistenten Moral ausgezeichnet zu haben.

Lebenszyklusrituale

Das Bild religiöser Spezialisten in Rom läßt sich um noch eine Nuance bereichern. Unterschiedliche ‹Experten› und ‹Handwerker›, von denen bislang überhaupt noch nicht die Rede gewesen ist, sind mit den großen Lebensübergängen verbunden, auch wenn diese primär von und in der Familie gestaltet wurden: Das römische Verwandtschaftssystem kennt eine komplizierte Funktionszuweisung an agnatische (Abstammungslinie – Großvater, Vater, Sohn) und kognatische Verwandte (Schwestern, Brüder, Tanten, Onkel), mit deren Beteiligung an religiösen Handlungen gerechnet werden kann.

Die *Geburt* wird begleitet von Abwehrritualen, in denen das Haus umschritten und Lärm geschlagen wird; das Kind selbst wird auf die Erde gelegt: Wenn es der Vater aufhebt, erkennt er es damit zugleich an – über den Ablehnungsfall haben wir keine historischen Nachrichten; die Quellenlage für Kindstötung ist nie günstig. Für Iuno Lucina wird ein Tisch, eine *mensa*, bis zum Tag der Namensverleihung, dem *dies lustricus*, aufgestellt – eine Form des Opfers, die ohne Altar auskommt. Der Name selbst soll bei Jungen am neunten Tag, bei Mädchen schon am achten Tag gegeben worden sein. In Anbetracht des römischen Namenssystems, bei dem praktisch alle Namensbestandteile erblich waren, kein dramatisches Datum für die Individualisierung, wohl aber ein zentrales Ereignis für die Sozialisierung, die Eingliederung in den Familienverband. Abgeschlossen wird die Reihe der Geburtsriten durch ein Münzopfer im Hain der Iuno Lucina – sicherlich nicht das Instrument der Bevölkerungsstatistik, das schon römische Antiquare daraus konstruierten (Dionys von Halikarnass, *Römische Altertümer* 4,15,5).

Bleibt es unsicher, wie man sich die personelle Besetzung des Lucina-Haines vorzustellen hat, so hat der Fund eines Gesetzestextes in Puteoli (Pozzuoli) erheblichen Aufschluß über das Pendant, den Hain der Libitina, gebracht. Die Bestattungsspezialisten, die verstreute No-

23. Kaiserzeitliche Grabplatte für ein Kleinkind (Rom Sant'Agnese).

Die Vorstellungen über ein Weiterleben nach dem Tode variieren beträchtlich. Von Erlösungserwartungen im Sinne einer Vergöttlichung, wie sie bereits von den orphischen und dionysischen ‹Totenpässen› (Texte, die den Toten auf seinem Weg in die Unterwelt instruierten) versprochen wurde, bis zur Warnung vor dem absoluten Nichts reicht das Spektrum. Der praktizierte Kult scheint sich erstaunlich resistent gegen derartige Veränderungen gehalten zu haben. Totenmähler am Grab gehören zur verbreiteten Praxis bis ins Christentum hinein; die Totenversorgung, die durch Öffnungen (Bild) oder gar Röhren ins Grab hinein unterstützt werden konnte, gehört ebenso dazu.

Foto: Jörg Rüpke

tizen mit dem stadtrömischen, wohl am Rande einer großen Bestattungszone auf dem Esquilin zu lokalisierenden Hain in Verbindung brachten, erscheinen nun als ein auf äußerste Schnelligkeit verpflichtetes öffentliches Unternehmen, das in Konkurrenz mit privaten steht. Die Regelungen selbst beziehen sich auf Puteoli, aber sie lassen sich wiederum als vereinfachende Reflexion auf die stadtrömischen Verhältnisse verstehen.

Dekret über das öffentliche Bestattungswesen in Puteoli

Bestimmungen über den entfernungsabhängigen Preis gehen voran. … *erlegt dem Unternehmer oder seinem Mitgesellschafter, sooft er Leichen herunterwirft, 60 Sesterzen Strafgeld pro Leichnam auf, und über diese Sache soll der Magistrat in einem Schadensersatzprozeß nach dem Gesetz der Kolonie richten.*

Die Arbeiter, die für diese Sache bereitstehen, sollen nicht innerhalb des Mauergrundstücks, wo heute der Lucus Libitinae ist, sich aufhalten oder sich waschen von der ersten Nachtstunde an und sollen nicht in die Stadt kommen, außer um einen Toten zu beseitigen oder zu plazieren oder einer Hinrichtung wegen, und unter der Bedingung, daß, wer immer von ihnen kommt, sooft er die Stadt betritt oder sich in der Stadt aufhält, er eine farbige Kopfbedeckung trägt, und unter der Bedingung, daß niemand von ihnen älter als fünfzig Jahre oder jünger als zwanzig ist und weder ein Invalider ist noch einäugig oder verkrüppelt oder hinkend oder blind oder tätowiert ist. Und nicht weniger als zweiunddreißig Arbeiter soll der Unternehmer beschäftigen.

Es folgt die Gebührenordnung für private Hinrichtungen von Sklaven (einschließlich der Benutzungsgebühren für die Gerätschaften bei Kreuzigungen). … *Ebenso wenn angeordnet wird, daß der Leichnam des Hingerichteten mit einem Haken weggezogen wird, wird ein rotgekleideter Arbeiter den Leichnam dorthin mit einem Glöckchen ziehen, wo viele Leichen sind.*

Sooft irgendeiner will, daß ihm eine der Leistungen von denen, die nach diesem Gesetz geboten werden sollen, geboten wird, melde er das oder lasse es melden dem Unternehmer, seinem Sklaven oder seinem Mitgesellschafter oder dem, den es betrifft, oder, wenn dieser nicht anwesend sein wird, an dem Ort, den er zur Ausübung des Bestattungswesens gemietet oder eingerichtet haben wird, an welchem Tag und an welchem Ort ihm welche Leistung geboten werden soll. Und wenn es so gemeldet worden sein wird, soll der Unternehmer oder sein Mitgesellschafter oder der, den es betrifft, demjenigen, der zuerst gemeldet haben wird und dann den übrigen, wie jeder gemeldet hat (es sein denn, die Bestattung eines Ratsmitglieds oder eine ‹bittere Bestattung› werden gemeldet, die zuerst zu erledigen sind, dann ist aber die Reihenfolge der übrigen Bestattungen zu wahren), alle Leistungen, die nach diesem Gesetz bereitzustellen sind, gewähren und bieten, was zu bieten ist.

Wenn ein Aufgehängter gemeldet wird, soll er dafür sorgen, daß er noch in derselben Stunde herabzunehmen und zu beseitigen ist, ebenso ist ein Sklave oder eine Sklavin, wenn sie vor der zehnten Stunde gemeldet werden, am selben Tag zu beseitigen, wenn nach der zehnten am nächsten Tage vor der zweiten Stunde.

Es folgen Bestimmungen über Strafgebühren bei nicht rechtzeitiger Leistung, bei nichtlizensierter Ausübung der Tätigkeit und für Streitigkeiten in der Zuständigkeit unter Hinterbliebenen.
Année épigraphique 1971, 88

Der Libitinarius – er wird als *manceps*, ‹Unternehmer›, bezeichnet – muß mindestens zweiunddreißig (acht Gruppen zu je vier Trägern?) unversehrte Arbeiter zwischen zwanzig und fünfzig Jahren beschäftigen, die den ganzen Tag über Bereitschaft haben. Nur im Dienst, dann mit farbiger (roter?) Mütze versehen, dürfen sie die Stadt betreten, um in der Reihenfolge des Eingangs der Meldungen die Leichen abzuholen. Kommt es zu Verzögerungen, sind der Unternehmer und etwaige Gesellschafter für etwaige Mehrkosten bei privaten Bestattern haftpflichtig – ein Anreiz, das Angebot auch auf zeitweilig erhöhten Bedarf hin zu orientieren. Vorrang genießen verstorbene Stadträte, Kinder (*funera acerba*, ‹bittere Bestattungen›) sowie der Abtransport von Selbstmördern, die sich erhängt haben, und Sklaven.

Der Text klärt die römische Abgabe an Libitina im Todesfall nicht auf, legt aber nahe, hier die Finanzierung einer kommunalen Dienstleistung zu sehen, die sicher seit dem frühen zweiten Jahrhundert v. Chr. bestand (siehe Livius, *Römische Geschichte* 40, 19, 3). Der Hain war Sitz eines Kollegiums von *dissignatores*, ‹Trauerzugorganisatoren›, und enthielt ihre Gerätschaften. Das ist weit entfernt von den vier ‹hochangesehenen Kollegien›, aber es ist Teil öffentlicher religiöser Infrastruktur. Es ist weit entfernt von den soteriologischen Kulten, die eine erfreuliche postmortale Existenz versprachen, aber doch ihre Voraussetzung: Ohne ordentliche Bestattung kein Leben der Toten – und keine Ordnung unter den Lebenden.

12 Vom Caesar zum Lamm: Historische Perspektiven

Keine Geschichte

Eine römische Religionsgeschichte der Kaiserzeit gibt es nicht. Vordergründig: Es fehlt eine moderne Darstellung, die einen Überblick über die Entwicklungen von Augustus (so heißt er seit 27 v. Chr.), dem ersten Kaiser unserer Rechnung (Antike und Mittelalter ließen die Kaiserreihe mit Caesar beginnen), bis zum Fall Roms 410 böte – für die politische Bedeutung Roms und seiner lokalen Elite ein geeigneter Abschlußpunkt. Hintergründig: Vieles, was in den vorangegangenen Kapiteln beschrieben wurde, ändert sich gar nicht – Gelübde werden abgelegt und eingelöst, blutige (mal mehr, mal weniger) und unblutige Opfer werden dargebracht, Tempel werden gebaut und restauriert, Kaiserfeste eingeführt und wieder abgeschafft, um Platz für neue zu machen. Die großen Volksfeste werden noch im fünften Jahrhundert begangen; Spuren ritueller Praktiken halten sich bis ins Mittelalter hinein (und darüber hinaus). Herrscher wechseln, vielleicht auch Götternamen. Berührt das wirklich?

Eine Geschichte

Man kann – und man hat es auch getan – ein Gegenbild aufmachen. Das ist die Erzählung vom Vertrocknen republikanischer Religion, vom Einschwemmen ‹orientalischer› Kulte, vom Wettkampf und vom Sieg des Christentums, amtlich unter Konstantin, ‹dem Großen›. Christenverfolgung, staatliche Duldung (das ‹Toleranzedikt von Mailand› im Jahr 313) und Förderung, Staatsreligion, kurzzeitiger Rückfall unter Kaiser Julian (360 bis 363), endgültiger Sieg des Christentums und Verbot des Götzendienstes sind die Schlußstationen dieser Geschichte. Mit Blick auf die Unterlegenen kann man auch offen von ‹Heidenverfolgung› sprechen – das macht die Sache transparenter, ändert aber die Generalbaßlinie nicht.

Die Rede vom ‹letzten Kampf des Heidentums in Rom› – gemeint sind die Vorstöße einer Gruppe alter Aristokraten und Konfliktlagen am Ende des vierten Jahrhunderts – verleiht schon sprachlich der Sache einen dramatischen Anstrich; das Gefühl von Tragödie aber will im Konflikt zwischen aufgeklärtem, jedoch vielfach lächerlichem Traditionalismus und Lichtgestalten wie Ambrosius von Mailand und der von ihm vertretenen Idee des Monotheismus so recht nicht aufkommen. Bei allem Bemühen um historische Objektivität und zeitbezogene Maßstäbe des Urteils scheinen die Alternativen von platonistisch durchdrungener christlicher Theologie und dem Dämmerlicht der Mithrashöhlen oder den Leichenteilen des zerstückelten Gatten der Isis, des Osiris, doch nur das nahezulegen, was die Geschichte selbst mit überraschender Geschwindigkeit vollzogen hat.

Die Attraktivität des Christentums, seine hohen Zuwachsraten über mehrere Jahrhunderte hinweg gehören zu den erstaunlichsten Phänomenen der kaiserzeitlichen Religionsgeschichte. Erklärungshypothesen von der Anziehungskraft der Lehre für Unterprivilegierte über die organisatorische Stärke des Episkopensystems bis hin zum Überlebensvorteil christlichen Sozialverhaltens in Pestzeiten sind bemüht worden; sie sind als einzelne ebenso problematisch wie treffend in der Beleuchtung wichtiger Facetten. Eine abschließende Faktorengewichtung scheint mir noch lange nicht möglich. Der Hinweis sei aber angebracht, daß die Konzentration auf diese spezielle Entwicklung *nicht* zum Rückgrat der Geschichte eines religiösen Systems gemacht werden kann, das aus vielen vergleichbaren Elementen besteht und von politischen Strukturen abhängt, die nach ihrer republikanischen Vergangenheit selbst nicht als religiös betrachtet wurden.

Einige Grundannahmen, so muß man hinzufügen, stimmen zudem nicht. Polytheismus und Monotheismus sind keine Gegensätze. Im Rahmen eines offenen polytheistischen Systems ist Platz für viele Kulte, und es ist zunächst unwichtig, ob in diesen Kulten eine oder mehrere Gottheiten verehrt werden: Etwaige Ansprüche auf Alleinverehrung sind verbreitete Rhetorik und für das Gesamtsystem unschädlich, solange sie nicht gewalttätig werden oder das politische System in Frage stellen – beides trifft erst ganz am Ende der Periode zu. Gottesvorstellungen, auch das ist schon im vierten Kapitel deutlich geworden, sind nicht der alleinige, ja zumeist nicht einmal entscheidende Beweggrund religiösen Handelns: Den Gegensatz Polytheismus und Monotheismus überhaupt zum Konflikt zu stilisieren, ist Produkt monotheistischer Philosophie (Philo von Alexandrien), also eines straff durchstrukturierten gedanklichen Systems; das Selbstverständnis anderer Kulte spiegelt sich darin nicht wider.

Viele Geschichten

Fragt man nach kaiserzeitlichen Veränderungen vor dem Hintergrund republikanischer Religionsgeschichte, so ist vor allem anderen der sich erweiternde und verändernde geographische Bezugsrahmen hervorzuheben. Das Zusammenspiel zwischen Rom und den Gebieten bis zur immer weiter nach außen rückenden Peripherie (‹Provinzen›) wird zunehmend intensiver. Die Verwaltungs- und die militärische Elite operieren reichsweit, die Kaiser kommen aus Spanien, aus Africa, aus Syrien, aus dem Illyricum. Sklaven (in abnehmender Zahl), Händler, ‹Wirtschaftsflüchtlinge› und ‹Intellektuelle› begeben sich nach Rom, ins Zentrum. Rom wird zum Zentrum ägyptischer Kulte (Isis), vorgeblich persischer Kulte (Mithras), palästinischer Kulte (Christentum) und ist Stammsitz des *deus praesens*, des ‹(all)gegenwärtigen Gottes›, des oder der regierenden Kaiser. Trotz aller Kontinuität anderer philosophischer Institutionen ist Rom im zweiten Jahrhundert n. Chr. auch philosophisches Zentrum. Die Notwendigkeit, römisches Handeln vor aller Welt zu rechtfertigen, die einzelne spätrepublikanische Denker wie Cicero aus der Begegnung mit griechischer Kultur abgeleitet hatten, ist zunehmend real geworden. Eine Religionsgeschichte der Stadt Rom zu schreiben, besteht für die Kaiserzeit mehr und mehr darin, stadtrömische Besonderheiten vor dem Hintergrund der weiteren lokalen Ausprägungen einzelner Kulte und ihres örtlichen Zusammenspiels herauszuarbeiten. Einige Beispiele seien genannt.

Neue Kulte

Ein erstes Beispiel liefert der aus Kleinasien stammende Kult des Mithras, der sich im römischen Reich seit dem ausgehenden ersten Jahrhundert n. Chr. rasch ausbreitete. Soziologisch handelt es sich dabei um eine religiöse Gruppenbildung, die ausschließlich Männer gehobener Funktionen (wenn auch teilweise aus der Sklaven- und Freigelassenenschicht) zusammenführte und eine besondere Attraktivität für Angehörige der Verwaltung und des Militärs besaß. Sie trafen sich in Räumen, die im wesentlichen mit durchgehenden Liegebänken an den Langseiten und einem Kultbild mit Altar beziehungsweise einem Altar mit entsprechendem Relief, die an der dem Eingang gegenüberliegenden Schmalseite eingerichtet waren. Diese Räume faßten nur wenige Dutzend Menschen, auch in den größten Räumen fanden keine einhundert Personen Platz.

Charakteristisch ist das Fehlen natürlicher Lichtquellen, nur in Einzelfällen gab es kleine Öffnungen in den Wänden, die Tageslicht in gezielten Strahlenbündeln einließen; dazu paßt, daß manche Reliefs eine künstliche Beleuchtung von hinten zuließen. Vielfach befanden sich diese Örtlichkeiten in Rom in bestehenden Kellern oder innenliegenden Räumen beziehungsweise wurden bei Neuanlagen entsprechend in die Erde eingelassen. Es überrascht nicht, daß Anhänger von diesen Versammlungslokalen als ‹Höhlen› sprachen *(spelaeum)*. Vor all zu weitgehenden Phantasien in der Dramatisierung ist allerdings zu warnen: Fußbodenschmuck, der häufig die Darstellung der sieben Grade der Mitgliedschaft zeigt, die Verwendung des allgemeinen Begriffes für Kulträume *templum* in den Provinzen und die Ausschmükkung des stadtrömischen Mithräums unter San Stefano Rotondo im Dekorationsstil zeitgenössischer Wohnzimmer sprechen dagegen.

Damit ist der Kern der Frage nach dem Charakter des Mithraskultes berührt. Nicht zu bezweifeln ist, daß der verehrte Gott und die Geschichten, die über ihn erzählt wurden, auf einen iranischen Gott *Mithra* zurückverweisen und den Reiz der Exotik besaßen. Nicht zu bezweifeln ist auch, daß diese Geschichten und eine denkbare Inszenierung mit Lichteffekten astrologische Spekulationen eröffnen und wiederum an Überzeugungskraft durch ihre Übereinstimmung mit Konstellationen von Sternbildern gewinnen konnten: Mithras wurde schließlich schon in iranischer Zeit mit der Sonne identifiziert. Aber die produktiven Assoziationen einzelner Bildhauer (oder Auftraggeber), Philosophen (Porpyhrius) und christlicher Polemiker (etwa Tertullian) erlauben keine Rückschlüsse auf jedes stadtrömische Mithräum und die hier eingeweihten und feiernden Mitglieder. Die schriftliche Verbreitung und Verlesung von Texten ist trotz einzelner Gebets- oder Ritualtexte nirgends greifbar; Bestandteil von ‹Intellektuellenreligion› scheint der Kult vor der zweiten Hälfte des dritten Jahrhunderts nicht geworden zu sein. Danach allerdings scheinen philosophische Interpretationen und die zunehmend prominente Rolle der Sonne *(Sol)* die Akzeptanz in den höchsten Schichten deutlich gesteigert zu haben; in der zweiten Hälfte des vierten Jahrhunderts nennen Angehörige der senatorischen Elite mehrfach auch hohe Funktionen im Mithraskult in der Aufzählung ihren religiösen Funktionen.

Die zuletzt genannten Aktivitäten gingen einher mit Restaurierungen und epigraphischer Dokumentation von Einweihungsdaten, wie es sie vorher in Rom nicht gegeben hatte. Ein konkretes Beispiel liefert der Senator und *vir clarissimus* Aurelius Victor Augentius, der Sohn des ‹Vaters der Väter› Nonius Victor Olympius und selbst Vater des ‹heiligen Rabens› Aemilianus Corfo Olympius sowie des späteren Erneuerers des Mithräums, Tamesius Augentius Olympius. Nach einer selbst errichteten Inschrift war er 347, genau dreißig Jahre vor seinem Sohn zum ‹Raben› geweiht worden, dem ersten der sieben Grade im Mithraskult, der noch keine Funktionärsstufe bezeichnete. Vermutlich nicht allzu lange vor 357 wurde er in dem von seinem Vater gegründeten Mithräum an der Piazza S. Silvestro in Capite zum ‹Vater› und rückte zwischen 362 und 376, vermutlich in direkter Nachfolge seines Vaters, zur Spitzenposition des ‹Vaters der Väter› *(Pater patrum)* auf.

Aus Inschriften erfahren wir, daß er gemeinsam mit seinem Vater mehrfach Einweihungen in verschiedene Grade durchführte, so am 24. April 358 und 8. April 362 in den Grad des ‹Bräutigams›, am 10. August und wohl auch am 15. September 357, in der zweiten Märzhälfte 358 und am 11. März 359 sowie am 1. und 8. April 362 in den Grad des ‹Löwens›, am 4. April 358 in den Grad des ‹Persers›, am 16. desselben Monats in den Grad des ‹Sonnenläufers› sowie drei Tage später, am 19. April 358, in den Grad des ‹Vaters› (Vermaseren 400–405). Möglicherweise betrafen die zuletzt genannten Einweihungen im April dieselben Personen, die – wohl nach längerer Zeit als ‹Löwen› – recht schnell die Stufen bis zum ‹Vater› durchliefen. Das würde erklären, warum – zumindest in Rom – die beiden Zwischenstufen des ‹Persers› und ‹Sonnenläufers› keine Erwähnung in Inschriften hinterließen. Daß Aurelius Victor, nun als Pater patrum, am 8. April 376 seinen eigenen Sohn als *Hierocorax* einweihte, stellt die einzige derartige Nachricht über diesen ersten Grad, der in anderen römischen Inschriften keine Erwähnung findet, dar.

Die Vielzahl von Terminierungen erlaubt einen Einblick in die zeitliche Struktur der lokalen Mithrasgemeinde: Festzuhalten ist dabei eine Ballung von Terminen im April. Darüber hinaus ergeben sich aber weder für eine jüdisch-christliche oder astrologische Siebentagewoche noch für die römische Achttagewoche *(nundinae)* erkennbare positive Muster: Ohne merkliche Häufungen verteilen sich die Ereignisse über fünf der sieben Wochentage (Donnerstag bis Montag) und sieben der acht Nundinaltage. Lediglich eine negative Gemeinsamkeit läßt sich feststellen: Ausgespart wurden sämtliche Tage, die den Römern als Unglückstage, ‹schwarze oder bedenkenvolle Tage› *(dies atri* oder *religiosi)*, galten (die Nachtage von Kalenden, Nonen und Iden sowie die drei Tage des *mundus patet* am 24. August, 5. Oktober, 8. November). Ein solches negatives Muster böte auch eine Erklärung für den nie besetzten Tag der Nundinalwoche: Es könnte sich dabei um den Nachtag der *nundinae* handeln, den etwa Augustus – analog zu den Nonen – für die Erledigung wichtiger Aktivitäten vermied (Sueton, *Augustus* 92,2). Die Übernahme dieser Zeitstrukturen zeigt die tiefe Einbettung des Mithraskultes in das kultische Spektrum des römischen Polytheismus. Dieser kommt auch noch in der Tatsache zum Ausdruck, daß die Identifizierung von Mithras mit dem ‹Unbesiegbaren Sonnengott› (Sol Invictus) des öffentlichen Kultes problemlos erfolgen konnte; Mithras mußte nicht allein in seinen Höhlen ausharren, sondern konnte auch dort die Verehrung mit anderen Gottheiten teilen – ein verbreitetes Phänomen antiker Kultpraxis.

Was im Falle des Mithraskultes nicht deutlich zu erkennen ist, wird in vielen anderen Fällen klarer: Der starke Zuzug nach Rom, die Zuwanderung und ständige Anwesenheit von einzelnen und Gruppen aus den unterschiedlichen Kulturen des gesamten Mittelmeerraums prägte auch die Religionsgeschichte der Metropole Rom – eine schon durch ihre Größe untypische Stadt der Antike. Möglicherweise blieben die importierten Kulte für lange Zeit auf jene ethnischen Gruppen in Rom beschränkt, die sie mitgebracht hatten; dann hätten sich die religiösen Wahlmöglichkeiten für die Alteingesessenen durch die neuen Kulte nicht vergrößert. Ob dies so war, ist schwer zu bestimmen; die allmähliche Zunahme römischer Namen und Namensformen in den Zeugnissen eines Kultes könnte ja auch die wachsende Latinisierung der gleichbleibenden Anhängerschicht dokumentieren. Andererseits darf auch das Interesse am Exotischen nicht unterschätzt werden: Der Wunsch nach Erweiterung der Alltagserfahrungen durch Exotik in Architektur, Raumschmuck, Ritual oder Sprache – Papyrusornamentik, Nilmosaiken, Rasseln und in Hieroglyphen fixierte Gebete, um den Isiskult zu nennen – konnte durchaus mit dem Wunsch, eigene Traditionen zu bewahren, einhergehen. An zwei aus dem östlichen Mittelmeerraum stammenden Kulten läßt sich zumindest ansatzweise verfolgen, wie kompliziert Entwicklungen durch solche Einflüsse wurden.

Schon in Flavischer Zeit muß sich in Trastevere, nur wenig außerhalb der Porta Portuensis und der späteren Aurelianischen Stadtmauer, ein Sonnenkult etabliert haben. Teilweise dreisprachige (lateinische, griechische, palmyrenische) Weihinschriften aus dem ersten

Drittel des zweiten Jahrhunderts n. Chr. zeigen, daß insbesondere in Rom stationierte Palmyrener hier ihre heimatlichen Götter, Bel, Yarḥibol und Aglibol, verehrten. Aber schon um 100 n. Chr. gab es Kontakte zu anderen Sonnenverehrern sowie das Bemühen um Respektabilität und Legalität durch die Einbeziehung stadtrömischer Priesterschaften, in diesem Falle die Kalatoren, die ‹Adjutanten› des Pontifikalkollegiums. Gegen Ende des Jahrhunderts kam es mit der Severischen Dynastie zu einer Umorientierung des Kultes: Der in Trastevere verehrte Sonnengott wurde durch die in Rom eintreffenden Mitglieder der Priesterfamilie aus Emesa, namentlich Tiberius Iulius Balbillus, mit dem eigenen Sol Alagabalus identifiziert. Wieder wurde die Unterstützung stadtrömischer Priesterschaften gesucht und gefunden: Balbillus ehrte wenigstens zwei Vestalische Jungfrauen für ihre nicht näher spezifierte Unterstützung – beide sind uns durch die von diesem syrischen Priester gestifteten Ehreninschriften und -statuen bekannt (*Corpus Inscriptionum Latinarum* 6,2129–30)! Die Ermordung Elagabals und weiterer Familienmitglieder im Jahr 222 führte nicht zum Ende des inzwischen vielleicht auch um einen großen Tempel bereicherten Kultes in Trastevere. Vielmehr wurde er erneut unter palmyrenischer Führung fortgesetzt – und erneut suchte man die Unterstützung der Kalatores des Pontifikalkollegiums.

Anders gelagert ist der Prozeß, der sich im letzten Drittel des zweiten und im ersten Drittel des dritten Jahrhunderts im stadtrömischen Kult des Iuppiter Dolichenus beobachten läßt. Eine Folge von Inschriften, die sich in ihrer zeitlichen Abfolge hinreichend bestimmen lassen, zeigt uns für eine der Verehrergruppen einen deutlichen Wandel in der inneren Organisation. Am Anfang dominierten Priester mit syrischen Namen. Über diese Form religiöser Autorität, die ‹Priester› und ‹Kandidaten› unterschied, legte sich schnell eine Struktur, die auch aus anderen römischen Vereinen bekannt ist: Patrone, Verwalter und Schreiber übernahmen zahlreiche Funktionen im Kreise der Verehrer und scheinen die Zuständigkeit der Spezialisten auf rituelle Aktivitäten zurückgedrängt zu haben. Die Namen scheinen auf eine gleichzeitig wachsende, aus der Stadt Rom rekrutierte Anhängerschaft zu weisen, doch muß hier mit Verzerrungen durch die Constitutio Antoniniana, die Verordnung Caracallas aus dem Jahre 212 n. Chr. gerechnet werden, die allen Bewohnern des Reiches das Bürgerrecht und damit die ans Bürgerrecht gebundene Namensform aus Vornamen, Familiennamen, Beinamen und Tribusangabe verlieh.

Auch das Christentum muß in Rom zunächst als Teil des Spektrums stadtrömischer Kulte betrachtet werden, das wiederum in sich aus den unterschiedlichsten Gruppen und Personen bestand – auch der Kaiser Elagabal soll den Christuskult auf den Palatin gebracht haben, wo er neben dem Kult der Kybele, Vestas und des syrischen Sonnengottes gepflegt worden sein soll (*Historia Augusta* Heliogabal 3,5). Letzteres zeigt deutlich die dominierende Perspektive auf jene Kulte, die sich selbst in zunehmender Schärfe als exklusiv verstanden: Die Konzentration auf die Verehrung eines Gottes war für den einzelnen eine durchaus akzeptable Möglichkeit im Rahmen eines religiösen Weltbildes, das nur in der polemischen Außenperspektive ‹Vielgötterei› hieß. Polytheismus ist, das sei noch einmal betont, keine Selbstbezeichnung eines religiösen Denkens, das einen Grund gehabt hätte, Kulte nach der Anzahl der in ihnen verehrten Götter zu unterscheiden. Erst die Formulierung eines Selbstbildes als Monotheist, wie sie der jüdische Philosoph Philo von Alexandrien betrieb, schuf Gründe zum Zählen.

Diese Perspektive läßt sich bis ins dritte und vierte Jahrhundert hinein verfolgen. Der Opfererlaß des Decius aus der Mitte des dritten Jahrhunderts, den wir nicht im Erlaßtext, sondern nur aus ‹Opferquittungen› und späteren Berichten kennen, scheint lediglich die Verehrung von ortsüblichen Göttern oder gar Gottheiten eigener Wahl gefordert zu haben; mit der Bestätigung der Kulthandlung wurde automatisch die korrekte religiöse Haltung in der gesamten vorangegangenen Zeit bekräftigt: offensichtlich eher ein Instrument der Befriedung als der religiösen Polarisierung. Nach den Akten des Pionius war die Beteiligung an einem entsprechenden Ritual in der jüdischen Synagoge für Christen der leichteste und wohl auch ein häufig genutzter Ausweg (*Acta Pionii* 13). Der bis zur Martyriumsbereitschaft radikalisierte Wille zur Unterscheidung zeigt sich auch in der Bewertung des Kaiserkultes in der späteren Tradition: Die Verehrung des Kaisers mit gottgleichen Ehren war keineswegs die letzte Provokation eines antichristlichen Regimes, sondern eine wenig theologisierte Alltagspraxis, die auch im fünften Jahrhundert noch die öffentliche Sprache prägte: Der soldatische Eid wurde bei Gott und beim Kaiser abgelegt.

Für die Geschichte des stadtrömischen Christentums, soweit wir sie in den Quellen greifen können, ist es zunächst wichtig, die Vielfalt zu betonen. Die ganz unterschiedlichen Versuche philosophischer Reflexion sind im Kapitel 5 bereits erwähnt worden. Vielfalt spiegelt sich aber auch in der Fülle der Gruppenbildungen und ihrer Organisation wider. Noch das ganze zweite Jahrhundert hindurch gab es weder einen regelrechten Kirchenbau noch eine zentrale Führung. Versammlungen dürften überwiegend in privaten Haushalten abgehalten worden sein, erst allmählich, greifbar erst im dritten Jahrhundert, entstand der Wunsch, Räume für kultische Zwecke zu reservieren und in ihrer Anlage auf die wichtigen Rituale, vor allem auf die Wassertaufe und das Gedächtnismahl, hin auszurichten. Dieser Prozeß konnte in den einzelnen Gruppen sehr unterschiedlich verlaufen; die Förderung durch reiche Patrone besaß für die Beschaffung von Mitteln für die Ausstattung der Versammlungsräume und für die Gestaltung der gemeinsamen Feiern wie in anderen Kulten große Bedeutung. Auch andere Kulte, die Raum für Miteinander in gemeinsamem Kult gewährten, gewannen in italischen Städten im Laufe des zweiten Jahrhunderts an Bedeutung und bemühten sich, Eigentum zu erwerben oder vorhandene Baulichkeiten umzugestalten. In Rom war der Reeder Marcion ein solcher Patron, der mit seinem finanziellen Engagement auch eigene Vorstellungen über die verbindliche Tradition und ihre Auslegung einbrachte, was schnell offene Konflikte brachte auslöste. Hermas, der die Anforderungen des Christentums aus der Perspektive eines erfolgreichen Angehörigen der ökonomischen Mittelschicht formulieren wollte und dessen Visionenbuch vom ‹Hirten› beinahe kanonischen Rang erreichte, und Valentinus, der Intellektuelle, den die spätere Überlieferung als gnostischen Häretiker klassifizierte, waren Zeitgenossen Marcions in Antoninianischer Zeit und zeigen mit ihren je eigenen Zuhörerkreisen, wie vielfältig christliche Gruppierungen in Rom tätig waren.

Die Situation entspricht zunächst der der stadtrömischen Juden, die sich noch im dritten und vierten Jahrhundert in unterschiedlichen ‹Synagogen› organisierten, für die keine gemeinsamen Gremien wahrscheinlich gemacht werden können. Im christlichen Bereich gibt es bereits zu Beginn des dritten Jahrhunderts eine zunehmend verfeinerte zentrale Organisation des Mehrheitschristentums mit einem einzelnen *episkopos*, einer Funktion mit griechischer Bezeichnung, an der (freilich mehrfach umstrittenen) Spitze. Das entspricht einem vielerorts ablaufenden Prozeß, der die entstehende Bischofselite zu einer reichsweit miteinander in Verbindung stehenden Schicht und zu einem Ansprechpartner und zunehmend auch zum Konkurrenten des oder der Kaiser macht.

Die organisatorische Entfaltung bedeutete nicht, daß sich Christen und Römer feindlich gegenüberstanden. Es kann gar nicht stark genug betont werden, daß Christen auch Römer waren, daß sie durch ihre Erziehung und ihre Werte in den Vorstellungen und Bilderwelten, in denen sie lebten und dachten, zunächst einmal wie ihre Zeitgenossen Römer waren; erst danach – und das oft erst seit kurzer Zeit – waren sie Christen. Mehrheitsreligion ist das Christentum in Rom allenfalls seit dem fünften Jahrhundert – das dürfte das Auseinanderklaffen der Standards der religiösen Elite und eben dieser Mehrheit nur verstärkt haben.

Ein Text wie die Gespräche zwischen dem Philosophen Apollonius und seinem christlichen Freund Zacchaeus *(Consultationes Zacchaei et Apollonii)*, die am Ende des vierten Jahrhunderts in Rom entstanden sein könnten, zeigt den Entwurf einer christlichen Lebensführung, die für Mitglieder der römischen Oberschicht keinen Bruch mit den eigenen Traditionen und Werten verlangte. In der Jahrhundertmitte produzierte der Kalligraph Furius Filocalus einen prachtvollen Buchkalender, der die mit Kaiserfesten und Feiertagen der alten Götter gefüllten Kalenderseiten mit Datenlisten der römischen Geschichte und den Bestattungstagen römischer Bischöfe und Märtyrer kombinierte. Der Adressat war ohne Zweifel Christ. Die Bilderwelten der christlichen Sarkophage und der in der Mitte des vierten Jahrhunderts ausgemalten Katakombe an der Via Latina zeigen in der bildlichen Darstellung von Jenseitshoffnungen ein unkompliziertes Nebeneinander traditioneller mythologischer Motive und einer zunächst kleinen Anzahl biblischer Motive. Jonas Wal und Herkules' Keule finden sich Raum an Raum.

Gerade die gebildeten Schichten wollten weder auf jenen kulturellen Kanon in Literatur, bildender Kunst oder Architektur verzichten, der ihr politisches Selbstverständnis wie ihre soziale Überlegenheit markierte, noch konnten sie die holprigen, alten lateinischen Bibelübersetzungen als gleichwertigen Ersatz akzeptieren. Faltonia Betitia Proba, Gattin eines Stadtpräfekten, kombinierte um dieselbe Zeit Verse und Versstücke des *Aeneis*-Dichters Vergil (gestorben 19 v. Chr.) zu einem Epos ‹Über die Wohltaten Christi›. Hieronymus, der sich um die vornehmen Christinnen Roms bemühte, kritisierte Form und Inhalt des Gedichtes (*Briefe* 53,7) – es handelte sich um eben jenen Hieronymus, der sich um eine hohe literarische Form für seine Mönchsbiographie des Paulus von Theben bemühte und in seinen römischen Jahren (382 bis 385) mit der lateinischen Neuübersetzung zunächst des Neuen Testaments begann. Der römische Bischof Damasus, der Hieronymus zu letzterem anregte, war wiederum derselbe, der den schon erwähnten Schönschreiber Filocalus beauftragte, in einem eigenen Inschriftenstil die stadtrömischen Bischöfe und Märtyrer nach der Identifizierung ihrer Gräber zu preisen: Damit wurde ein Prozeß des Ausbaus der Katakomben in Gang gesetzt, der mehr noch als die großen Kirchbauten der Konstantinischen Ära eine religiöse Infrastruktur schuf, die Rom zu einem neuen Ziel von Pilgerfahrten werden ließ.

Gebaute Religion

Die Betonung des Zusammenspiels zwischen den Kulten und den Parallelitäten in den skizzierten Kulten zeigten bereits, daß es nicht die vielen neuen Götter waren, die das Gesicht römischer Religion in der Kaiserzeit prägten. Natürlich brachten Immigranten (bis hin zu den in Rom stationierten Militärs) neue Kulte mit, aber diese zeichneten sich nicht, im Gegensatz zu den angestammten Kulten, durch ihre immer aufdringlicher werdende Präsenz im architektonischen Bild der Stadt aus. Auf die christlichen Basiliken mußte Rom bis zum Beginn des vierten Jahrhunderts warten.

Schaut man auf die das Stadtbild bestimmenden Bauten, so entdeckt man vielfach Restaurierungen: Es war das Verdienst Augustus', nach den immer größeren Neubauprogrammen der ausgehenden Republik – dem Theater des Pompeius oder dem Forum Caesars – Restaurierungen als Prestigeprojekte ‹salonfähig› gemacht zu haben: Die Praxis, den Abschluß solcher Arbeiten mit erneuten Weihungen an einem entsprechend in den Kalendern neu vermerkten Datum zu markieren, war ein wichtiger Faktor, dem römischen Zentrum zu einer Tempelpracht in Marmor und Gold zu verhelfen. Erst vor diesem Hintergrund setzten neue Formen und Monumentaltempel städtebauliche Akzente.

Es herrschte eine große Formenvielfalt. Neben die Kaiserforen – das Forum des Augustus wurde durch den Tempel des Mars Ultor, des Rächers an Parthern wie an Caesarmördern zugleich, beherrscht – trat der innovative Betonbau des hadrianischen Pantheons. In religiöser Hinsicht handelte es sich hier eher um Intensivierungen denn Innovationen – schon präsente Götter wurden durch größere, neue Tempel geehrt: Mitten im historischen Zentrum errichtete Hadrian auch den gewaltigen Doppeltempel für Roma und Venus (121 geweiht). Nicht nur Größe war wichtig. Die großen christlichen Basili-

24. Das sakrale Zentrum Roms in der hohen Kaiserzeit (Modell des Museo della Civiltà Romana).

Der Blick geht vom Flavischen Amphitheater (Kolosseum, unten) über den größten stadtrömischen Tempel, den Doppeltempel der Roma und Venus. Oberhalb davon öffnet sich wie ein spitz zulaufendes Dreieck die Via sacra, links von den Gebäuden des Atrium Vestae, rechts mit der von Maxentius vollendeten Basilica Nova begrenzt. Die archaische Regia, auch in ihrer Ausrichtung nicht mit dem übrigen Bauprogramm koordiniert, verengt den Weg

(Fortsetzung Seite 239)

ken des vierten Jahrhunderts, eine Adaptation profaner Formensprache für Kultbauten, entstanden in Außenbezirken; die von Augustus bis zu den Severern vorherrschende Konzentration zentraler Kulte am und auf dem Palatin wird hier nicht fortgesetzt. Zu diesen zentralen Kultanlagen ist nach dem palatinischen Apolloheiligtum und Bauten wie dem Tempel der Gens Flavia wohl auch der gewaltige Baukomplex des hastig auf einer Terrasse von 180 Metern Länge und 120 Metern Breite errichteten Sonnentempels Elagabals in der Vigna Barberini an der Nordostecke des Palatins zuzurechnen.

Tempelbauten, aber auch die Einbindung in Rituale oder Bildprogramme lassen Gottheiten zu politischen Gottheiten aufsteigen: Was mit Scipio (Iuppiter) und vor allem Pompeius und Caesar (Venus) in der späten Republik begann, nämlich die Wahl persönlicher Schutzgottheiten, führten die Kaiser fort: von der Verkleidung des Augustus als Apollo über die Selbstidentifizierung des Commodus mit Hercules bis hin zum Sonnenkult Diokletians und der Verklammerung von Hercules und Iuppiter mit dem Kaiserhaus, auf die der Reformator der Reichsverwaltung die Sicherung des tetrarchischen Herrschaftssystems – zwei Augusti und zwei Caesares teilen sich geographisch die Herrschaft im Riesenreich – und der eigenen Nachfolge stützte. Erst diese Radikalisierung löste die massiven Repressionen der Diokletianischen Christenverfolgungen von 303/4 aus. Konstantin setzte die Wahl solcher persönlicher Schutzgötter fort; er wählte Christus.

(Fortsetzung Abbildungsunterschrift von Seite 238)

in Höhe des Tempels von Castor und Pollux. Links und rechts des zum Forum Romanum verbreiterten Weges befinden sich die Basilicae Iulia und Paulli, oberhalb der rechten liegt quer das hohe Schiff der Curia, des Versammlungshauses des Senates. Ihr gegenüber, durch fünf Säulen markiert, die augusteische Rednertribüne, die Rostra, dazwischen der Bogen des Septimius Severus. Den Abschluß des Platzes bilden hinter dem Severusbogen der Tempel der Concordia Augusta, links daneben der Tempel der vergöttlichten Kaiser Vespasian und Titus und im rechten Winkel dazu, hinter der Basilica Iulia, der alte Saturntempel. Dahinter steigt links das eigentliche Kapitol mit dem großen Iuppitertempel (Iuppiter Optimus Maximus) empor, rechts die Arx (Burg), die vom Tempel der Iuno Moneta gekrönt wird. Dazwischen öffnet sich, über dem *Tabularium,* dem Archiv, der Blick auf das Marsfeld mit der Porticus und Theater des Pompeius.

Foto aus: Das ganze antike Rom, Florenz: Bonechi, 1988, S. 29

Monarchie und Kaiserkult

Mit den letzten Bemerkungen ist die Frage nach dem Einfluß des Kaisers auf die Religionsgeschichte der Stadt Rom nur angerissen. Dieser Einfluß speist sich aus ganz unterschiedlichen Quellen, die nicht vorschnell unter dem vereinheitlichenden Begriff einer Religionspolitik – die es ebensowenig gab wie Religion – zusammengefaßt werden sollten. Zunächst einmal waren die Kaiser die ersten Wohltäter der Stadt. Ohne die Absicht, die Fürsorge für die Stadt regelrecht monopolisieren zu wollen, waren sie doch darauf bedacht, daß ihnen niemand ihre Vorrangstellung in der Metropole und gegenüber der städtischen Bevölkerung streitig machte: Tempelbauten wie auch der Fest- und Spielbetrieb wurden daher wesentlich von ihnen geprägt. Da religiöse Bilder und Rituale zu den zentralen Elementen der Kommunikation über Leistungen für das Gemeinwesen, politische Programme und die politische Legitimität gehörten, hatte der Zugriff auf die Münzprägung oder die Monopolisierung der Siegesfeier des Triumphs zwangsläufig religiöse Implikationen.

Dasselbe gilt auch für das Eindringen der Kaiser in die oberschichtlichen Priesterschaften, die Teil des republikanischen Machtgefüges gewesen waren. Einerseits wurde die Möglichkeit dieser Kollegien und ihrer Mitglieder, politische Entscheidungsprozesse zu behindern, beschnitten. Daraus ergab sich ein Prozeß der Gleichstellung. Schon für die Caesar gewidmeten Festspiele wurden die Mitglieder unterschiedlicher Kollegien im Ritual zu einer Gruppe *sacerdotes* zusammengefaßt. Das hob die Trennung der Funktionen auf, zwang aber zugleich dazu, über Rangunterschiede nachzudenken, die vorher nie abgebildet worden waren: Die Frage, wer vorangeht oder folgt, hatte sich nicht gestellt, solange keine gemeinsamen Handlungen verrichtet worden waren. Auch wurden zunehmend Priesterschaften, insbesondere jene für die Kulte der nur noch in rituellen Kontexten existenten altlatinischen Gemeinwesen, in ein einheitliches, nach senatorischen und ritterlichen Priestertümern geordnetes System eingegliedert.

Zugleich erfuhren die Priesterschaften aber durch prestigeträchtige öffentliche Präsenz, durch Neubauten und durch die Übertragung von internen Aufzeichnungen auf Inschriften – zum Beispiel bei den Arvalbrüdern, aber auch bei den Quindecimvirn oder den Nachfolgelisten der Auguren – eine enorme Steigerung ihres Ansehens und Selbstbewußtseins. Unter den Augen des Kaisers, der in den bedeutendsten Kollegien selbst Mitglied war, formierten sich jeweils für ihre soziale Schicht elitäre Zirkel, die auf traditionelle Werte und Loyalität zum Kaiser festgelegt waren. Die Mitgliedsstruktur der Priesterschaften, die sich in großer Übereinstimmung mit dem Kreis der höchsten Magistrate entwickelte, ist eher Zeichen dieser Kooperation als bewußter kaiserlicher Besetzungspolitik.

Es ist in diesem Zusammenhang auch darauf hinzuweisen, daß seit Augustus, der selbst erst im Jahr 12 v. Chr. Pontifex maximus wurde, diese Position zwar zum Kernbestand jenes Bündels von Ämtern zählte, die die Stellung des ‹Kaisers›, genauer: des Augustus, ausmachten. Jedoch verlieh dieses Amt weder umfangreiche feststehende Rechte noch scheint von den zuvor angelegten Handlungsbereichen umfassender Gebrauch gemacht worden zu sein; im Gegenteil, Zurückhaltung und Selbstbeschränkung durch Losverfahren oder Delegation an den Senat waren die Regel. In der Außenperspektive und der Selbstdarstellung auf Münzen wie Inschriften konzentrierte sich freilich die priesterliche Kompetenz des Kaisers auf den Oberpontifikat; die Vicomagistri etwa sahen – wohl zu Recht – die Neuordnung der römischen Stadtteile *(vici)* und des hier ausgeübten Kultes als Folge genau dieser Position des Augustus.

Verschiedene der von den Kaisern angeeigneten Rituale, Tempelgründungen, aber auch Spiele aus Anlaß von Siegesfeiern, ‹Thronjubiläen› oder persönliche Daten (Geburtstag) wurden zum Anlaß sich jährlich wiederholender Ereignisse. Über die öffentliche und wiederholte Feier hinaus fanden sie Niederschlag in kalendarischen Darstellungen, die seit der Julianischen Kalenderreform erheblich an Popularität gewonnen hatte. Der Zusammenfall verschiedener, neuer wie traditioneller Daten wurde teils gesucht, teils vermieden. Die Wahl der Daten beziehungsweise ihrer rituellen Thematisierungen zeigt in jedem Fall, daß ein Bewußtsein für diese weitere Ebene der Repräsentation bestand. Entsprechend wurden bei einem Thron- oder Dynastiewechsel auch komplette Streichungen solcher Feiern vorgenommen.

Schließlich ist auch der Kaiserkult im engeren Sinne zu erwähnen. Erfolgreichen Politikern und Herrschern göttliche Ehren zuzugestehen, war im Rahmen des als Hellenisierung angesprochenen Prozesses schon in der späten Republik üblich geworden. Die zeitgenössischen Anthropologien wie Theologien räumten die Möglichkeit der Gottwerdung verdienstvoller Menschen als selbstverständliche Perspektive ein. Problematisch war die Tendenz, aus solchen Ehren eine Stellung abzuleiten, die außerhalb aristokratischer Konkurrenz stand; Widerstände rief hervor, solche Ehren als verpflichtend einzufordern. Die formale Vergöttlichung zu Lebzeiten, die solche Ansprüche stellte, war inakzeptabel, die rituelle Konsekration des Verstorbenen und die damit einhergehende Verpflichtung des Gemeinwesens zum Kult war neu, gehörte aber seit der Divinisierung Caesars im Jahr 42 v. Chr. zu den Erwartungen an den Senat.

Ein Tempel und ein eigener Flamen (beides für weibliche Mitglieder des Kaiserhauses und für Prinzen eher kollektiv) waren die regelmäßigen Folgen der formellen Vergöttlichung und als solche den Kaiser bis in Severische Zeit, also fast bis in die Mitte des dritten Jahrhunderts zumeist (mit wenigen Ausnahmen im ersten Jahrhundert) zugestanden. Darüber hinaus wurden auch Priestergruppen, *sodalitates,* für die konsekrierten Kaiser beziehungsweise Dynastien eingerichtet. Das begann mit den Sodales Augustales, die im Jahr 15 n. Chr. eingerichtet und – unter Berücksichtigung von Familienangehörigen des Augustus – durch ein Losverfahren besetzt wurden. Gepflegt wurde von dieser zunächst einundzwanzigköpfigen Gruppe der Gentilkult der *gens Iulia* in Bovillae; über die Einbeziehung in die stadtrömischen Kaiserfeste und Spiele sind wir nicht informiert. Seit dem Jahr 54 übernahmen die nun Sodales Augustales Claudiales genannten Personen dieser Priesterschaften auch den Claudischen Gentilkult; die Priesterschaft scheint bis in den Anfang des vierten Jahrhunderts bestanden zu haben. Parallel dazu wurden nach dem Tode Vespasians (79) Sodales Flaviales (dann 81 n. Chr. Flaviales Titiales), nach dem Tode Hadrians (138) Sodales Hadrianales geschaffen; eigene Sodalitäten für Nerva und Trajan sind nicht bekannt.

Neben diesen fortbestehenden Priesterschaften wurden schließlich 161 Sodales Antoniniani eingerichtet, die dem Antoninus Pius galten, in der Folge aber (unter entsprechender Namensänderung) auch die Kulte aller weiteren Kaiser bis einschließlich der Severischen Dynastie übernahmen. Schon der Versuch, die neue Priesterschaft weitgehend oder gar ganz mit Mitgliedern der Sodales Hadrianales zu besetzen, zeigt, daß eine unbegrenzte Vervielfältigung von Priesterschaften nicht gern gesehen wurde. Zu viele Plätze hätten sich negativ auf das Ansehen ausgewirkt. Was die kultischen Aufgaben anging, wurden, wie bereits erwähnt, ja auch andere Priesterschaften in die Verehrung und Fürbitte für die kaiserliche Familie eingebunden, allen voran in julisch-claudischer Zeit die Arvalbrüder.

Auf die konkrete Ausgestaltung des nicht öffentlich finanzierten

Kultes hatten diese Prozesse keinen Einfluß. Vor allem die dem lebenden Herrscher zugedachten Ehrungen bestimmten sich vielmehr aus der jeweiligen Situation vor Ort oder aus der Gruppe heraus, von emotionsleerer Loyalitätsreligion kann kaum die Rede sein. Ein Vierteljahrhundert vor dem Tod des Augustus formulierte Horaz im vierten Odenbuch emotionale Bekenntnisse zu diesem Gott, also in der Stadt Rom selbst, als Angehöriger der gebildeten Oberschicht. Gelübdeformeln, die an Kaiser adressiert sind, sind in Rom selbst bislang nicht gefunden worden; Gelübde könnten sich aber hinter anderen Formeln verbergen. Daneben entwickelten sich abstrakte Konzepte, die als Qualitäten des Kaisers mit dem Beinamen *Augustus* verehrt wurden: Aeternitas Augusti, Providentia Augusti, Victoria Augusti (Augusta) – Ewigkeit, fügende Voraussicht, Sieg. Hierin spiegelten sich zunehmend weniger konkrete Erlebnisse als Konzeptionen von Herrschaftsform und Herrschaftsgebiet wider, die das Kaisertum als überpersönliche Institution faßten.

Weitere Entwicklungen

Veränderungen zeigten sich auch in der medialen Präsenz von Religion. Seit der ausgehenden Republik wurde ‹Religion› auch zum Bildungswissen, zum antiquarischen Zitat. Weder Varro noch der in spätaugusteisch-tiberianischer Zeit als Prinzenerzieher wirkende Verrius Flaccus oder der kaiserliche Privatsekretär Gaius Suetonius Tranquillus (der immerhin Flamen Volkanalis war) verfaßten ihre breitgefächerten Werke in der Rolle eines religiösen Spezialisten. Und doch bildeten diese Darstellungen, zumal die schon näher vorgestellten Varronianischen *Antiquitates rerum divinarum* die Grundlage jenes Bildes römischer Religion, auf das sich Gebildete positiv, auch für die eigene rituelle Praxis, oder polemisch beziehen konnten. Diese Werke konkurrierten im Anspruch nicht mit Orakelsammlungen, Lehrgedichten oder im Kult selbst benutzten Texten, aber sie tradierten und konstruierten Religion: Mit dem Begriff der ‹Buchreligion› vermag man diese Unterschiede nicht mehr zu fassen. Religion wurde so auch, insbesondere durch die auf ‹Hermes, den dreimal Größten› zurückgeführten Sammlung, zum Leseerlebnis. Selbst hier muß der Bezug nicht immer positiv sein: Auch in der Polemik eines Celsus oder der satirischen Kritik eines Lukians im zweiten Jahrhundert n. Chr. wird Religion, werden bestimmte Formen zeitgenössischer Religion kritisiert, der Lächerlichkeit preisgegeben. Die Grundlagen religiösen Handelns wurden damit nicht angegriffen. Jede beliebige Form von Religion mußte sich aber in dieser Weise ‹öffentlich› machen lassen.

Religion wurde zu antiquarisch überlieferbarem Wissen, Religion wurde in Statuen, Tempeln und Dekorationsprogrammen ästhetisiert. In dieser Form wurde sie auch in ihren nichtchristlichen Bestandteilen für führende Christen im fünften Jahrhundert akzeptabel; diese lasen Vergil und verfaßten Vergilkommentare (Macrobius), stellten Lexikonauszüge her (Paulus Diaconus im späten achten Jahrhundert aus Festus) oder erhielten wenigstens zeitweise Tempel fremder Götter. Religion erschien auf Münzen als familiäre oder persönliche Leistung, konnte aber auch, so in den Münzserien zu den Jahrhundertspielen Domitians (88 n. Chr.) und des Septimius Severus (204), eine detaillierte Darstellung hochkomplexer Rituale liefern. Religion erschien, wie für die Kaiserfeste bereits ausgeführt, auf Kalendern (und in zugehörigen Kommentaren) als Reflex historisch exemplarischen Handelns (Siege, Tempelstiftungen) und in einzelne Daten fragmentiert – damit zugleich beliebig vermehrbar und neu kombinierbar.

Religion, insbesondere Divination, wurde schließlich auch zur Konkurrenz von Macht. Schon Augustus ließ unerwünschte Sammlungen von Sibyllensprüchen ausfindig machen und verbrennen. Prozesse gegen Mantiker, Eingeweideschauer, Astrologen begleiteten die Kaiserzeit; seit dem dritten Jahrhundert, vor allem seit Konstantin mehrten sich die Gesetze, die den Gebrauch dieser Künste nicht nur für die Frage nach dem Schicksal (oder gar Todestag) des Kaisers unter Strafe stellten. Die Praxis des Tieropfers wurde kriminalisiert. Die Zugehörigkeit zu bestimmten Religionen – das wird freilich noch im fünften Jahrhundert in immer neuen Gesetzen wiederholt – erschien als unvereinbar mit einer politischen Tätigkeit im römischen Gemeinwesen. Die spätantiken Sammlungen kaiserlicher Normen unterschiedlichen Charakters und Reichweite erlauben einen Einblick in die Perspektive der Zentrale, auch wenn sie häufig nur auf Einzelfälle und Anfragen hin reagierten: Über die Realisierung der Normen wissen wir nichts, ständige Wiederholungen in dichter Abfolge lassen vielfach Zweifel am Erfolg aufkommen.

Im neunten Buch der Gesetzessammlung des Codex Theodosianus ist unter der Sammelrubrik *De maleficis et mathematicis et ceteris similibus,* ‹Über Schadenzauberer, Astrologen und dergleichen›, eine Folge von Gesetzen überliefert, die die sich allmählich, keineswegs gleichmäßig und immer wieder auch nur in bestimmten Reichsteilen vollziehende Politik verdeutlicht. Das begann mit einem Gesetz des Jahres 319:

> *Kein Haruspex trete an die Hausschwelle eines anderen heran, auch nicht unter einem anderen Vorwand. Vielmehr werde die Freundschaft mit Menschen dieser Art, wie alt sie auch sei, zurückgewiesen: durch Verbrennen des Haruspex, der ein anderes Haus betreten hätte, und durch Enteignung und die Verbannung auf eine Insel von demjenigen, der jemanden durch Überreden oder Belohnungen aus dem Hause gerufen hätte. Wer nämlich seinem Aberglauben (superstitio) nachgehen möchte, konnte das durch das öffentliche Ausüben des zugehörigen Rituals tun (9,16,1 vom 1. Februar 319 n. Chr.).*

Noch waren die öffentlichen Altäre und Tempel, wie es in dem Gesetz desselben Jahres heißt (9,16,2), zugänglich, noch wurde bei der Magie zwischen schädlicher und nützlicher unterschieden: Krankheitsbekämpfung war auch mit Mitteln der Magie erlaubt (9,16,3). Der Ton verschärfte sich aber, wie der Text vom 25. Januar 357 zeigt:

> *Niemand befrage einen Eingeweideschauer* (haruspex) *oder einen Astrologen, niemand einen Winkeleingeweideschauer* (hariolus). *Die schlechte Praxis der Auguren und Seher* (vates) *möge verstummen. Astrologen und Magier und die übrigen, die das Volk wegen des Ausmaßes ihrer Untaten ‹Übeltäter›* (malefici) *nennt, mögen nichts zu ihren Zwecken unternehmen. Die Neugierde, den göttlichen Willen zu erfahren, möge für alle und auf immer schweigen. Denn die Todesstrafe wird der durch das rächende Schwert Niedergeworfene erleiden, wer auch immer diesen Befehlen den Gehorsam verweigern wird (9,16,4).*

Zuwiderhandelnden, auch höheren Ranges, wird, wenn sie dem kaiserlichen Hof angehören, die Folter angekündigt (9,16,6). Das Verbot nächtlicher Opfer vom 9. September 364 zielt ebenfalls auf Divination und Zauberei:

> *Niemand möge in der Folgezeit versuchen, zu nächtlicher Zeit entweder ruchlose Bitten oder magische Apparaturen oder Totenopfer durchzuführen. Der Ertappte und Festgenommene wird*

entsprechende Strafe erleiden, beschließen wir mit ewiger Gültigkeit (9,16,7).

Nach zeitweisen Einschränkungen der Sanktionen für die Haruspices (9,16,9) wird im Jahr 393 von den Astrologen die Verbrennung ihrer eigenen Schriften und die Bekehrung zum katholischen Glauben unter den Augen von Bischöfen gefordert und bei Verweigerung die Verbannung festgeschrieben (9,16,12). Damit wird deutlich, wie bestimmte Praktiken als sich ausschließende religiöse Optionen verstanden wurden. Das entspricht nicht der tatsächlichen Verbreitung und Akzeptanz etwa der Astrologie unter Juden und Christen, es zeigt aber den Willen zur Grenzziehung. Die Ziehung solcher religiöser Grenzen stand aber nicht am Anfang dieser und vergleichbarer Folgen von Normen: Nicht die Auseinandersetzung zwischen ‹Heiden› und ‹Christen›, sondern die Durchsetzung eines Monopols des Kaisers im Kontakt mit dem Göttlichen bildete das eigentliche Thema.

Modelle

Die Bildung einfacher Modelle kann die Vielfalt der Daten, die Vielfalt der Linien von Veränderungen bändigen. Damit soll nicht die *eine,* nun aber (natürlich) *andere* Geschichte wiederhergestellt werden. Im Gegenteil. Gerade die krasse Verkürzung der Befunde durch Modelle stärkt das Bewußtsein dafür, daß ‹Geschichte› immer perspektivisch ist, daß sie unter verschiedenen Blickwinkeln auch je anders erscheint, und sie das Bewußtsein dafür stärkt, daß diese Blickwinkel bewußt zu wählen, zu reflektieren sind.

Ein solches Modell wurde mit dem Versuch, Linien republikanischer Religionsgeschichte zu zeichnen, ohne ausdrückliche Benennung intensiver verwendet: das Modell, religiöse Entwicklungen als Folge von Veränderungen in der Konstitution der politischen Führungsschicht einer Gesellschaft zu sehen. Diese Betrachtungsweise läßt sich auch für die Kaiserzeit fortführen, wie vielleicht die letzten Bemerkungen schon deutlich gemacht haben. Für den Umbruch in der Spätantike hat vor allem Peter Brown einen solchen Zugang vorbereitet.

Zentral für die kaiserzeitliche Religionsgeschichte sind der fortschreitende Zusammenbruch des aristokratischen Wettbewerbs und die damit verbundenen sich wandelnden Vorstellungen von legitimer

Macht und Öffentlichkeit. Die politische Öffentlichkeit ist nicht mehr der Raum, in dem der Wettbewerb unter den Eliten ausgetragen wird, und der offene Wettbewerb konstitutiert nicht mehr die Legitimität von Herrschaft. Der Kaiser und sein Verwaltungsstab erreichen mehr und mehr ein Übergewicht, das sie dauerhaft (und nicht wie republikanische Beamte temporär) über die Parität mit den anderen *nobiles* erhebt. Rückzug ins Private, in die Villa auf dem Land ist die Strategie, um sich dem sinnlosen Wettbewerb mit dem kaiserlichen Monopol, der darin bestand, ‹Wohltaten› zu vergeben, zu entziehen. Das entzieht den religiösen Strukturen der Stadt die finanzielle, aber auch personelle und soziale Grundlage. In der Stadt Rom selbst wie auch in einigen wenigen anderen alten Zentren – Antiochia zum Beispiel – greift dieser Prozeß allerdings nicht, hier bleiben die alten Eliten.

Als Quelle der Legitimation von Herrschaft kommt parallel dazu das Göttliche ins Spiel. Gottesgnadentum wird zu einem beherrschenden Motiv kaiserlicher Rhetorik. Daneben können aber auch Außenseiter, Personen außerhalb der alten Führungsschichten, göttliche Nähe und Beauftragung behaupten und dies unter Umständen gerade durch asoziales Verhalten (Rückzug in die Wüste, Anachorese, etwa) unter Beweis stellen.

In dieser Konstellation gewinnt die Gottesfrage eine neue Brisanz. Die Wahl des richtigen oder falschen Gottes entscheidet jetzt über Anerkennung oder Ablehnung von Ansprüchen auf Herrschaft; Dämonenlehren desavouieren Deutungen der Gegner. Der ‹heilige Mann› steht und fällt mit seinem Gott. Das Ausschalten von Konkurrenz betreibt der Kaiser nun, indem er ein Wissensmonopol erhebt – göttliche Legitimation betrifft nicht nur Macht, sondern auch machtrelevantes Wissen. Auf dieser Linie treffen sich christlicher Monotheismus und römische Monarchie: Das Christentum lieferte eine Legitimationstheorie und einen zugehörigen Apparat, der Kaiser gebärdet sich als Cheftheologe.

In diesem Modell erscheint die Anhäufung von Priesterämtern, die römische Aristokraten im vierten Jahrhundert und zumal an dessen Ende betrieben (*Corpus Inscriptionum Latinarum* 6,1778 f.), nicht mehr als ‹letzter Kampf des Heidentums›, sondern als Strategie, um die politische und soziale Autorität, die sie früher automatisch auch für religiöse Funktionen qualifiziert hatte, nun im Umkehrverfahren durch die Akkumulation von religiöser Autorität wiederherzustellen – eine Reaktion auf die neue, nun religiöse Ebene des Wettbewerbs um Herrschaft, nämlich im Wettbewerb um die legitimationsstärksten Götter.

Ein anderes Modell bietet eine andere Perspektive. Man kann – unter Rückgriff auf ein soziologisches Modell – die Religionsgeschichte der Kaiserzeit auch als Prozeß der ‹Ausdifferenzierung›, als ein Prozeß der Verselbständigung eines Bereiches ‹Religion› (der, wie wir festgestellt hatten, zuvor gar nicht als solcher zu fassen war) gegenüber anderen gesellschaftlichen Bereichen, insbesondere gegenüber der Politik fassen. Religion gewinnt hier gerade über Kulte, die nicht mehr im politischen Gemeinwesen aufgehen, an Selbständigkeit: Die *sacerdotes* im Mithras-, im Isis-, im Iuppiter-Dolichenus-Kult, schließlich im Christentum, sind gerade keine (oder höchstens zufällig) Beamten; die Kultstätten liegen gerade nicht an den Plätzen politischer Meinungsbildung und Entscheidung. Selbst die *sacerdotes publici* gewinnen eine religiöse Qualität: Die *sanctitas* der Virgines Vestales steigt, die Epulonen verehren als Kollegium Mater magna, Kybele, an den entlegenen Quellen stadtrömischer Wasserleitungen (*Corpus Inscriptionum Latinarum* 14,3469). In diesem Modell erscheinen die römischen Aristokraten als typisch retardierendes Element solcher Ausdifferenzierungsprozesse. Durch eine systemfremde Anhäufung von Spezialistenfunktionen versuchen sie den Prozeß aufzuhalten, steigern ihn aber gerade, indem sie die eigenständige Qualität religiöser Aktivität herausstellen.

Die antike Religionsgeschichte ist fruchtbar für Modellbildungen der beschriebenen Art. Gerade in der Kaiserzeit erreichte die Gesellschaft des Imperium Romanum in den Städten eine Komplexität, die in Europa erst wieder in der Neuzeit eingeholt worden ist. Das macht solche Modelle, macht die Befunde, die Hypothesen und Fragen, die sich aus der Beschäftigung mit der Antike ergeben, auch für die Gegenwart interessant. Und zugleich läßt gerade diese Nähe auch das Fremde der antiken Gesellschaften scharf hervortreten. Wenn wir die Antike als Spiegelbild benutzen wollen, werden wir diese Schärfen in Kauf nehmen müssen. Aber auch umgekehrt: Wenn wir in der Antike das Exotische, das Andere suchen, werden wir um die Spiegelflächen nicht herumkommen. Wir sollten diesen merkwürdigen Spiegel nicht verlieren.

Bibliographie

Handbücher und Überblicksdarstellungen

Wissowa, Georg. *Religion und Kultus der Römer.* 2. Aufl. Handbuch der Altertumswissenschaft 5,4. München: Beck, 1912. 612 S. (vgl. *Archiv für Religionsgeschichte 5*, 2003).

Beard, Mary; North, John; Price, Simon. *Religions of Rome. 1: A History. 2: A Sourcebook.* Cambridge: University Press, 1998. 454, 416 S.

Scheid, John. *La religion des Romains.* Paris: Armand Colin, 1998. 176 S. [engl. 2003].

Liebeschuetz, J(ohn) H(ugo) W(olfgang) G(ideon). *Continuity and Change in Roman Religion.* Oxford: Clarendon, 1979. 359 S.

Rüpke, Jörg (ed.) 2007. *The Blackwell Companion of Roman Religion*, Oxford: Blackwell, 2007. 640 S.

Forschungsberichte

Nicole Belayche, Andreas Bendlin u. a., ‹Römische Religion (1990–1999).› *Archiv für Religionsgeschichte 2* (2000), 283–345; *5* (2003), 297–371 (wird fortgesetzt).

Quellen

Eine original- oder deutschsprachige Quellensammlung zur römischen Religionsgeschichte fehlt; eine gute Auswahl bieten Beard, North, Price (s. o.). Wichtige literarische Texte liegen auch in zweisprachigen Ausgaben vor, insbesondere in den Reihen Tusculum, SAPERE und der Bibliothek der Kirchenväter bzw. Fontes Christiani.

1 Religion in der Antike

Scheid, John. *Religion et piété à Rome.* Paris: Découverte, 1985. 154 S.

Bendlin, Andreas. ‹Polytheismus.› *Neuer Pauly 10* (2000), 80–83.

Gladigow, Burkhard. ‹Polytheismus.› *Handwörterbuch religionswissenschaftlicher Grundbegriffe 4* (1998), 321–330.

Pailler, Jean-Marie. *Bacchanalia: La répression de 186 av. J.-C. à Rome et en italie: vestiges, images, tradition.* Bibliothèque des écoles françaises d'Athène et de rome 270. Rome: École Française, 1988. 868 S.

Cancik, Hubert; Rüpke, Jörg (Hgg.). *Römische Reichsreligion und Provinzialreligion.* Tübingen: Mohr, 1997. xii, 318 S.

2 Von der Wölfin zu Caesar: Historische Grundlagen

Bietti Sestieri, Anna Maria. *The Iron Age community of Osteria dell'Osa: A study of social-political development in central Tyrrhenian Italy.* Cambridge: Cambridge University Press, 1992. xii, 271 S.

Smith, Christopher John. *Early Rome and Latium: Economy and Society c. 1000 to 500 BC.* Oxford: Clarendon, 1996. 290 S.

Carandini, Andrea. *La nascita di Roma: dèi, lari, eroi e uomini all'alba di una civiltà.* 2. Aufl. Torino: Einaudi, 2003. 2 Bde. (problematische Akzeptanz der literarischen Überlieferung).

Cornell, T[imothy] J. *The Beginnings of Rome: Italy and Rome from the Bronze Age to the Punic Wars (c. 1000–264 BC).* London: Routledge, 1995. xx, 507 S. (sehr kritisch gegenüber der literarischen Überlieferung).

Bouma, Jelle. *Religio votiva: The archaeology of latial votive religion: 5th-3rd c. BC.* 3 Bde. Groningen, 1996.

Ziolkowski, Adam. *The Temples of Mid-Republican Rome and their Historical and Topographical Context.* Saggi di Storia antica 4. Roma: Bretschneider, 1992. 341 S.

Rüpke, Jörg. *Domi militiae: Die religiöse Konstruktion des Krieges in Rom.* Stuttgart: Steiner, 1990. 312 S.

Altheim, Franz. *Griechische Götter im alten Rom.* RGVV 22,1. Gießen: Töpelmann, 1930. 216 S.

Erler, Michael u. a.. *Die Philosophie der Antike 4: Die hellenistische Philosophie.* Hg. Hellmut Flashar. Grundriss der Geschichte der Philosophie. Basel: Schwabe, 1994. 1272 S. (zur römischen Philosophie der Republik und frühsten Kaiserzeit).

Weinstock, Stefan. *Divus Julius.* Oxford: Clarendon, 1971. 469 S.

3 Götter und Menschen

Gladigow, Burkhard. *Religionswissenschaft als Kulturwissenschaft* (Religionswissenschaft heute 1). Stuttgart: Kohlhammer, 2005. 302 S.

Radke, Gerhard. *Die Götter Altitaliens.* Fontes et Commentationes 3. Münster: Aschendorff, ²1979. 364 S. (mit deutlichem Übergewicht etymologischer Deutungen).

Wrede, Henning. *Consecratio in formam deorum: Vergöttlichte Privatpersonen in der römischen Kaiserzeit.* Mainz: Zabern, 1981. 373 S., 40 Taf.

Koch, Carl. *Der römische Juppiter.* Frankfurter Studien zur Religion und Kultur der Antike 14. Frankfurt a. M.: Klostermann, 1937. 136 S. (Entmythisierungsprozeß).

Hossenfelder, Malte. *Die Philosophie der Antike 3: Stoa, Epikureismus und Skepsis.* Geschichte der Philosophie 3. München: Beck, ²1995. 254 S.

Long, A.; Sedley, David N. *Die hellenistischen Philosophen.* 2 Bde. Stuttgart: Metzler, 2000.

Price, Simon R. F. *Rituals and Power: The Roman imperial cult in Asia Minor.* Cambridge: UP, 1984. xxvi, 289 S.

Clauss, Manfred. *Kaiser und Gott: Herrscherkult im römischen Reich.* Stuttgart: Teubner, 1999. 597 S.

4 Religiöses Handeln

Bernstein, Frank. *Ludi publici: Untersuchungen zur Entstehung und Entwicklung der öffentlichen Spiele im republikanischen Rom.* Historia Einzelschriften 119. Stuttgart: Steiner, 1998. 408 S.

Burkert, Walter. *Kulte des Altertums: Biologische Grundlagen der Religion.* München: Beck, 1999.

Egelhaaf-Gaiser, Ulrike. *Kulträume im römischen Alltag: das Isisbuch des Apuleius und der Ort von Religion im kaiserlichen Rom.* Potsdamer altertumswissenschaftliche Beiträge 2. Stuttgart: Steiner, 2000. 668 S.

Appel, Georg. *De Romanorum precationibus.* RVV 7. Gießen: Töpelmann, 1909.

Fless, Friederike. *Opferdiener und Kultmusiker auf stadtrömischen historischen Reliefs: Untersuchungen zur Ikonographie, Funktion und Benennung.* Mainz: Zabern, 1995. 123 S., 46 Taf.

5 Nachdenken über Religion

Bendlin, Andreas; Jörg Rüpke (Hgg.) 2006. *Formen und Funktionen religiöser Literatur in der römischen Republik,* Stuttgart: Steiner, 2006

Muth, Susanne. *Erleben von Raum-Leben im Raum: Zur Funktion mythologischer Mosaikbilder in der römisch kaiserzeitlichen Wohnarchitektur.* Archäologie und Geschichte 10. Heidelberg: Archäologie und Geschichte, 1998. 468 S., 48 Taf.

Turcan, Robert. *The Cults of the Roman Empire.* Oxford: Blackwell, 1996. xiii, 399 S., 33 Abb. (zur Intellektuellenreligion bes. 266–290).

Koch, Carl. *Religio: Studien zu Kult und Glauben der Römer.* Hg. von Otto Seel. Erlanger Beiträge zur Sprach- und Kunstwissenschaft 7. Nürnberg: Carl, 1960. 271 S.

Graf, Fritz (Hg.). *Mythos in mythenloser Gesellschaft: Das Paradigma Roms.* Colloquium Rauricum 3. Stuttgart: Teubner, 1993. 335 S.

La mémoire perdue: Recherches sur l'administration romaine. Collection de l'École française de Rome 243. Rome: École française de Rome, 1998. 444 S.

6 Soziale Ordnungen: Opfer und Bankett

Georgoudi, Stella ; Koch Piettre, Renée ; Schmidt, Francis (edd.), *La cuisine et l'autel: Les sacrifices en questions dans les sociétés de la Méditerranée ancienne* (Bibliothèque des Hautes Études), Turnhout: Brepols, 2006.

7 Entstörungen und Störungen: Gelübde und Verfluchungen

Versnel, H[endrik] S[imon] (ed.), *Faith, Hope and Worship: Aspects of Religious Mentality in the Ancient World.* Studies in Greek and Roman Religion 2. Leiden: Brill, 1981.

Corpus delle stipi votive in Italia (Reihe). Roma: Bretschneider.

Graf, Fritz. *Gottesnähe und Schadenzauber: Die Magie in der griechisch-römischen Antike.* München: Beck, 1996. 273 S.

Meyer, Marvin; Mirecki, Paul (edd.). *Ancient Magic and Ritual Power.* Religions in the Graeco-Roman World 129. Leiden: Brill, 1995. 476 S., 8 Taf.

Gager, John G. (ed.). *Curse Tablets and Binding Spells from the Ancient World.* New York: Oxford University Press, 1992. xv, 278 S. (mit vielen Beispielen).

Phillips, Charles Robert. ‹The sociology of religious knowledge in the Roman Empire to A. D. 284.› *Aufstieg und Niedergang der römischen Welt II.16,3* (1986). 2677–2773.

8 Orientierung: Wege und Grenzen

Zanker, Paul. *Augustus und die Macht der Bilder.* München: Beck, 1987. 369 S.

Kähler, Heinz. *Der römische Tempel.* Berlin: Mann, 1970. 42 S., 72 Taf., 27 Abb.

Gargola, J. Daniel. *Lands, Laws, and Gods: Magistrates and Ceremony in the Regulation of Public Lands in the Republican Rome.* London: University of North Carolina Press, 1995. 270 S.

9 Koordinierung: Zeit und Kalender

Rüpke, Jörg. *Kalender und Öffentlichkeit: Die Geschichte der Repräsentation und religiösen Qualifikation von Zeit in Rom.* RGVV 40. Berlin: de Gruyter, 1995. 740 S.

Rüpke, Jörg. *Kalender, Fest und Kirchenjahr.* München: Beck, 2006. 256 S.

Herz, Peter. ‹Kaiserfeste der Prinzipatszeit.› *Aufstieg und Niedergang der römischen Welt II.16,2* (1978). 1135–1200.

10 Großstadtreligion

Kloppenborg, John S.; Wilson, Stephen G. (edd.). *Voluntary Associations in the Graeco-Roman World.* London: Routledge, 1996. 333 S. (teilweise unzuverlässig).

Turcan, Robert. *The Cults of the Roman Empire.* Oxford: Blackwell, 1996. xiii, 399 S., 33 Abb.

Burkert, Walter. *Antike Mysterien: Funktion und Gehalt.* München: Beck [2]1991. 153 S.

Egelhaaf-Gaiser, Ulrike; Schäfer, Alfred (Hgg.). *Vereine.* Studien und Texte zu Antike und Christentum. Tübingen: Mohr, 2001.

11 Spezialisten und Dienstleister

Rüpke, Jörg. *Fasti sacerdotum Prosopographie der stadtrömischen Priesterschaften römischer, griechischer, orientalischer und jüdisch-christlicher Kulte bis 499 n. Chr.* Potsdamer Altertumswissenschaftliche Beiträge 12/1–3. Stuttgart: Steiner, 2005. 1860 S.

Linderski, Jerzy. ‹The Augural Law.› *Aufstieg und Niedergang der römischen Welt II.16,3* (1986). 2146–2312.

Barton, Tamsyn. *Ancient Astrology.* London, New York: Routledge, 1994. 245 S.

Hinard, François (ed.). *La mort au quotidien dans le monde romain.* Paris: Boccard, 1995. 257 S. (zum Totenkult).

Hinard, François; Dumont, Jean Christian (edd.). *Libitina: Pompes funèbres et supplices en Campanie à l'époque d'Auguste.* Paris: Boccard, 2003. 175 S.

12 Vom Caesar zum Lamm: Historische Perspektiven

Beck, Roger. *The Religion of the Mithras Cult in the Roman Empire.* Oxford: Oxford University Press, 2006.

Rutgers, Leonard Victor. *The Jews in Late Ancient Rome: Evidence of Cultural Interaction in the Roman Diaspora.* Religions in the Graeco-Roman World 126. Leiden: Brill, 1995. 283 S.

Lampe, Peter. *Die stadtrömischen Christen in den ersten beiden Jahrhunderten: Untersuchungen zur Sozialgeschichte.* WUNT 2, 18. Tübingen: Mohr, [2]1989. xii, 457 S.

Pietri, Charles. *Roma christiana: Recherches sur l'Église de Rome, son organisation, sa politique, son idéologie, de Miltiade à Sixte III (311–440).* 2 Bde. Bibliothèque des écoles françaises d'Athènes et de Rome 224. Rome: École française, 1976 1792 S., 34 Pläne, 18 Abb.

Pietri, Charles und Luce (Hgg.), *Die Geschichte des Christentums 1–2.* Freiburg i. Br.: Herder, 2003, 1996.

Nilsson, [Nils] Martin P[erson]. *Geschichte der griechischen Religion 2: Die hellenistische und römische Zeit.* 4., unver. Aufl. Handbuch der Altertumswissenschaft 5,2,2. München: Beck, 1988.

Fögen, Marie-Theres. *Die Enteignung der Wahrsager: Studien zum kaiserlichen Wissensmonopol in der Spätantike.* Frankfurt a. M.: Suhrkamp, 1993. 370 S.

Ando, Clifford; Jörg Rüpke (edd.) 2006. *Law and Religion in classical and Christian Rome*. Potsdamer altertumswissenschaftliche Beiträge 16. Stuttgart: Steiner, 2006. 186 S.

Curran, John. *Pagan City and Christian Capital: Rome in the Fourth Century.* Oxford: Clarendon, 2000. 389 S.

Chuvin, Pierre. *Chronique des derniers païens: La disparaition du paganisme dans l'-Empire romain, du règne de Constantin à celui de Justinien.* (1990 auch engl. Übers.). Paris: Belles lettres, [2]1991. 350 S.

Reale, Giovanni. *A History of Ancient Philosophy 4: The Schools of the Imperial Age.* Albany: State University of New York Press, 1990. xxvi, 548 S.

Athanassiadi, Polymnia; Frede, Michael (Hgg.). *Pagan Monotheism in Late Antiquity.* Oxford: Clarendon Press, 1999. 211 S.

Register

Allgemeines Sachregister

Gottheiten und deren Kulte

Personen